(国家自然科学基金项目 项目编号：52108003)

近代天津租界建设法规研究
（1860—1945）

孙艳晨 著

中国建筑工业出版社

图书在版编目（CIP）数据

近代天津租界建设法规研究：1860—1945/孙艳晨著.—北京：中国建筑工业出版社，2023.12
ISBN 978-7-112-29369-8

Ⅰ.①近… Ⅱ.①孙… Ⅲ.①租界—城市规划—法制史—研究—天津—1860-1945 Ⅳ.①D927.212.297.4

中国国家版本馆CIP数据核字（2023）第233434号

天津在近代中国开埠城市中具有极其重要的地位和影响，租界的建设与发展为这个城市面貌带来了翻天覆地的变化。作为拥有专管租界数量最多的通商口岸城市，近代天津是西方现代城市建设管理模式、城市规划与建筑控制理念、建筑技术与建造工业体系传入、发展与融合的历史见证。

本书聚焦于近代天津租界城市建设的法制化管理体系，以天津各租界的建设法规为研究对象，基于国内外大量一手档案史料，厘清天津各租界建设法规的发展历程，深入分析了建设法规在租界土地开发、市政建设、建筑建设三个方面的管理与控制理念。尝试从社会文化背景、利益关系等角度，对租界建设法规产生与发展的动因展开研究，论证其在近代天津租界城市形成与建设过程中的作用。通过比较研究，进一步探讨近代天津各租界建设法规的来源与影响，提出了天津租界建设法规传播类型的多重性特征。为解读中国近代城市规划与建筑控制思想的移植与本土化过程、理解天津近代城市空间与建筑形态提供重要视角，为当下城市建设管理体制改革与建设法规制定提供历史借鉴。

责任编辑：陈小娟
书籍设计：锋尚设计
责任校对：张　颖
校对整理：董　楠

近代天津租界建设法规研究（1860—1945）
孙艳晨　著

*

中国建筑工业出版社出版、发行（北京海淀三里河路9号）
各地新华书店、建筑书店经销
北京锋尚制版有限公司制版
北京中科印刷有限公司印刷

*

开本：787毫米×1092毫米　1/16　印张：16¼　字数：328千字
2023年12月第一版　2023年12月第一次印刷
定价：**78.00**元
ISBN 978-7-112-29369-8
（42151）

版权所有　翻印必究
如有内容及印装质量问题，请联系本社读者服务中心退换
电话：（010）58337283　QQ：2885381756
（地址：北京海淀三里河路9号中国建筑工业出版社604室　邮政编码：100037）

目录

第1章　绪论

　　1.1　研究对象与范围 ·· 1

　　1.2　研究问题与意义 ·· 4

　　1.3　既有研究综述 ·· 6

　　1.4　研究方法 ·· 12

　　1.5　研究创新与结构 ·· 13

第2章　近代天津租界建设法规体系概述

　　2.1　近代天津租界建设法规的肇始 ······································ 16

　　2.2　天津英租界建设法规体系 ·· 21

　　2.3　天津法租界建设法规体系 ·· 29

　　2.4　天津日租界建设法规体系 ·· 35

　　2.5　天津意租界建设法规体系 ·· 40

　　2.6　天津德、俄、奥、比租界建设法规体系 ······················ 43

　　2.7　本章小结 ·· 53

第3章　近代天津租界建设法规对土地开发的控制

　　3.1　近代天津租界土地边界的划定与扩张 ·························· 55

　　3.2　近代天津租界的土地制度与地籍管理 ·························· 77

　　3.3　近代天津租界的房地产捐税制度 ·································103

　　3.4　近代天津租界的土地开发模式 ·····································114

　　3.5　本章小结 ···131

第4章　近代天津租界建设法规对市政建设的控制

4.1　近代天津租界的市政建设管理 ·················· 133

4.2　近代天津租界的道路交通建设 ·················· 137

4.3　近代天津租界的市政管网建设 ·················· 149

4.4　本章小结 ·················· 163

第5章　近代天津租界建设法规对建筑的控制

5.1　近代天津租界的建筑形式控制 ·················· 165

5.2　近代天津租界的建筑设计规范 ·················· 173

5.3　近代天津租界的建筑建设管理 ·················· 198

5.4　本章小结 ·················· 217

第6章　回溯：近代天津租界建设法规的来源与影响

6.1　近代天津租界建设法规中的母国印记 ·················· 219

6.2　近代中国各口岸同一国家租界间建设法规的影响关系及动因 ······ 232

6.3　近代天津各国租界间建设法规的影响关系及动因 ·················· 238

6.4　近代天津租界建设法规的本土影响 ·················· 241

6.5　本章小结 ·················· 247

第7章　结语

7.1　近代天津租界建设法规的特征 ·················· 248

7.2　近代天津租界建设法规对天津城市建设的影响 ·················· 253

后记 ·················· 256

第 1 章　绪论

1.1 研究对象与范围

1.1.1 研究对象

天津是近代中国最重要的通商口岸之一，因其得天独厚的地理条件对列强尤具吸引力。在经济上，位于九河下梢的天津一直是漕粮运输的重要枢纽和各类物资货品的中转站与集散地，天津开埠可以为洋货提供庞大的贸易市场；在政治上，作为拱卫清朝首都北京的"门户"，天津拥有极为重要的政治与军事地位，天津开埠将使得外国势力能够对清政府形成威慑。在1858年《天津条约》签订之时，美国使节列威廉曾认为："一旦开放天津，那么，除了给欧洲列强一个足以威胁京城的基地以外，天津还将会成为阴谋的巢穴。"在这一背景下，自1860年至1902年间，九个国家先后在天津建立专管租界，天津由此成为近代中国专管租界数目最多的通商口岸城市，亦成为多元文化背景下西方现代城市建设管理与建筑控制模式、城市规划与建筑设计理念、建筑技术与建造工业体系传入、发展与融合的历史见证。

天津的外国租界在存续期间，租界城市建设取得了令人瞩目的成就。天津最早的英、法租界在设立之初，"尽是一些帆船码头、小菜园、土堆，以及渔民、水手等居住的茅屋，而这些破烂不堪的肮脏茅屋彼此之间被一道道狭窄的通潮沟渠隔开，沟渠两边是荒芜的、无人管理的小道"。①为了给各自国家的商民提供理想的贸易与聚居地，在租界享有行政、司法、警务、税收等权力的外国人引入了西方现代城市的建设管理模式与法制体系，修建了现代城市市政设施以及各具本国特色的建筑。自1840年到1945年，天津的城市建成区面积由9.4km²增加到49.7km²，其中大部分新

---

① 雷穆森. 天津租界史（插图本）[M]. 许逸凡，赵地，译. 天津：天津人民出版社，2009：18-34.

增建成区土地正源于租界的大力扩张与建设。①其结果不仅使近代天津的城市建设面貌直观上发生了巨大的变化，更在整个社会生产和城市运营管理模式上发生了彻底的转型。

近代天津租界的快速发展并未造成城市建设的混乱，各租界的建设活动均呈现出规范而有序的状态，这正得益于各租界城市建设的法制化管理。近代天津各租界的建设法规是租界城市建设活动开展的重要依据，在天津租界城市发展过程中发挥了极为重要的作用。其对租界建设活动的管理控制，向上得益于租界成熟的法制体系及现代城市建设管理制度的确立，向下依赖于租界城市建设管理机构对建设法规的有效贯彻实施。近代天津各租界的建设法规反映了租界当局的建设理想，通常带有母国建设法规的印记，且各租界的建设法规在制定过程中往往会相互影响。此外，在租界建设法规的影响下，近代天津华界的城市建设也逐渐走上了法制化管理的道路，最终推动了近代天津城市建设的有序发展与城市面貌的形成。

基于以上思考，本书选取近代天津租界建设法规为研究对象，对近代天津各租界的建设法规体系、建设法规对租界土地开发、市政建设及建筑建设活动的控制作用，以及租界建设法规的传播路径与影响机制展开研究。

建设法规通常是指"国家立法机关或其授权的行政机关制定的，旨在调整国家及其有关机构、企事业单位、社会团体、公民之间在建设活动中或建设行政管理活动中发生的各种社会关系的法律、法规的统称"。②本书所研究的近代天津租界建设法规，专指近代天津各租界立法机关或其授权的行政机关制定的关于建设活动或建设行政管理活动的主要法规。这里的建设活动包括了租界城市区域规划、土地整理、市政设施建设、建筑建设等；建设行政管理活动指在租界建设活动中由各租界权力部门正式授权的租界行政机构（通常为租界工部局）对租界内建设活动的组织、监督、协调等职能管理活动。就法规形式而言，本书所探讨的租界建设法规并不局限于一般的法律、规范，而是涵盖了租界条款、基本法规、市政条例、官方告示、领事署令及其他具有法律效力的重要文件。部分租界并未制定专门的建设法规文件，而是在租界的基本法规、行政章程、市政条例等中包含有租界建设相关条款，亦属本书的研究对象范畴。

1.1.2 范围限定

1.1.2.1 空间范围

在地理空间维度上，本书以近代天津九国租界的实际地理空间边界为界。这一界

---

① 张树明. 天津土地开发历史图说［M］. 天津人民出版社，1998：98-99.
② 王立久. 建设法规［M］. 北京：中国建材工业出版社，2000：7.

限随着各国租界边界的扩张与调整而发生变化,各租界边界范围的具体变化过程在本书第3章中有详细考证。需要指明的是,近代天津英、法等租界当局的实际管辖范围以及租界建设法规的实际实施范围并不完全局限于中外双方正式认可的租界范围。譬如位于英租界西南方向的英国赛马场以及法租界西侧的老西开地区,虽都不在租界边界范围内,但受到当时英租界或法租界当局的管辖。对于这一类区域,其租界当局并没有制定特殊的建设法规,因而在本书中不作单独讨论。

1.1.2.2 时间范围

在时间维度上,本书聚焦于近代天津各国租界的存续时间(表1-1),即自1860年英租界原订租界划定,至1945年日租界正式收回。

近代天津各租界划定与收回年份　　　　表1-1

租界		划定年份	收回年份*
英租界	原订租界	1860	1943
	扩充租界	1897	
	南扩充界	1902	
	墙外推广界	1903	
法租界	原订租界	1861	1943
	扩展界	1900	
美租界		1862年之后①	1902年并入英租界
德租界	原订租界	1895	1921
	推广界	1901	
日租界	原订租界	1898	1945
	推广界	1903	
俄租界		1901	1924
比租界		1902	1931
意租界		1902	1944
奥租界		1902	1919

资料来源:笔者自绘,参考尚克强,刘海岩. 天津租界社会研究[M]. 天津:天津人民出版社,1996:5-35.

附注:*各租界收回年份以中国政府正式接管租界的年份为准,而非租界收回条约签订的时间。

1.1.2.3 内容范围

本书的研究内容力求全面完整,涵盖近代天津英、法、德、日、俄、比、意、奥

---

① 天津美租界的划定时间未有档案明确记载,学界亦尚无定论。

各租界所有已知的建设法规，①具体内容包括土地开发建设、市政建设与建筑建设。需要指明的是，受租界存续时间、建设程度及租界国家重视程度等因素的影响，近代天津各租界建设法规的发展与完善程度各不相同，因而在进行建设法规内容的论述时，各租界篇幅难免有所差异。

1.2 研究问题与意义

1.2.1 研究问题

本书以近代天津租界建设法规为研究对象，对以下三个具体问题进行探讨与论述：

（1）近代天津各租界建设法规体系及建设法规发展历程如何。此项研究对应本书的第2章。通过对天津租界设立的"开埠条约"及"租界条款"内容的分析，探究租界建设法规的肇始。进而通过系统梳理天津各租界设立之后的建设法规管理体制、立法程序与法规发展历程，还原近代天津各租界建设法规体系。

（2）近代天津各租界建设法规如何规范租界的建设活动。此项研究对应本书的第3~5章，分别探讨各租界建设法规对租界内的土地开发活动、市政建设活动及建筑建设活动的控制作用。

租界的土地开发活动主要指为满足租界居民的生活、生产与贸易需要，对租界内尚未利用土地进行土地整理利用，对已利用土地进行整治以提高土地利用率和集约经营程度的活动。租界建设法规对租界土地开发的控制主要体现在租界土地边界的划定、土地制度与地籍管理、房地产捐税制度、土地开发模式（包括分区规划、土地填垫整理、土地征收）四个方面。

租界的市政建设活动是指租界市政当局基于其责任和义务为租界居民提供各类生活配套市政基础设施的建设活动。租界建设法规对租界市政建设的控制首先是在制度层确立了市政建设管理制度与工程承包制度，其次是对租界道路交通、市政管网（包括供水、排水、电力设施）建设等具体的市政工程建设活动进行规定。

建筑控制是指"市政机构或其代理部门通过检查、审批和发放许可证等管理手段来保证建筑物的设计、施工和维护符合建筑法规的要求"。②在本书中，建筑控制的主体是近代天津各租界的建设行政管理部门，依据便是各租界建设法规的建筑控制相关条文，其内容涵盖建筑形式控制、建筑设计规范、建筑建设管理三个方面。

---

① 天津美租界存续期间未研究设立市政建设管理机构，亦无建设法规颁布。
② 唐方. 都市建筑控制［D］. 上海：同济大学，2006：2.

（3）近代天津各租界建设法规受母国建设法规影响如何，各租界间及租界与华界间建设法规有何种影响机制。此项研究对应本书第6章，探讨近代天津租界建设法规的来源与影响。从法律体系、法规内容、建设理念等方面剖析近代天津租界建设法规中的母国印记，并进一步分析探究天津各租界之间、不同通商口岸属于同一国家的租界之间、天津租界与华界之间建设法规的影响关系、传播方向及其动因。

1.2.2 研究意义

（1）发掘整理近代天津租界建设尘封档案，具有重要的史学意义。天津作为近代中国北方最大的通商口岸及专管租界数目最多的城市，其租界的城市建设历史是中国近代城市建设现代转型[①]过程中的重要一环，在近代城市研究中极具代表性。租界建设法规作为租界城市建设的法律依据，其中包含的现代城市规划与建设控制思想体系在租界的发展建设过程中具有举足轻重的指导地位。然而受档案史料所限，对天津近代租界建设法规的研究存在大量空白，尤其是除英、法、日租界外，其余各租界的城市建设历史尚无系统深入研究。本书对从国内外各档案馆、图书馆发掘收集的大量天津近代租界建设一手档案资料进行了综合性翻译整理，深入解读天津近代租界建设法规，对进一步开展天津近代建筑史、城市史研究具有极为重要的意义。

（2）厘清近代天津租界的建设控制理念与技术体系，具有重要的遗产保护意义。对城市建设历史的研究可以让我们更好地理解当下的城市形态与建筑遗存。近代天津租界引入了西方现代建筑技术、工业体系、设计建造方式、建设管理模式和规划设计理念，并以租界建设法规的形式予以规范。只有系统而完整的对近代天津各租界建设法规内容进行梳理，厘清各租界城市形态与建筑背后的建设控制理念及建筑技术体系，才能全面理解当下天津租界遗存的历史价值，对租界城市风貌与建筑遗产保护策略的完善和建筑遗产后续保护与修缮工作的开展具有重要意义。

（3）将研究视野拓展到近代中国通商口岸体系下租界建设法规的传播机制研究，具有重要的理论意义。近年来，对于城市规划与建筑思想跨文化传播历史的研究逐渐受到学者们的重视。近代中国的通商口岸是接纳吸收西方现代城市建设理念的重要窗口，各通商口岸的租界作为一个整体，推动了近代中国城市建设的现代转型。本书从近代天津租界建设法规入手，将"租界—母国""租界—租界"（包括天津各租界之间、不同通商口岸同一国家租界之间两类关系）、"租界—华界"的建设法规内容进行比较，分析探究了近代天津租界建设法规的来源及影响、传播方向与动因，对城市规划和建筑思想跨文化传播理论的进一步研究与完善具有重要意义。

---

① 中国近代城市建设的现代转型是指由农业文明城市建设向工业文明城市建设的演变，"现代转型"在一些研究中又称"近代转型"，英文均为modernization，本文统一采用"现代转型"这一说法。

1.3 既有研究综述

1.3.1 天津租界城市与建筑历史研究

（1）20世纪上半叶

关于天津租界著述早在20世纪初期就已经大量出现，其内容多为天津租界的介绍或某一事件记录。马莱绪①（McLeish, William）1900年记录庚子事变的《天津被围日记》（Tientsin② Besieged and after the Siege, From the 15th of June to the 16th July 1900, A Daily Record by the Correspondent of the N. C. Daily News.）③，1914年出版的《天津记忆》（Memories of Tientsin）④，1917年发表的《在一个中国口岸的生活》（Life in a China Outport）⑤，三本书记录了作者本人20世纪初在天津的生活与见闻，真实反映出当时天津的政治形势、经济贸易及租界城市生活情况。

对天津租界的系统研究性论著在20年代已经出现。雷穆森撰写的《天津插图本史纲》（Tientsin: An Illustrated Outline History）⑥与《天津的成长》（The Growth of Tientsin）⑦全面回顾了天津租界的开辟与发展历程，具有极高的历史研究价值。⑧南开大学政治学会编著的《天津租界及特区》⑨概括了天津租界的沿革、行政机构、教育及慈善情况等。1935年10月《东方事务》（Oriental Affairs）特别刊载的《天津的外国租界》（Tientsin's Foreign Concessions）⑩一文全面介绍了天津各租界的设立过程及租界土地、人口等的发展情况。

（2）20世纪下半叶

1960年，天津大学卢绳教授发表的《天津近代城市建筑简史》⑪是关于天津近代

---

① 马莱绪（McLeish, William），1851—1921，英国人，曾任天津英租界工部局秘书。
② Tientsin为"天津"的邮政式拼音写法，在近代外文记载中"天津"亦写作"Tien-tsin""Tiensing""Tienn-Tsinn"等，在本文出现时均沿用原历史文献写法。
③ McLeish, William. Tientsin Besieged and After the Siege: From the 15th of June to the 16th of July, 1900 ; a Daily Record [M]. Shanghai: North-China Herald, 1900.
④ Old, hand A. Memories of Tientsin [M]. Tientsin: Tientsin Press, 1914.
⑤ McLeish, William. Life in a China Outport [M]. Tientsin: Tientsin Press, 1910.
⑥ Rasmussen, Otto Durham. Tientsin: An Illustrated Outline History [M]. Tianjin: the Tientsin Press, 1925.
⑦ Rasmussen, O D. The Growth of Tientsin [M]. Tientsin: Tientsin Press, 1924.
⑧ 雷穆森的这两本著作后由许逸凡、赵地翻译为中文，于2009年出版。参见雷穆森. 天津租界史（插图本）[M]. 许逸凡，赵地，译. 天津：天津人民出版社，2009.
⑨ 南开大学政治学会. 天津租界及特区[M]. 上海：商务印书馆，1926.
⑩ Tientsin's Foreign Concessions [J]. Oriental Affairs: A Monthly Review. Shanghai: H.G.W. Woodhead, 1900.
⑪ 卢绳. 天津近代城市建筑简史[J]. 天津文史资料选辑（第24辑）. 天津：天津人民出版社，1960：前言.

建筑最早的研究成果。20世纪80年代，周祖奭、张复合、村松伸、寺原让治编写的《中国近代建筑总览·天津篇》①全面调查记录了20世纪80年代末天津近代建筑状况，对近代天津的建筑史、城市园林史、桥梁史、道路史及执业建筑师等进行了较为系统的整理研究，为近代天津城市建设历史及近代建筑遗产的后续研究奠定了重要基础。寺原让治所著《天津の近代建築と建築家について》②对天津租界的建设情况以及近代天津建筑师及其作品进行了重点讨论。

20世纪90年代，随着国内学者对近代城市建设历史关注度的提升，关于天津近代城市与建筑历史的研究开始大量涌现。在志书与通史方面，天津市地方志编修委员会编纂的"天津通志"系列对天津历史发展的各类信息进行了整合，其中《天津通志 附志·租界》③汇集了近代天津各个租界的沿革、政治、制度、经济、文化、建设、宗教、人口等方面的翔实信息；《天津通志·城乡建设志》④介绍了天津的规划、市政、公共事业、园林、建筑等概况，关于近代天津的建设情况主要关注于近代建筑。《天津市城市规划志》⑤、《天津城市建设志略》⑥对近代天津的城市规划与租界建设情况进行了简要梳理。罗澍伟的《近代天津城市史》⑦对包括租界地区在内的近代天津城市发展历史进行了梳理。在建筑历史方面，荆其敏的《租界城市天津的过去、现在及未来》⑧、高仲林的《天津近代建筑》⑨对近代天津的租界建筑风格等进行了解读。

（3）21世纪

21世纪以来，中外学者对天津租界城市与建筑史的研究更加细化和深入。

在城市发展历史方面，罗芙芸（Ruth Rogaski）的《卫生的现代性：中国通商口岸卫生与疾病的含义》（Hygienic Modernity: Meanings of Health and Disease in Treaty-Port China）⑩一书围绕着天津的卫生变迁，揭示了卫生制度的现代化如何改变了一座城市，是西方学者研究天津近代城市历史的代表性著作。尚克强的《九国租界与

---

① 周祖奭，张复合，村松伸等. 中国近代建筑总览·天津篇 [M]. 东京：中国近代建筑史研究会，日本亚细亚近代建筑史研究会，1989.
② 寺原让治. 天津の近代建築と建築家について [D]. 东京：东京大学，1989.
③ 天津市地方志编修委员会. 天津通志 附志·租界 [M]. 天津：天津社会科学院出版社，1996.
④ 天津市地方志编修委员会. 天津通志·城乡建设志 [M]. 天津：天津社会科学院出版社，1996.
⑤ 天津市城市规划志编纂委员会. 天津市城市规划志 [M]. 天津：天津科学技术出版社，1994.
⑥ 乔虹. 天津城市建设志略 [M]. 北京：中国科学技术出版社，1994.
⑦ 罗澍伟. 近代天津城市史 [M]. 北京：中国社会科学出版社，1993.
⑧ 荆其敏. 租界城市天津的过去、现在及未来 [J]. 新建筑，1999（3）：5-7.
⑨ 高仲林. 天津近代建筑 [M]. 天津：天津科学技术出版社，1990.
⑩ Rogaski, Ruth. Hygienic Modernity: Meanings of Health and Disease in Treaty-Port China [M]. Univercity Of California Press, 2014.

近代天津》①从历史沿革、制度、社会、文化、城市空间等角度全面阐述了多国文化影响下近代天津的发展状况与城市特征。刘海岩的《空间与社会：近代天津城市的演变》②在理论和史料的基础上论述了近代天津城市空间的形成与城市生态环境、城居人口、城市生活的关系。吉泽诚一郎所著《天津の近代：清末都市における政治文化と社会统合》③关注于近代天津在城市管理制度的现代转型过程中，价值与文化观念的转变及社会的融合，展现了在地方因素与外来机遇交织下的天津近代城市图景。天津地域史研究会所编《天津史：再生する都市のトポロジー》④一书从行政管理、工业、交通、通信、政治外交、下层社会、日本社会、传媒、建筑等多个角度入手，探究近代天津多层次的城市发展变迁过程。此外，贺萧（Gail Hershatter）的《天津的工人们1900—1949》（The Workers of Tianjin, 1900—1949）⑤，蓝云（Elizabeth LaCouture）的《中国天津近代家庭住宅1860—1949》（Modern Homes for Modern Families in Tianjin, China, 1860—1949）⑥，以及关文斌（Kwan Man Bun）的《天津的盐商》（The Salt Merchants of Tianjin）⑦等著作分别从近代天津某一群体、行业的角度切入研究，展现了近代天津城市发展与社会生活面貌。

在近代天津城市规划历史方面，天津市城市建设档案馆所编的《近代天津城市规划图说》⑧挖掘利用了天津城市建设档案馆收藏、征集的一手图文资料，对近代天津租界与华界规划情况进行了详细介绍。吕婧、张秀芹对包括租界在内近代天津的城市规划发展历史及规划演变特征进行了研究。

在近代天津土地开发历史方面，研究成果以志书与史料编纂的形式为主，缺乏深入的分析与比较研究。刘海岩的《清代以来天津土地契证档案选编》⑨、宋美云的《天津商民房地契约与调判案例选编》⑩、天津市房地产产权市场管理处编写的《天津历代房地产契证》⑪对包括天津近代各租界地契等天津近代土地交易契证档案史料进行了

---

① 尚克强. 九国租界与近代天津[M]. 天津：天津教育出版社，2008.
② 刘海岩. 空间与社会：近代天津城市的演变[M]. 天津：天津社会科学院出版社，2003.
③ Yoshizawa, Seiichirō. Tenshin No Kindai: Shinmatsu Toshi Ni Okeru Seiji Bunka to Shakai Tōgō [M]. Nagoya-shi: Nagoya Daigaku Shuppankai, 2002.
④ 天津地域史研究会编. 天津史：再生する都市のトポロジー[M]. 2000.
⑤ Hershatter, Gail. Workers of Tianjin 1900-1949 [M]. Stanford: Stanford Univ Press, 1993.
⑥ LaCouture, Elizabeth. Modern Homes for Modern Families in Tianjin, China, 1860-1949 [D]. Columbia: Columbia University, 2010.
⑦ Kwan, Man B. The Salt Merchants of Tianjin: State-making and Civil Society in Late Imperial China [M]. 2001.
⑧ 天津市城市建设档案馆. 近代天津城市规划图说[M]. 天津：天津城市规划档案馆，2012.
⑨ 刘海岩. 清代以来天津土地契证档案选编[M]. 天津：天津古籍出版社，2006.
⑩ 宋美云. 天津商民房地契约与调判案例选编[M]. 天津：天津古籍出版社，2006.
⑪ 天津市房地产产权市场管理处. 天津历代房地产契证[M]. 天津：天津人民出版社，1995.

梳理与选编。天津市地方志编修委员会编写的《天津通志·土地管理志》[①]对天津的土地管理历史进行了较为详细的阐述。《天津房地产志》[②]从近代租界天津房地产业的诞生开始，对天津房地产业的发展与演变的历史过程进行了梳理。

此外，学界对近代天津单一租界城市建设历史的研究亦有所推进，部分研究开始关注租界建设发展背后的文化动因与制度作用。马利楚（Maurizio Marinelli）探究了天津意租界建设过程中殖民意识形态的展现。刘一辰对天津英租界的管理制度演变、租界城市规划与建设发展进行了研究。Willem Prossemiers从国家政治关系与租界制度的角度详细阐述了德租界与比租界设立背景、发展历史及收回过程。

（4）主要研究团队

近些年来，布里斯托大学、南开大学、天津社会科学院、天津大学等机构的研究团队在天津近代城市与建筑历史研究上取得了丰硕的成果。

2008年，由英国布里斯托大学的Robert Bickers教授和斯旺西大学的Nicola Cooper教授带领团队发起的"比较视野下天津九国租界的殖民主义，1860—1949"（Colonialism in comparative perspective: Tianjin under Nine Flags, 1860—1949）研究课题，对近代天津英国、法国、德国、意大利与俄罗斯五国在租界经营时期的地位、竞争和实践进行了研究。课题组搭建的"影像天津"网站收集展示了大量珍贵的天津近代租界历史照片、地图、出版物等，是进行天津租界历史研究的宝贵资料来源。2016年，Robert Bickers教授主编出版了《近代中国通商口岸，法律、土地与权力》（Treaty Ports in China: Law, Land and Power）[③]一书，收录了一系列关于天津、上海、汉口等地租界研究的文章。

南开大学的研究团队从经济、历史等角度出发对近代天津城市建设进行了探索研究，其中耿科研对天津英租界的行政管理制度及开发建设历程进行了详细考察，并对利顺德饭店、戈登堂等具体建筑空间个案进行了深入研究，史料翔实。曹牧、韩冬、朱慧颖分别对近代天津华界与租界给排水、卫生设施等市政设施的出现与建设发展情况进行了较为全面的研究，但其中关于租界的一手史料仍有所欠缺，有待进一步深入研究。

天津社会科学院历史研究所的研究团队对近代天津城市历史的研究现状及近代天津公用事业发展历史进行了广泛的研究。张利民、任吉东的《近代天津城市史研究综述》对20世纪初至21世纪天津城市史的研究状况，分阶段分时期地论述了各个时段研究的内容和特色。万鲁建深入挖掘日文史料，对天津日租界展开全面的研究。任吉东对近代天津租界的卫生管理及卫生理念的传播进行了探讨。刘海岩、任云兰分别对近

---

① 天津市地方志编修委员会. 天津通志·土地管理志［M］. 天津：天津社科院出版社，2004.
② 夏荣茂. 天津房地产志［M］. 天津：天津社会科学院出版社，1999.
③ Bickers, Robert; Jackson, Isabella. Treaty Ports in China: Law, Land and Power［M］. London: Routledge, 2016.

代天津的交通、供水等市政公用事业的发展进行了论述。

天津大学徐苏斌教授与青木信夫教授带领的团队对近代天津英、法、租界的建设历史分别进行了较为系统的研究，成果包括《天津英租界（1860—1943）城市建筑史比较研究》《天津原日租界规划沿革初探》《天津法租界城市发展研究（1861—1943）》《从城市公园看中国现代景观的产生与发展》《天津意租界的城市发展历程初探（1901—1945）》等。

天津大学宋昆教授带领的团队对近代活跃在天津的建筑师、事务所（工程司）、建筑开发企业、营造企业等开展了大量研究，成果包括：《阎子亨与中国工程司研究》《天津基泰工程司与华北基泰工程司研究》《奥籍天津近代建筑师罗尔夫·盖苓研究》《法籍天津近代建筑师保罗·慕乐研究》《天津义品公司研究》《英商先农股份有限公司研究》等。此外，团队在近代天津老地图与老照片分析研究、近代天津城市建设管理机构、近代天津的桥梁建设发展历程、对海河工程局与近代天津海河沿岸土地吹填开发等方面的研究均取得了一定成果与进展。

1.3.2 中国租界建设法规研究

在中国近代租界法制研究方面，费成康的《中国租界史》[①]系统介绍了中国近代各地租界由开辟、拓展至收回的历史过程，系统阐释了租界的立法制度与司法制度。王立民的《中国租界法制初探》、江立云的《中国租界立法制度初探》分别对中国租界的法制化过程与立法程序进行了探究。

在中国近代租界建设法规研究方面，目前学术界对上海公共租界与法租界的建设研究较为深入。练育强的《近代上海城市规划法制研究》[②]从上海公共租界与华界两个空间论述上海城市规划法治，对近代上海城市规划及城市规划法制在城市化进程中的作用进行探究。唐方的《都市建筑控制：近代上海公共租界建筑法规研究（1845—1943）》详细解读了上海公共租界自成立以来建筑法规的制定、发展及演变过程，对建筑法规订立的背景与动因进行了深入剖析，对建筑控制条文作出了具体的分析研究。吴俏瑶的《上海法租界建筑法规研究（以民用建筑为主）（1849—1943）》基于大量上海法租界公董局的法文档案资料，对上海法租界的建筑法规体系进行了分类论述，深入研究了法规的演变过程。以上对上海租界建设法规的研究深入细致，是本书的重要学习对象。

除上海外，近年来学界关于香港及汉口租界建设法规的研究亦取得了一定成果。邹晗的《香港建筑控制发展史（1841—1997）》（A History of the Evolution of Building Control in Hong Kong（1841—1997））简要介绍了香港自开埠至20世纪末建筑法规的

---

① 费成康. 中国租界史［M］. 上海：上海社会科学出版社，1991.
② 练育强. 近代上海城市规划法制研究［D］. 上海：华东政法大学，2009.

发展历程。朱滢的《汉口租界时期城市的规划法规与建设实施》从现代城市规划的视角审视汉口自开埠后至20世纪30年代租界的法规体系、管理体系与技术体系，探讨了汉口租界建设管理制度指导下城市的实践情况。但由于规划法规条文史料不够全面，未成系统，该研究成果有一定局限性。

在近代天津租界法制研究方面，天津档案馆编著的《天津租界档案选编》收录了天津各租界开辟时的租界条款及部分租界法规。刘海岩翻译了部分英租界与意租界法规。尚克强、刘海岩的《天津租界社会研究》[1]梳理了天津各租界的制度、建设、居民生活与社会特点等，其中关于租界法制的介绍论述严谨，但史料有限，有待进一步深入。以上关于近代天津租界法规的编译及天津租界法制的研究成果，为本书关于天津近代租界建设法规的研究奠定了基础。

关于近代天津租界建设法规，尹东国的《天津近代建筑规则演变过程研究》对天津租界与华界的建筑规则进行了梳理，其对天津华界建筑规则的研究较为全面；对租界建筑规则的研究，由于缺乏一手史料的支撑，局限于英租界的部分规则，研究程度较为浅显。陈国栋[2]、耿科研[3]、李天[4]在其博士论文中分别涉及了对英租界、法租界法规的梳理，取得了一定的研究成果，对本书有所启发。但由于在建设法规的档案史料收集上有所欠缺，以上研究对天津英、法租界建设法规的内容分析与比较研究仍不充分。

1.3.3 既有研究的不足

（1）近代天津租界建设法规专项研究的欠缺

近些年来，关于近代天津城市，特别是近代天津租界规划历程、建筑风格与保护等的研究取得了诸多成果。租界城市空间与建筑面貌是如何形成的？租界的建设管理制度如何控制管理租界内的建设行为？这些问题显然与建设法规密切相关。然而，与上海公共租界与法租界建设法规的研究相比，学术界对近代天津租界建设法规的研究非常欠缺，尤其是对意、德、俄、奥、比租界建设法规的研究几乎空白。在目前已有的关于天津英、法、日租界建设法规的研究中，英、法租界建设法规的研究相对较为成熟，但史料挖掘仍不够充分，研究不够全面；关于日租界建设法规的研究则较为琐碎，未成体系。

（2）近代天津租界建设研究全面性的不足

在对天津近代租界建设的研究中，由于英、法、日租界本身存续时间长、史料较

---

[1] 尚克强，刘海岩. 天津租界社会研究[M]. 天津：天津人民出版社，1996.
[2] 陈国栋. 天津英租界（1860—1943）城市建筑史比较研究[D]. 天津：天津大学，2017.
[3] 耿科研. 空间、制度与社会：近代天津英租界研究（1860—1945）[D]. 天津：南开大学，2014.
[4] 李天. 天津法租界城市发展研究（1861—1943）[D]. 天津：天津大学，2015.

为丰富、研究亦起步较早，目前关于其租界建设研究已有较多成果。相对而言，关于天津意、德、俄、奥、比租界建设的研究较少、研究深度欠缺，造成天津租界建设研究的整体性、全面性不足。

关于前两项研究上的不足，最重要的原因是对天津各租界档案史料仍未充分挖掘利用。天津的租界档案部分藏于天津市档案馆，但此部分档案开放程度低，只有少量档案编辑出版，学者难以充分利用；天津各租界另有相对系统完整的档案藏于各国的图书馆、国家档案馆及外交部档案馆，这部分档案数量庞大，获取有一定难度，目前仍有大量尘封档案有待挖掘。此外，天津租界档案文字语言涉及英、法、日、德、意等多种语言，档案识别利用具有一定难度，亦是造成天津租界建设研究全面性不足的重要原因。

（3）近代天津租界比较研究的欠缺

近代天津多国租界共存，其管理体制、土地制度、建设法规等虽各成体系，但由于各租界在地理位置上相互毗邻，各租界的建设管理制度的发展过程必然存在相互影响作用。目前学术界对天津英、法、日租界的建设过程研究较为深入，但缺乏对各租界建设管理和发展过程的比较研究，未能透彻解读近代天津租界建设发展背后各租界当局在建设管理制度与方式上的相互作用关系。

近代租界建设法规的产生与传播反映了西方现代城市建设控制思想在中国的引入与发展。在近代中国通商口岸体系背景下，目前学术界对各口岸租界建设管理体制与建设法规的比较研究仍非常欠缺，对各口岸租界建设法规间的相互影响关系及影响机制未有充分的研究与解读。

1.4 研究方法

（1）文献研究法

本书所依据的文献材料主要来源于国内外档案馆、图书馆的一手档案与历史文献。为确保本书史料完整充实、真实反映天津租界建设管理与建设法规的发展历程，笔者于国内及英国、法国、日本、德国、比利时、奥地利、荷兰等国家的档案馆、图书馆查阅整理了大量近代天津租界历史档案，重点查阅的档案类型包括：各租界建设法规草案及正式出版文件、工部局会议记录、工部局年度报告[①]、驻津领事与本国外交部门往来信函、地契与土地登记簿、历年租界地图、规划图纸、市政设备图纸、建筑图纸与相关登记文件等。此外，由天津市档案馆主持编研的《天津英租界工部局史料

---

① 工部局年度报告为工部局各行政部门一年来工作情况的总结报告，其基本内容包括：董事会人事报告，财政收支与租界税务情况报告，工程、水道、电力、卫生、教育等部门报告。虽然近代天津各租界工部局年度报告内容略有差异，但均能反映出租界一年来发展建设的基本情况，是租界建设研究的重要史料来源。

选编》①《英租界档案》②《天津租界档案选编》③等档案汇编书籍亦为本书提供了资料补充。

通过对以上史料与文献的整理研究，本书从建设法规的制定背景、建设法规内容、建设管理制度、租界法规的实施情况与租界建设的实际发展状况等多个角度，呈现了近代天津各租界建设法规作用下租界建设发展的真实面貌。

（2）分类研究法

由于近代天津各租界存续时间段不同、建设法规的类型与发展程度不一，且同一租界亦存在不同类型的建设法规，如果全部按照时间顺序对各租界建设法规内容进行梳理会存在各租界、各类型建设法规混杂出现的情况，流于烦琐，无法系统、清晰地反映天津租界建设法规的发展演变过程。因此，本书首先于第2章分别厘清近代天津各租界建设管理制度、租界法规的类型以及制定与修订过程，并对具体的建设法规的内容框架进行了概括整理，以从整体上还原近代天津各租界的建设法规体系构架。随后对租界建设法规的具体内容进行分类研究，于第3~5章分别对近代天津各租界法规中的土地开发控制、市政建设控制及建筑控制三方面的内容展开讨论。在对各类别建设法规进行深入解析时，本书基本按照时间顺序展开，以期清晰展现天津各租界在建设领域的管理与发展情况。

（3）比较研究法

基于上述分类研究，本书在对近代天津租界建设某一方面的建设法规内容进行梳理的同时，尝试对各个租界的相关法规条文进行横向比较，总结分析天津各租界对该领域建设控制的特点。在第6章对天津租界建设法规"源"与"流"的研究中，进行了四个方面的比较研究：将各租界建设法规体系及内容与其母国法规进行比较，将天津不同租界间建设法规内容进行比较，将天津租界建设法规与中国近代其他通商口岸租界的建设法规内容进行比较，将天津租界建设法规与华界建设法规内容进行比较。通过以上比较研究，剖析天津各租界建设法规的来源与影响、传播方向与动因。

1.5 研究创新与结构

1.5.1 研究创新点

（1）首次系统发掘整理了近代天津各租界建设法规相关档案与史料，弥补了近代天津租界城市建设法治研究的欠缺，拓展了近代城市建设法规领域的学术认识。

---

① 天津市档案馆. 天津英租界工部局史料选编［M］. 天津：天津古籍出版社，2012.
② 天津市档案馆. 英租界档案［M］. 天津：南开大学出版社，2015.
③ 天津市档案馆. 天津租界档案选编［M］. 天津：天津人民出版社，1992.

为确保本书的完整性与创新性，笔者除在天津档案馆、天津图书馆、国家图书馆等进行基础的近代天津档案与史料研究外，更前往大英图书馆（The British Library）、英国国家档案馆（The National Archives）、亚非学院图书馆（SOAS Labrary）、法国国家图书馆（Bibliothèque nationale de France）、法国南特外交部档案馆（Centre des Archives diplomatiques de Nantes）、比利时国家档案馆（Rijksarchief in België）、比利时外交部档案馆（Kingdom of Belgium, Foreign Affairs, Archives）、德国联邦档案馆（Bundesarchiv）、德国外交部政治档案馆（Politisches Archiv des Auswärtigen Amts）、奥地利国家档案馆（Österreichisches Staatsarchiv）、荷兰国家档案馆（Nationaal Archief）、日本国立公文书馆等机构发掘了大量与近代天津租界城市建设及建设法规相关的珍贵档案（涉及中文、英文、法文、德文、日文、意文等多种文字）。本书通过对近代天津各租界原始建设档案，尤其是建设法规档案的辨别、翻译与系统整理，首次发现了大量天津租界的建设法规原始档案文件，对近代天津各租界的建设法规体系与内容进行了全面研究，为今后天津租界城市建设与建筑历史相关研究奠定基础。

（2）从近代天津租界建设法规的法律体系与法规内容入手，系统还原了天津各租界城市建设的法制化管理体系，揭示了其对租界城市建设发展的影响作用及其背后的经济与文化逻辑。本书通过对近代天津各租界的建设管理体制、建设法规立法程序、法规发展历程的系统梳理，还原了各租界的建设法规体系。围绕土地开发控制、市政建设控制、建筑控制三个方面，对近代天津各租界建设法规内容进行详细分析，全面呈现租界建设法规对租界建设活动与建设管理活动的规范作用，并在此基础上探究其对天津租界城市建设发展的影响。透过经济与文化的视角对租界建设法规的内容进行解读，指出建设法规作为资本逐利与文化输出的工具所发挥的作用。为今后关于近代天津租界城市空间形态研究、租界城市与建筑遗产价值及保护研究提供支撑。

（3）通过对近代天津租界建设法规的来源与影响的分析，揭示了近代中国通商口岸体系下天津租界建设法规的传播机制，提出了天津租界建设法规传播类型的多重性特征。在近代中国通商口岸体系下，以建设法规为主要依托的西方现代城市建设控制思想的传播有其特殊性与复杂性。本书通过一系列比较研究（租界—母国，租界—租界，租界—华界），总结归纳出天津租界建设法规的传播方向及传播动因。结合现有的城市规划传播类型理论，进一步提出近代天津租界建设法规及城市建设控制思想传播类型的多重性特征。

1.5.2 研究结构

本书主体部分分为6章，第2章对近代天津租界建设法规的肇始及各租界建设法规体系（包括建设法规的管理体系、立法程序与发展历程）进行了系统梳理。第3～5章分别就近代天津租界建设法规的三个建设控制层面进行了论述：第3章就租界建设法规对土地开发的控制,从租界土地边界的划定、土地制度与地籍管理、房地产捐税及土地开发模式四个方面进行了深度研究;第 4 章就租界建设法规对市政建设的管理与控制,从市政建设管理制度、道路交通建设、市政管网建设三个方面进行了深入分析;第 5 章就租界建设法规中的建筑控制条文,从建筑形式控制、建筑设计规范、建筑建设管理三个方面进行了全面解析。第 6 章将天津置于中国近代通商口岸体系之中,通过将天津各租界的建设法规分别与其母国的建设法规、其他租界的建设法规、天津华界的建设法规进行比较分析,就天津各租界建设法规的来源与影响、传播方向与动因进行了深入探讨。第 7 章对近代天津建设法规的发展特征及对近代天津城市建设的影响进行了系统归纳。

第 2 章　近代天津租界建设法规体系概述

2.1 近代天津租界建设法规的肇始

2.1.1 开埠条约

近代中国，西方列强通过战争等方式强迫清政府签订不平等条约，开放了包括天津在内的一系列沿海沿江城市作为通商口岸，进而在通商口岸建设形成了"国中之国"——租界。开埠条约赋予了租界开辟国在通商口岸租地建房的权力，是与租界建设有关的最早的法律文件。

第一次鸦片战争以后，1842年8月，中英《南京条约》签订，清政府开放广州、福州、厦门、宁波、上海五处港口为通商口岸。然而条约只规定英国人及其家眷可以"寄居"在这些通商口岸且"贸易通商无碍"，他们的其他日常活动仍受到清政府的限制。为使英国商民可以自由择地建房居住，英国代表璞鼎查向清政府提出要求，经过与耆英等人反复磋磨，于1843年10月订立中英《五口通商附粘善后条款》，规定"中华地方官必须与英国管事官各就地方民情，议定于何地方，用何房屋或基地，系准英人租赁"，[①] 赋予了英国人在通商口岸租地生活的权力。此后，中美《望厦条约》、中法《黄埔条约》相继订立，外国人陆续在上海租地建房，这些租地最终发展成为有独立的市政机构的"租界"。拥有行政管理自治权的上海租界为西方人提供了一个理想的聚居区，为其在其他通商口岸设立类似的贸易和聚居地提供了范本。

由于受到当地人民的反对，上海的租界模式未能很快在中国的其他通商口岸推广。直至第二次鸦片战争期间，英国人迫使清政府于1859年6月26日签订中英《天津条约》，其中第十一条中规定开放牛庄、登州、台湾、潮州、琼州为新的通商口岸，第十二条规定"英国民人，在各口并各地方意欲租地盖屋，设立栈房、礼拜堂、医

---

① 王铁崖. 中外旧约章汇编（第一册）[M]. 北京：生活·读书·新知三联书店，1982：35.

院、坟基，均按民价照给，公平定议，不得互相勒掯"。其中的"取益防损诸节"指的正是在上海建立起的租界制度。① 此后，列强在通商口岸设立租界作为聚居区的模式被推广开来。

1860年10月24日，中英《续增条约》（又称中英《北京条约》）签订，其第五款规定"续增条约画押之日，大清皇帝允以天津郡城海口作为通商之埠，凡由英民人等至此居住贸易均照经准各条所开各口章程比例，画一无别"。25日，中法《续增条约》（又称中法《北京条约》）签订，第七款规定"从两国大臣画押盖印之日起，直隶省之天津府克日通商，与别口无异"。至此，天津被迫开放为通商口岸，英、法着手在天津开辟租界。

甲午战争后，1896年10月19日，中日签订《公立文凭》，规定"添设通商口岸，专为日本商民妥定租界，其管理道路以及稽查地面之权，专属该国领事"，"一经日本政府咨请，即在上海、天津、厦门、汉口等处，设日本专管租界"。据此，日本于天津设立租界。

以上开埠条约赋予了外国势力在天津设立专管租界的权力，聚居在租界的外国公民可以在租界内租地建屋，建造教堂、医院、墓地等公共设施，同时租界开辟国领事享有管理租界内道路和稽查土地的权力。简而言之，开埠条约中关于租界的规定明确了租界的性质（即外国人的租地聚居区）和租界管理权归属（即租界行政、司法自治），为后续租界条款的订立与租界的正式设立奠定了基础。

2.1.2 租界条款

租界条款是中外政府就某一租界的正式设立而签订的法律文件。② 近代天津的第一个租界条款为1861年6月2日三口通商大臣崇厚与法国参赞哥士耆（Kleczkowski）签订的《天津紫竹林法国租地条款》（又称《法国租界条款》，Règlement Relatif a L'affermage a Perpétuité des Terrains Dans les Limites de la Concession Française a Tienn-Tsinn），最后一个租界条款是1903年4月24日津海关道唐绍仪等与日本驻天津总领事伊集院彦吉就天津日租界扩张事宜签订的《天津日本租界推广条约》，③ 这期间清政府与外国政府签订的天津各国租界的租界条款（包括租界扩张条款）共有10项（表2-1）。

需要指出的是，天津英租界的设立、扩张以及法租界的扩张未正式签署租界条

---

① 费成康. 中国租界史 [M]. 上海：上海社会科学出版社，1991：23.
② 不同租界"租界条款"的原始中文名称有所区别，如天津法租界称"条款"，德租界、俄租界、比租界、奥租界称"合同"，意租界称"章程"，其本质上均为中外政府就某一租界的设立事宜共同订立的法律文件。
③ 天津日本租界推广条约 [A]. 日本外务省史料馆，B12082546400.

近代天津的租界条款　　　　　　　　　　　　　　表 2-1

签订时间	租界条约名称	签署双方
1861年6月2日	《天津紫竹林法国租地条款》	中方：三口通商大臣崇厚 法方：法国参赞哥士耆
1895年10月30日	《德国租地合同》	中方：津海关道盛宣怀，天津河间兵备道李岷琛 德方：德国驻天津领事官司艮德（Baron Edwin von Seckendorff）
1898年8月29日	《日本租界条款及另立文凭》	中方：天津河间兵备道任之骅，津海关道李岷琛 日方：日本驻津领事官郑永昌
1898年11月4日	《日租界续立条款及续立文凭》	中方：津海关道李岷琛 日方：日本驻津领事官郑永昌
1901年7月20日	《德国推广租界合同》	中方：天津河间道张莲芬，直隶候补道钱荣 德方：德国驻京领事秦莫漫
1901年	《俄租界合同》	中方：天津河间道张莲芬，直隶候补道钱荣 俄方：驻津领事官珀佩
1902年2月6日	《比国租界合同》	中方：天津河间道张莲芬，津海关道唐绍仪，直隶候补道钱荣 比方：驻津领事官嘎德斯
1902年6月7日	《意租界章程》	中方：津海关道唐绍仪 意方：意大利驻中国公使嘎厘纳
1902年12月27日	《奥租界设立合同》	中方：天津河间道张莲芬，津海关道唐绍仪 奥方：大奥斯马加国驻津副领事贝瑙尔
1903年4月24日	《天津日本租界推广条约》	中方：津海关道唐绍仪，天津府凌福彭，署天津道庞鸿书 日方：日本驻天津总领事伊集院彦吉

资料来源：笔者自绘，参考天津档案馆. 天津租界档案选编［M］. 天津：天津人民出版社，1992.

款。其中英租界原订租界的划定事宜是在1860—1861年间通过中外照会以及英国驻津领事与天津道府县商议完成的，英租界扩充界的划定由津海关道台李珉琛在1897年3月31日发布告示予以承认，而南扩充界（旧美租界）及墙外推广界的划定是以中英会衔告示或津海关道告示的形式进行公布。此外，天津法租界扩张界的划定是在1900年11月20日，法国驻津领事杜士兰以发布通告的方式正式公布天津法租界扩张范围。[①]

相较于开埠条约，租界条款中对租界的建设活动有了更为具体的规定。租界条款中与租界建设相关的内容通常包含以下四个方面：

（1）租界边界的划定。租界是外国人聚居生活实施自治管理的区域，因此租界条

---

① 天津市地方志编修委员会. 天津通志 附志·租界［M］. 天津：天津社会科学院出版社，1996：489.

款首先需要明确的就是其具体可以行使自治权的区域界限，通常在租界条款的第一条对租界的四至进行界定。例如，1895年《德国租界设立合同》的第1款就确定了德国租界四至为"北界沿闽粤会馆义地北边之道路起，此路从海河西边直通海大道东边止；东界河边；南界由小刘庄之北庄外起，以顺小路之边，直至海大道东边止；西界海大道东边止"，①并对界石的竖立、租界内土墙的拆留进行了规定。除划定当下租界边界外，部分租界条款中还会预先界定租界日后扩张的区域范围，如1898年订立的《日本租界条款及另立文凭》中对日租界"预备租界"范围进行了界定，1902年订立的《比国租界合同》中亦划定了比租界日后预备扩张的范围。

（2）租界内土地管理制度与租买方式确立。租界的发展建设首先面对的是土地问题，租界内土地管理制度与租买方式等是租界条款的重要内容。以天津最早的租界条款即1861年的《天津紫竹林法国租地条款》为例，条款中首先规定了法国人在租界内租地的方式为"必须呈明领事官与地方官查指要租地基何处，量地亩若干"；继而规定了可租地基每亩的原租价钱、需支付给本地人的搬迁费用和购买原房屋的费用，以及每位法国人可租土地数目的限制；此外，明确了租地人每年应交纳年租的时间与数目，以及这些年租的具体去向与用处；最后，对租地后的土地登记管理方式进行了规定。②与法租界类似，其他租界条款也对以上相应各方面进行了详细规定。此外，租界条款还须明确租界内特殊土地的管理问题，如1895年《德国租地合同》中第2~6款对租界周边及租界内的特殊地块如博文书院，围墙内官栈、义园、坟墓义地，围墙外南洼碱河等地所有权和收税管理权进行了规定。与此类似，日租界内的中国税厘两局，俄租界内的铁路车站、开平矿务局煤栈，奥租界内铁路公司产业，比租界内闽粤义园、义地等租界内的特殊房地在相应的租界条款中都有专门规定。

（3）土地等级划分。租界内土地本身因位置及开发程度不同，在土地租买时价值应有所差异，因而部分租界在划定之时将界内的土地按照土地条件的优劣划分等级，各等级土地租买价格不同。在1861年《天津紫竹林法国租地条款》中，可租地基被分为沿河和不沿河两种，原租价分别为每亩六十两和每亩三十两。1898年《日租界续立条款及续立文凭》中地价被分为四等，分别为"沿河居民之地""后十丈""腹心十丈"和"靠围墙十丈"，其中后三等又再分为"高地、平地、洼地、坑地"四等。③1901年订立的《德国推广租界合同》将德国欲购买用作兴筑铁路和车站的用地分为"可以提水灌溉之园地及有房之地""无水之园地及好熟地""不好之熟地"三等，地价各不

---

① 天津档案馆. 天津租界档案选编[M]. 天津：天津人民出版社，1992：162.
② 同上：100.
③ 同上：194-195.

相同。①此外,《比国租界合同》中规定界内土地分为"庄基地""平地""水坑地"三等。②

（4）道路修筑与房屋建设控制。部分租界条款对租界内道路修筑、房屋建设等实际建设活动提出了规定。在道路修筑与管理方面，主要是对界内公同道路修筑与管理责任的划定，如《德国租界设立合同》中明确提出中国应负责修筑英租界南界仁记洋行以南归中国管辖区域的河边道路以及德国边界部分的海大道；1898年《日租界续立条款及续立文凭》中规定租界内允许中国修筑一条公同道路，且"公同道路面宽丈尺应留四丈，地基高下应与日本马路一律相同，其修补、洒扫诸事均与日本马路相同，以归划一"；1903年《日本推广租界合同》中规定"自南门外至海光门，现有日本军队修筑之路，将来日本军队不用后，中国政府仍须随时维持修理，以益公用"，"日本租界开筑要道工竣后，中国政府亦须迅速开通新路，以便联络"。③在房屋建设方面，1861年订立的《天津紫竹林法国租地条款》对租地人在所租地块建设房屋的退线问题进行了规定，"法国商人愿租之地办妥后，所定界墙外，前面去河应留地三丈，后面留地二丈五尺，以为公共道路，不得稍有逾越"，即以建筑退让地块边线的方式形成租界内公共道路。

可以看出，近代天津各租界条款中关于租界范围、租界内土地管理制度与租买方式、土地等级划分、道路修筑与房屋建设控制的规定，已经初步体现了各租界土地、道路、建筑建设的管理思想，为租界设立初期的开发建设活动确立了基本准则。

2.1.3 建设法规

天津各租界设立之后，在大批量的开发建设需求以及专业技术人员短缺的压力下，外国驻华公使、驻津领事及租界市政当局颁布了一系列租界建设法规，用以确立租界的立法体系、建设管理制度以及各项建设标准。

作为租界进行建设管理的重要依据，天津各租界的建设法规在租界土地开发、区域规划、市政建设及建筑控制方面发挥了巨大的作用。就租界法规的类型而言，近代天津的租界建设相关法规主要可以分为确立租界根本制度的纲领性文件"基本法规"与规范具体行政事宜的"条例"两类。④在租界建设管理方面，"基本法规"通常明确了租界建设法规的立法程序、建设管理的主体及基本管理制度，"条例"则是在"基

---

① 德国推广租界合同［A］. 德国政治档案馆，R9208/1045.
② 收到英国日本租地章程租界条约各一份由［A］. 台湾"中央研究院"近代史研究所档案馆，03-16-054-01-005.
③ 天津日本租界推广条约［A］. 日本外务省史料馆，B12082546400.
④ 除"基本法规"与"条例"外，天津的租界亦有与建设相关的其他类型法律文件对租界的建设活动进行辅助规定，如告示、领事署令、建设合同等，这些建设法规文件将在后文的具体分析中进行讨论。

本法规"的规定之下，对具体的建设管理实施办法及各类建设活动的控制标准进行详细规定。

天津各租界的建设法规在历次颁布与修订中，经历了由简单到复杂、由笼统到详尽的发展过程。这种转变或出于租界自身建设发展或新技术的需求，或由于租界所属国家政府的统一调控管理，或受到其他租界建设法规的影响。与此同时，租界建设法规的发展往往伴随着建设管理分工的细化，以及建设法规立法程序的完善，最终形成了各租界的建设法规体系。

近代天津各租界的建设法规体系是本书研究的制度基础与法理基础。下文将从天津各租界建设法规的管理体制、立法程序与法规发展历程三个方面进行梳理，勾勒出天津各租界的建设法规体系概貌，作为后续章节详细讨论的背景与索引。近代天津各租界各自独立管理，其建设管理体制有所差异，建设法规体系构架及发展程度亦各不相同。天津的英、法、日、意四个租界存续时间较长，租界的建设程度较高，其建设法规体系发展相对完善，将各为一节进行重点介绍；相较而言，天津德、俄、奥、比租界的发展建设程度较低，建设法规体系亦相对简单，因而篇幅较短，合并于一节之中介绍。

2.2 天津英租界建设法规体系

2.2.1 管理体制

英租界是近代天津最早形成现代市政管理制度的租界，也是"自治"色彩最为浓重的租界。英租界的管理体制在很大程度上受到了其他已经设立的英国殖民地或租界，尤其是上海公共租界的影响，与近代早期英、美城市的模式相似，也类似于20世纪实行市委员会制的美国城市。[①]

2.2.1.1 权力主体：英国领事与租地人会议

在天津英租界建立之初、租界内行政体制尚未建立之时，各项具体事宜由英国驻津领事负责管理。随着董事会、工部局等逐步确立，作为英国政府的代表，这一时期的英国驻津领事对英租界的市政事务有立法和行政监督权，有权否决工部局董事会作出的任何决议或行动；同时，作为立法会议的主席，他拥有决定性投票权，可以口头或书面否决租地人会议通过的决议。然而，按照英国政府的规定，只有在有碍英国国家利益的情况下，领事才可以使用这种否决权。实际上，对于英租界的市政事务，英国领事很少使用否决权。

---

① 王旭. 富有生机的美国城市经理制 [J]. 历史研究，1989（3）：179-190. 转引自尚克强，刘海岩. 天津租界社会研究 [M]. 天津：天津人民出版社，1996：108.

在天津英租界，由英国领事召集的"租地人会议"实际上相当于市议会，也是租界的立法组织。租地人会议的参加者资格主要是由其英租界内的房地产数目或纳税多少来决定的。在英租界建立初期，租地人会议的职能较简单，主要是筹集用于租界管理和建设需要的市政基金，以及董事会选举。

随着租界的发展，租地人会议的职能也日趋复杂。1897年英租界扩展界划定后，由于租界内土地关系的复杂化，出现了原土地主（owner）、工部局所有土地承租人（feuer）、租地人（leassee）以及其他居民（resident）等多种法律身份，执政会议的参加者也随之复杂化，租地人会议名称变为"租地人与纳税人年会"。1918年英租界合并管理，英租界工部局颁布新的土地章程《驻津英国工部局所辖区域地亩章程》，在这一章程中，租地人会议又称为"选举人常年大会"（Annual General Meeting of Electors）。[①]

2.2.1.2 决策机构：工部局董事会

天津英租界是天津所有租界中"自治"程度最高的租界之一。其具体实施"自治"管理的主体即为英租界工部局。工部局由决策机构、咨议机构、执行机构组成（图2-1）。

工部局董事会为决策机构，成员由租地人会议选举产生。每年董事会都会举行若干董事会议，以决定有关市政的各种事项。工部局董事会还兼有部分立法权，这一点与近代英国城市政府的模式相似。英租界董事会成员大多是租界的企业家、商人。他们或者是洋行老板，或者是其代表。另外，也有少数官员、医生等入选董事会。[②]

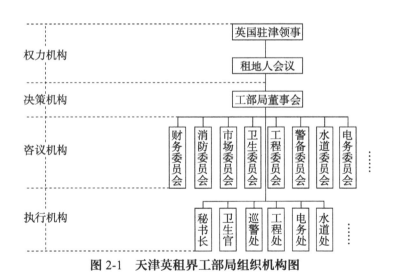

图2-1 天津英租界工部局组织机构图

---

① The Tientsin Municipal Regulation, 1918 [M]. Tientsin: the Tientsin Press, 1922. 南特外交部档案馆，961PO/1-45.

② 尚克强，刘海岩. 天津租界社会研究 [M]. 天津：天津人民出版社，1996：119.

2.2.1.3 咨议机构：各专门委员会

英租界工部局的咨询机构为各专门委员会。①每年通过选举产生新的工部局董事会后，各董事即组成若干专门的委员会来具体负责租界的各类事务。每个委员会包含1~4名委员，一名董事可担任多个委员会的委员，董事会主席同时兼任所有委员会的委员。此外，知名人士，尤其是在专门委员会相应领域颇有建树的英租界纳税人也会被董事会"公请"成为相应专门委员会的委员。②

专门委员会可分为常设委员会和临时委员会。常设委员会负责租界的日常事务，如1907年英租界原订租界工部局下设的专门委员会包括财务委员会（Finance Committee）、消防委员会（Fire Brigade Committee）、土地交换委员会（Land Exchange Committee）、市场委员会（Market Committee）、卫生委员会（Sanitary Committee）、工程委员会（Works Committee）、警备委员会（Watch Committee）、义工团委员会（Tientsin Volunteer Corps Committee）和租界联合委员会（Committee for the Amalagamation）。③为了满足租界发展的需要，工部局会增设常设委员会。例如水道委员会和电务委员会分别于1916年和1917年为解决英租界发展迅速带来水和电力供应紧张问题而设立的。英租界工部局接管天津自来水公司和天津煤气电灯公司后，由这两个委员会进行管理。临时委员会是为了解决临时性的租界事务而设立，例如1915年为修缮戈登堂而成立的"戈登堂修缮委员会"。

2.2.1.4 执行机构：各行政部门

在天津英租界建立之初，租界仅设一名负责巡捕房的英籍"道路与巡务总监"（Superintendent of Road and Police）及若干华籍巡捕，其职责包括负责租界治安及道路的清扫养护。19世纪80年代后，英租界设立了管理租界行政事务的专职秘书。随着租界发展的需要，英租界董事会开始委任专门的官员管理各项行政事务。这些官员通常是来自天津及附近地区的外侨，亦是各领域的专家，负责管理工部局下属各行政部门，并每年向选举人会议提交相关的工作报告。他们主要包括：④

（1）秘书长。他是工部局的首位官员，兼任董事会的秘书，对外可以代表工部局。负责文书、会计、财政、税收以及其他部门不管的事务。

（2）市政工程师。负责一切公共工程、公有设施如道路、桥梁、墓地、公园、基础设施等，城市的规划、建筑的审批也由其负责。下属部门为工程处。

（3）电务工程师。负责管理租界的电力供应，下属部门为电务处，发电厂归其管辖。

---

① 这里的"专门委员会"在英文文献中被称为sub-committee，直译为"小组委员会"。
② 耿科研. 空间、制度与社会：近代天津英租界研究（1860—1945）[D]. 天津：南开大学，2014：127.
③ British Municipal Council. Report of the Council for the year ended, 31st. December, 1906, and Budget for the Year Ending, 31st. December, 1907 [M]. Tientsin: Tientsin Press limited, 1907.
④ 尚克强，刘海岩. 天津租界社会研究 [M]. 天津：天津人民出版社，1996：122.

（4）水道工程师。负责租界的自来水供给，下属部门为水道处，接管后的自来水厂归其管理。

（5）警务督察长。负责治安、交通等一切法制管理，涉及公共卫生的许多事务都属于其职权范围。举凡救护车、洗衣房、牛奶的监测、犬类的管理乃至居民的死亡等，无不在警务督察长的管辖之下。其下属为巡警处，统辖租界的所有巡捕。

（6）卫生官。负责租界的医院、防疫等有关公共卫生的事务。

此外，英租界负责行政事务的官员还有学校监督、消防队长等。英租界的消防队原由医务人员组成，1919年开始设专业消防队，归警务督察长管辖。

除以上工部局下设的行政部门，英租界曾先后由选举人大会决议设立了六个"保管团"，这些"保管团"与工部局订立保管契约，负责保管、经营英租界的指定资产。①

2.2.2 立法程序

天津英租界最早的法规是颁布于1863年的《天津埠地方章程》（Local Regulations for Tientsin）。②这一法规由当时的代理天津英国领事（acting consul）约翰·吉布逊（John Gibson）签署制定，且该章程内容获得了英国驻华公使卜鲁斯（Sir F. W. A. Bruce）等人的批准。此后，天津英租界的法规体系逐步建立起来。

天津英租界的法规主要包括土地章程（Land Regulations）和条例（Bye-laws）。③土地章程是英租界的根本法规，是租界管理的纲领性文件，被称为租界的"小宪法"。④土地章程的内容主要关于租界内土地的租用、租界法规的制定、租地人会议、董事会、捐税等事宜，涉及土地制度、立法制度和行政制度等方面。

英租界早期的土地章程由英国驻华公使制定颁布。1865年，英国政府在其颁布

---

① 六个"保管团"分别为1906年成立的红墙道球场保管团（现在的新华路体育场）；1926年成立的空地保管团，负责保管民园及维多利亚花园（现在的解放北园）；1927年成立的债券保管团，负责保管工部局发行的债券；1929年成立的英文学堂保管团（现在的第二十中学）、天津公学保管团（今耀华中学）及养老金保管团。参见天津市地方志编修委员会. 天津通志 附志·租界 [M]. 天津：天津社会科学院出版社，1996：87.

② 在以往的中文文献中，天津租界的第一个章程通常被称为《天津埠地方章程和领事章程》。而在英国伦敦国家档案馆所存原始档案中，1863年10月27日同时颁布了三份章程，分别为Local Regulations for Tientsin、Local Regulation for Taku和Consular Regulations for the Port of Tientsin，其中只有Local Regulations for Tientsin是关于天津租界的章程，因而笔者认为在此用《天津埠地方章程》（Local Regulations for Tientsin）这一说法更为合适。参见英国国家档案馆，FO 228/375.

③ 这里的"条例"（Bye-laws）在部分文献和法规中文译本中翻译为"附则"或"细则"，书中出现的所有条例类法规，有官方中文译本的沿用原翻译，没有官方中文译本的均译为"条例"。

④ 费成康. 中国租界史 [M]. 上海：上海社会科学出版社，1991：118.

的《1865年枢密院中国与日本命令》（China and Japan Order in Council 1865）中规定英国驻华公使有权制定位于中国的英国领事地区章程。据此，1866年11月26日，英国驻华公使阿礼国（Sir Rutherford Alcock）签署颁布了《天津地方土地章程与通用章程》（Tianjin Local Land Regulations and General Regulations）。该章程的"通用章程"部分第19款规定英国驻华公使有权随时废除或更改现有的天津地方土地章程与通用章程。①与之类似，1898年制定的《天津英租界扩充界土地章程》（Land Regulations of the British Municipal Extension, Tientsin）是由时任英国驻津领事宝士德（Henry Barnes Bristow）呈请驻华公使窦纳乐（Sir Claude Maxwell MacDonald）监督制定，由英国外交事务大臣索尔兹伯里（Lord Salisbury）于1899年3月31日代表英国女王发表了批准章程的训令。

随着英租界租地人会议制度的实施以及工部局职能的不断完善，天津英租界的自治管理体系逐步建立起来，租地人会议在一定程度上享有了英租界土地章程的立法权。1898年《天津英租界扩充界土地章程》第24款规定，该章程颁布三年后，以及此后每间隔十年，每年的租地人大会应当指定一个专门的委员会对章程内容的修订和增补进行报告。该委员会的建议一经租地人大会同意，将提交给英国驻华公使批准。②1918年，由时任驻华公使朱尔典（J. N. Jordan）制定颁布的《驻津英国工部局所辖区域地亩章程》（The Tientsin Municipal Regulation, 1918）中，第53款对章程的修订进行了如下规定：

（1）除上列规定外，本章程之任何条文非经英国公使之准许不得删除、增加或更改之；

（2）但出席常年或特别大会选举人于会议时得推举委员拟具修正或增添本章程之报告；

（3）上列委员会有提议修正或增添章程之议案，一经选举人在常年大会或特别大会表决通过，董事会即可将此项议案送请转呈英国公使核准施行。

土地章程之下，天津英租界工部局还颁布有各类市政条例，其内容是对土地章程的补充和细化，涉及建设、卫生、治安、捐税、交通、防火等。条例的制定主要由工部局董事会主持进行，按照1898年《天津英租界扩充界土地章程》中的规定，天津英租界扩充界工部局董事会是制定适用于扩充界条例的唯一机构，所定条例须获得英国领事或代理人认可，且须交由下一次租地人大会决议通过。英租界两局四界统一管理后，1918年《驻津英国工部局所辖区域地亩章程》中规定，天津英租界工部局董事会

---

① Tianjin Local Land Regulations and General Regulations [M]. Hong Kong: Printed by D. Noronha, printer to the government, 1867. 英国国家档案馆，FO371/34.

② Land Regulations of the British Municipal Extension, Tientsin [M]. Tientsin: The Tientsin Press, 1898.

有权制定条例并根据其需要对条例进行废除、修订或变更，董事会制定的条例需公示14天，并由董事会主席和秘书长签字，提交英国总领事核准后方可施行。

2.2.3 发展历程

天津英租界历年颁布的与建设相关的法规多达二十余部，其中包含《英租界土地章程》及其修订文件十余份（表2-2）。

天津英租界土地章程与建设相关条例　　表 2-2

年份	法规名称	颁布机构/人
1863	《天津埠地方章程》	英国驻津领事
1864	补充章程	英国驻津代理副领事
1866	《天津地方土地章程与通行章程》	英国驻华公使
1878	《天津租地人会议投票临时规则》	英国驻津领事
1878	条例	英国驻华公使代办
1897	《新议英拓租界章程》《拿犯章程》	津海关道台
1898	《天津英租界扩充界土地章程》	英国外交事务大臣
1901	《天津地方土地章程与通行章程修订》	英国驻华公使
1902	《英租界合并计划草案》	（未颁布）
1907	《天津英租界地方土地章程修订》	英国驻华公使
1911	《1898年天津英租界扩充界土地章程修订与增补》	英国驻华公使
1913	《条例与市政信息手册》	天津英租界工部局
1918	《驻津英国工部局所辖区域地亩章程》	英国驻华公使
1919	《英租界工部局条例》	天津英租界工部局
1922	《天津英租界工部局市政信息手册》	天津英租界工部局
1925	《驻津英国工部局一九二五年公布营造条例及卫生附则》	天津英租界工部局
1927	《推广界分区条例》	天津英租界工部局
1930	《驻津英工部局一九一八年章程暨修正条文》	英国驻华公使
1930	《驻津大英工部局推广界分区条例》	天津英租界工部局
1936	《工部局条例》	天津英租界工部局
1936	《驻津英国工部局一九三六年公布营造条例暨卫生规定》	天津英租界工部局

资料来源：笔者根据档案史料整理。

附注：表格内容主要涵盖了天津英租界在其存在期间土地章程的草案、颁布和修订，以及正式颁布租界建设相关条例。因条例类法规修订频繁，为避免表格内容冗繁，故未将条例的修订列于其中。

土地章程是英租界法规体系中的基本法规，内容涉及英租界的所辖区域、土地制度、行政制度、司法制度、税收以及租界市政的具体管理方式等。1863年英国驻津代理领事约翰·吉布森颁布的《天津埠地方章程》是天津英租界最早的法规，也是天津《英租界土地章程》的前身，对英租界土地租赁、公共用地、治安、店铺、码头等管理方式进行了简要规定。①1864年6月1日，代理副领事丹尼斯（Dennys）对上述章程进行了补充，称为"补充章程"（Supplementary Regulations）。这两个章程确立了天津英租界的早期管理秩序，为日后土地章程的出台奠定了基础。

天津英租界第一份真正意义上的土地章程是驻华公使阿礼国于1866年颁布的《天津地方土地章程与通用章程》，该章程于1901年、1907年经历修订。②1897年，天津海关道李岷琛发布《新议英拓租界章程》与《拿犯章程》，天津英租界扩充界正式设立。③1898年，《天津英租界扩充界土地章程》颁布，于1911年经历修订。④这一土地章程中首次出现了关于建筑的专门条款，该条款赋予英租界工部局制定建筑条例、审批建筑图纸以及对建筑营造活动实施监理的权力。该条款中规定工部局有权制定建筑条例，内容关于"新建筑的墙基结构、屋顶和烟囱的条例，以保证其坚固和防火"，同时，"为了健康目的，也可以就以下方面制定条例：①建筑留有充分的空间以保证空气的流通；②与建筑有关的排水设施，有抽水设备之厕所、茅厕、壁炉灰坑以及化粪池；③暂时或长期关闭不适合居住的建筑或部分建筑；④禁止在这样的建筑中居住"。⑤可见英租界当局在这一时期对扩充界内建筑物的要求包括结构坚固、防火、通风良好、卫生、宜居。

1902年，英租界工部局拟定了《英租界合并计划草案》（Draft Scheme for Amalgamation of the Four British Municipal Areas）。该草案最终未正式颁布，但其条款内容反映出英租界工部局在租界建设管理方面的发展。该草案中关于建筑的条款在1898年土地章程的基础上增加了对新建建筑物外部设计美观的要求。工部局有权驳回其认为不美观或不适合于周围邻里环境的建筑申请。⑥

1918年英国驻华公使朱尔典颁布的《驻津英国工部局所辖区域地亩章程》是天津

---

① Local Regulations for Tientsin［A］. 1863. 英国国家档案馆，FO228/375.
② Tientsin Local Land Regulations and General Regulations Amendment［A］. 英国国家档案馆，FO371/34; Amendment to the Tientsin British Concession Local Land Regulations［A］. 英国国家档案馆，FO 881/8913.
③《新议英拓租界章程》与《拿犯章程》收录于1898年《天津英租界扩充界土地章程》。
④ Land Regulations of the British Municipal Extension, Tientsin［M］. Tientsin: The Tientsin Press, 1898; China: Regulations. Land. British Municipal Extension. Tientsin (Amendment). No.8 of 1911 (Oct. 2, 1911), 英国国家档案馆，FO 881/9926.
⑤ 刘海岩. 天津租界市政法规选［J］. 近代史资料，1998（93）：116-166.
⑥ Draft Scheme for Amalgamation of the Four British Municipal Areas, 1902［A］. 英国国家档案馆，FO 674/350.

英租界原订租界与扩充界工部局合并管理整个英租界后的第一部土地章程，也是天津英租界的最后一部土地章程，于1922年、1925年、1927年、1928年、1929年、1930年进行过修订。①该土地章程中与租界建设相关条款多达14条，其内容也进一步丰富，涉及租界界址、条例制定、交通管理、卫生管理、建筑章程、土地填垫、道路与沟渠建设、地籍注册、界石设置等。②

除土地章程外，天津英租界还颁布有条例，是基于土地章程内容而制定的具体的租界行政法规。1878年2月8日，天津英租界工部局颁布了第一份条例，该条例仅有四项条款，分别关于船只管理、工部局司库现金管理、投票权与车辆管制。③1913年，英租界工部局出版了《条例与市政信息手册》，其中"建筑条例"专成一册。④1914年，英租界工部局拟定了建筑条例修订案，于1915年在租地人会议上通过。⑤1917年，乐利工程司（Loup & Young，Architects，Engineers，Land，House and Real Estate Agents）建筑师卢普（A. Loup）与永固工程司（Cook & Anderson，Architects，Surveyors and Valuators）建筑师、英租界工部局临时代理工程师安德森（H. McClure Anderson）承担了天津英租界建筑条例修订工作。⑥1919年，《英租界工部局条例》在租地人会议上获得通过，其中包括安德森参与修订的建筑条例。1922年，英租界工部局出版了最新的《市政信息手册》，收录有建筑、电力、土地管理、卫生等相关条例。⑦1925年，英租界工部局颁布《驻津英国工部局营造条例及卫生附则》（British Municipal Council Building & Sanitary By-laws），是英租界第一部建筑专门法规，内容分为"一九一八年工部局章程关于建筑规定之撮要""一九一九年工部局条例关于建筑之撮要""一九二五年工部局营造条例关于新建筑之规定"三部分。1936年，英租界工部局颁布了最新的《工部局条例》及《驻津英国工部局一九三六年公布营造条例暨卫生规定》，⑧在1925年版本的基础上重新调整了条例的目次结构，细化了各项条款内容，并新增了"旅馆、普通公寓暨分赁大楼建筑条例"等规定。此外，英租界工部局

---

① British Municipal Council. Building & Sanitary By-Laws 1925 [M]. Tientsin: The Tientsin Press, 1929.
② 依据《驻津英国工部局一九二五年公布营造条例及卫生附则》中"一九一八年工部局章程关于建筑规定之撮要"，1918年天津《英租界土地章程》中与建筑有关的条款包括第1、2、20、24、25、26、31、33、34、35、36、37、47、48条。
③ Approved Bye-Laws [A]. 英国国家档案馆，FO 228/663.
④ Hand Book of Bye-laws and Municipal Information [M]. Tientsin: Tientsin Press, Limited, 1913.
⑤ Minutes of the Annual General Meeting of the Landrenters British Concession Tientsin [M]. Tientsin: Tientsin Press, Limited, 1915.
⑥ British Municipal Council Tientsin. Report of the Council for Year Ended 31st December, 1917 and Budget for the year ending 31st December, 1918 [M]. Tientsin: The Tientsin Press, Ltd., 1918.
⑦ British Municipal Council Tientsin. Handbook of Municipal Information [M]. Tientsin: Tientsin Press, Ltd., 1922.
⑧ 天津市档案馆. 英租界档案 [M]. 天津：南开大学出版社，2015：4762-4825.

于1930年拟定《驻津大英工部局推广界分区条例》，作为英租界推广界的分区规划法规，并于1933年对该条例进行修订。

2.3 天津法租界建设法规体系

2.3.1 管理体制

2.3.1.1 决策机构：以法国领事为首的工部局董事会

天津法租界工部局董事会为法租界工部局的决策机构。1893年2月24日，天津法租界工部局在董事会投票决议的基础上发布了《市政临时组织章程》（Règlement Provisoire d'Organisation Municipale），此章程为现已有档案和研究中天津法租界最早的工部局组织章程。①这一章程明确了法租界工部局董事会的组织方式及董事会会议的主要议题，标志着西方现代城市管理制度在天津法租界的正式建立（图2-2）。

天津法租界的经营管理具有明显的专制色彩。相较于英国驻津领事对英租界行政事务享有的监督权，法国驻津领事在法租界市政管理方面拥有绝对权力。法国领事出

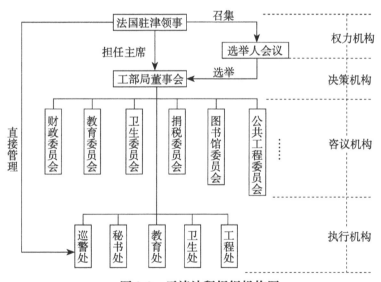

图 2-2　天津法租组织机构图
图片来源：笔者绘制。

---

① 此章程未见中文版本，章程中文名称系作者参考《上海法租界公董局组织章程》（Règlement d'Organisation Municipale de la Concession Française）翻译。

任董事会主席,可以随时召集董事会会议,可以对董事会的决定提出质疑并有权解散董事会,法租界的巡警也由领事直接管理。①此外,对比英租界租地人会议享有立法权等租界管理权力,法租界的选举人会议只拥有选举权。每年1月20日前后,法国领事召集法租界内符合条件的租地人组成选举人会议,以无记名投票法选出当年的董事会成员。②

法租界董事会成员是从法租界内每年缴纳地租最多的租地人中选出。1908年颁布的《天津法租界市政管理章程》中规定,法租界董事会除领事任主席外,还包括9名董事,其中5人为法国人,4人为外国人,每年领事从中指定一名副主席和一名财务主管。该章程对可以被选举为董事的选民身份进行了限定,规定领事可以指定一名或多名中国知名人士或公司领导人,若其获得董事会认可,可以顾问的身份参加董事会会议。③1931年《天津法租界市政组织章程》颁布后,法租界董事会成员组成进一步调整,除领事任主席外,包括选举产生的4名法国董事、4名外国董事以及领事任命的2名法国顾问和2名中国顾问。④

在董事会的职能方面,1893年法租界《市政临时组织章程》中所规定的董事会会议主要议题包括以下10项:⑤

(1)市政收入预算与市政支出;

(2)市政税收税率;

(3)纳税人的税收分配;

(4)解除和降低税费申请;

(5)征税方式;

(6)开辟道路、公共广场,建设码头、堤岸、桥梁、运河等项目,确定市政厅、市场、屠宰场、墓地的位置;

(7)市政工程清理与维护;

(8)为公共工程建设征收土地;

(9)路政与卫生章程;

(10)所有领事召集开会讨论的其他事宜。

---

① Règlement Provisoire d'Organisation Municipale 1893 [A]. 德国联邦档案馆.
② 南开大学政治学会. 天津租界及特区 [M]. 上海:商务印书馆,1926:33.
③ Reglement Municipal de la Concession Française de Tientsin [M]. Tientsin: Imprimerie E. Lee, 1908. 德国联邦档案馆.
④ Reglement Municipal Organique de la Concession Française de Tientsin [M]. Tientsin: The Chihli Press Inc., 1931. 法国南特外交部档案馆, 961PO/1-7.
⑤ Reglements Municipaux. Concession Française de Tienn-Tsinn 1894 [M]. Peking: Typographie du Pe-T'ang, 1894. 德国联邦档案馆.

据此，工部局董事会被赋予制定路政和卫生章程的权力，租界城市建设管理的法制体系也在此基础上初步建立。1931年颁布的《天津法租界市政组织章程》中进一步明确了董事会对租界建设的管理职能，规定工部局董事会负责管理租界的市政服务，包括道路、给水排水、道路照明、经营公共事业、地籍编制、确立和修改税收标准等。

2.3.1.2 咨议机构：各专门委员会

法租界工部局下设各委员会为咨议机构，主要包括公共工程委员会、财政委员会、教育委员会、捐税委员会、卫生委员会、图书馆委员会等。①在每年董事会成员就任后首次董事会会议之时，从董事中选举出各项委员会的委员各4人。委员会处理其所司事务的流程为"每星期例会一次，遇有要事发生，则召集特别会议，均由法国驻津领事主持。所有议案，先由委员审查，然后交董事会全体讨论之。议决案件须经领事签字，应公布者，由领事公布，始能执行"。②

2.3.1.3 执行机构：各行政部门

法租界工部局各行政部门为执行机构。1912年《天津法租界工部局行政章程》中规定，工部局下设行政机构主要包括秘书处、工程处和巡警处，各行政机构的负责人听命于董事会主席、委员会或者其委托人。工部局秘书为秘书处负责人，扮演着中间人的角色，向各行政机构传达董事会的命令，同时将行政机构负责人递交的报告和需求传达给董事会，确保行政部门实施工部局董事会的决议并遵守各市政章程条例。巡警处负责管理租界内的警察、消防、监狱，监督市政章程的执行情况，并协助秘书处征收各项税务，其负责人直接听命于法国领事（即法租界董事会主席），须每日向领事报告租界内警务事宜。③1931年，增设了教育处与卫生处。④

法租界各行政机构与租界建设关系最密切的为工程处。工程处的负责人最初为道路测量师（Agent-Voyer），源于法国19世纪产生的道路测量师一职，负责城市的道路建设和维护。1917年开始，工程处负责人称谓由道路测量师变成工程主管（Le Surveillant de Travaux），1918年时定为工程师（L'Ingénieur）。⑤1912年的《天津法租界工部局行政章程》规定，法租界道路测量师负责监管租界内所有的工程建设项目，具体职责包括公共道路的建设和维护、为新建设工程绘制图纸、起草工程招标条文、

---

① 法租界专门委员会设置参见天津通志 附志·租界[M]. 天津：天津社会科学院出版社，1996：84. 另按照《天津租界及特区》一书中所载，法租界各委员会分别处理学校、工程、警察、财政、卫生、捐税、图书馆等事务。参见南开大学政治学会. 天津租界及特区[M]. 上海：商务印书馆，1926：21.
② 南开大学政治学会. 天津租界及特区[M]. 上海：商务印书馆，1926：21.
③ Conseil d'Administration Municipale de la Concession Française de Tientsin, Reglement Administratif[M]. Tientsin: Imprimerie Hsie-Ho, 1912. 法国南特外交部档案馆，961PO/1-7.
④ 尚克强，刘海岩. 天津租界社会研究[M]. 天津：天津人民出版社，1996：126.
⑤ 李天. 天津法租界城市发展研究（1861—1943）[D]. 天津：天津大学，2015：75.

与工部局秘书一同起草为投标人提供信息的说明条款、确保工程合同的严格执行以及对工程材料的把控。此外,道路测量师还负责租界地籍册的管理和市政建筑与照明设施的维护。与工程处相对应的专门委员会为工程委员会,道路测量师通过秘书接受董事会和工程委员会的指示,协助工程委员会工作,每月的月底通过秘书递交租界工程报告,报告的内容包括:新建或维修工程的开始、完成与施工进展,各工程场所的工人或辅助人员数量及分布,发生的工程事故,采取应急修理措施产生的费用,包括室内外照明在内的法租界市政建筑情况,公共道路、人行道、下水道等情况,正在进行以及完成的施工,以及需要维护和更新的公共设施。①

1921年的《天津法租界工部局行政章程》规定,工程处的工程师(工程处负责人)手下的辅助人员包括一名工程师助理、一名工程指挥、一名工程监督员以及负责公共道路的本地人,其中包括日常工作人员和因为临时需求召集的特殊人员。②

除工程处外,工部局中另外单独设立顾问工程师一职(Ingénieur - Conseil)。顾问工程师只是技术顾问,并不对工程的实施负责。他的职责是签署道路测量师递交的工程及说明文件并给出相关建议,直接回应董事会的问题、提供董事会需要的资料,以及接受董事会的指示核实市政工程的实施情况。③

2.3.2 立法程序

在上海法租界的立法体制中,公董局承担了大部分的工作。公董局董事会在名义上是上海法租界的立法机构,然而所有法规需得到法国驻沪总领事的批准才能生效。④与上海法租界相似,由于天津法租界工部局董事会的各项工作均受制于法国驻津领事,租界建设及相关法规的制定也因此成为领事意愿的体现。1893年的《市政临时组织章程》规定,由法国领事担任工部局董事会主席并向法国驻华公使负责,董事会的商议结果必须由领事同意方可施行,且租界内所有计划新建、重建的建筑或租给中国人的房屋都必须得到领事的许可方可进行。可见,虽然有工部局董事会存在,法租界的各项事务在很大程度上是受法国驻津领事控制的。

2.3.3 发展历程

天津法租界与租界建设相关的法规主要包括关于董事会组织方式及职责的市政组织章程,关于各行政机构职责及办事流程的行政章程,以及关于租界各项具体市政事

---

① Conseil d'Administration Municipale de la Concession Française de Tientsin, Reglement Administratif [M]. Tientsin: Imprimerie Hsie-Ho, 1912. 法国南特外交部档案馆,961PO/1-7.
② 同上.
③ 同上.
④ 吴俏瑶. 上海法租界建筑法规研究(以民用建筑为主)(1849—1943)[D]. 上海:同济大学,2013:22.

务管理的市政章程集等，各类章程均经历多次修订（表2-3）。

天津法租界建设相关法规 表2-3

年份	法规名称	颁布机构/人
1877	《天津法租界警务路政章程》	法国驻津领事
1881	《关于将在租界建设的中式建筑章程草案》	法国驻津领事
1893	《市政组织临时章程》	法国驻华公使
1894	《天津法租界市政章程》	法国驻津领事
1900	《天津法租界市政章程》	法国驻津领事
1908	《天津法租界市政管理章程》	法国驻华公使
1912	《天津法租界工部局行政章程》	法国驻津领事
1912	《天津法租界工部局市政章程集》	天津法租界工部局
1916	《天津法租界工部局市政章程集》	天津法租界工部局
1921	《天津法租界工部局行政章程》	法国驻津领事
1921	《天津法租界工部局法租界法规总集》	天津法租界工部局
1926	《天津法租界市政组织章程》	法国驻津领事
1928	《天津法租界工部局行政章程》	法国驻津领事
1930	《天津法租界工部局法租界法规总集》	天津法租界工部局
1931	《天津法租界市政组织章程》	法国驻津领事

资料来源：笔者整理绘制。

在法租界的建设管理制度方面，法租界建立的初期，租界的建设问题多由领事通过一事一议的形式解决。1893年法租界颁布《市政组织临时章程》，确立了法国驻津领事与工部局董事会在法租界公共工程建设等方面的管理职权。①1908年，这一章程修订后正式出版，名为《天津法租界市政管理章程》（Reglement Municipal de la Concession Française de Tientsin），内容包括租界的法人性质、土地制度、市政制度、行政权力等。②在1908年版本的基础上，法租界分别于1909年、1914年、1919

---

① 1893年的《市政临时组织章程》是目前已知最早的一版天津法租界董事会组织章程，此章程第二款中规定"旧有第二款和所有与此法租界董事会临时组织章程修正案相矛盾的旧规定都将被替代"，可推测在此之前出现过更早的法租界董事会组织章程。参见Règlement Provisoire d'Organisation Municipale 1893，收录于Reglements Municipaux. Concession Française de Tienn-Tsinn 1894［M］. Peking: Typographie du Pe-T'ang, 1894. 德国联邦档案馆.

② Reglement Municipal de la Concession Française de Tientsin［M］. Tientsin: Imprimerie E. Lee, 1908. 德国联邦档案馆.

年以发布领事署令（Ordonnance Consulaire）的方式对该章程部分内容进行了修订，[①]并于1926年正式出版了最新的《天津法租界市政组织章程》（Reglement Municipal Organique de la Concession Française de Tientsin）。该章程于1931年再次经历修订出版。此外，1912年工部局颁布《天津法租界工部局行政章程》（Conseil d'Administration Municipale de la Concession Française de Tientsin, Reglement Administratif）对工部局下设各行政机构的组织方式与职责进行了详细规定。此后工部局董事会于1921年、1928年对这一章程进行了修订。

在法租界的建设活动管理方面，1877年的《天津法租界警务路政章程》（Règlement de Police et de Voirie de la Concession Française de Tienn-Tsinn）是已知法租界颁布的第一部涉及租界建设的法规，[②]比上海法租界最早于1869年颁布的《法租界警务路政章程》晚了八年。1881年，天津法租界颁布《关于将在租界建设的中式建筑章程草案》。1894年的《天津法租界市政章程》（Reglements Municipaux. Concession Française de Tienn-Tsinn）是法租界出版的第一部市政章程集，其中包含了经过修订的《警务路政章程》（Reglements de Police et de Voirie）和《中式建筑区章程》（Reglement Relatif aux Constructions Chinoises），以及新增的《人力车章程》（Reglement sur les Djinrikchas）。1900年，新的法租界市政章程集出版，在1894年《天津法租界市政章程》的基础上增加了关于剧院、税收、手推车、图书馆、土地征收等方面的章程。[③]1912年，天津法租界工部局颁布了新修订的《天津法租界工部局市政章程集》（Conseil d'Administration Municipale de la Concession Française de Tientsin Recueil des Reglements Municipaux），其中的《工程业务章程》（Reglement du Service des Travaux）是法租界第一部关于建筑的专项法律规范，正式确立了法租界的建筑管理体系。此后，法租界市政章程集分别在1916年、1921年、1930年修订出版，其建设法规体系也随之逐渐完善成型。[④]

---

① Ordonnance Consulaire［A］. 法国南特外交部档案馆，961PO/1-7.
② 此章程记录在1894年《天津法租界市政章程》的前言中，在现有研究中并未出现过，笔者也未能在法国南特外交部档案馆、天津市档案馆或其他档案馆、图书馆中找到此章程全本。参见Reglements Municipaux. Concession Française de Tienn-Tsinn 1894［M］. Peking: Typographie du Pe-T'ang, 1894. 德国联邦档案馆.
③ Reglements Municipaux. Concession Française de Tienn-Tsinn 1900［M］. Peking: Imprimerie des Lazaristes au Pe-T'ang. 日本外务省史料馆.
④ Conceseil d'Administration Municipale de la Concession Française de Tientsin. Recueil des Reglements Municipaux 1916［A］. 法国南特外交部档案馆，861PO/1-17.

2.4 天津日租界建设法规体系

2.4.1 管理体制

在天津日租界存续期间，其管理体系经历了由"官治"向"自治"的转化，如《天津居留民团三十周年纪念志》中所载："在专管居留地契约签订的同时，各专管国获得其地域内的一般行政权，并执行各自居留地的经营及关系其生存的行政事务。行政方针大体分为两种：一种是设立领事，行使全部的直接行政权。另一种是将权力基本委任给居留民团等自治体，领事只起监督作用。专管居留地设定初期，'官治'色彩比较浓厚，但制度逐渐改善，成为'自治'制度。"①

2.4.1.1 外务省经营时期

天津日租界自1898年设立至1907年居留民团成立前在租界管理上具有较强的"官治"性质，称为外务省经营时期。这一时期又可分为日本领事直接管理租界的日租界初期（1989—1900），日本专管居留地经营事务所时期（1900—1902）以及日本租界局时期（1902—1907）。

天津日租界设立之初由日本驻津领事直接管理，并向上受日本外务省监管。至1900年，日本政府颁布《在外国帝国专管居留地特别会计法》，3月30日，外务大臣青木周藏发布敕令，于当年在天津日本租界施行该特别会计法。同一时间，日本政府发布了日本专管居留地经营事务所官制，规定专管居留地经营事务所由外务大臣管理，职员包括所长一人（由领事担任）、技师一人、技手五人、书记三人。②依据以上规定，天津日租界设立专管居留地经营事务所，由当时的日本领事郑永昌任所长，另有技师一人（长崎武夫）、技手二人（西古小吉、增田又七）、书记一人（大枝义祐）。从人员配置上已经可以看出，专管居留地经营事务所是专司建设管理的机构，其主要任务是在日本外务大臣和驻津领事的指示下进行日租界的开发建设工作。

1902年9月，日本驻津总领事以馆令的形式发布《日本专管居留地临时规则》，同时设立了租界行政机关"日本租界局"。日本租界局专门管理租界内的土木建设、卫生等行政事务，由日本驻津领事指定3~5名日本人组成居留地委员会（1904年后增加5名委员，由租界内日侨互选产生），行政委员以互选的方式选出议长。③首届委员

---

① 天津居留民团. 天津居留民团三十周年纪念志 [M]. 天津：凸版印刷会社，1941：267. 转引自王康. 天津原日租界规划沿革初探 [D]. 天津：天津大学，2010：35.
② 勒令第110号日本專管居留地經營事務所官制，勒令第112号在外國帝國專管居留地特別計法適用ノ件 [N]. 官報，1900.03.31：7.
③ 天津居留民团. 天津居留民团二十周年纪念志 [M]. 天津：东华石印局，1927：365-380.

会包括4名在天津的日本银行或洋行经理。①租界局的管理体制虽然带有一定自治色彩，居留地委员会仍在日本领事的控制之下，其各项决议均需得到日本领事认可方能施行。因而日租界的租界局时期也被称为其"自治行政"的"摇篮期"。

2.4.1.2 居留民团时期

1905年，日本政府颁布《居留民团法》，规定其海外侨民可以在当地领事馆和大使馆的监督下设立自治行政组织。随后，《居留民团法实行规则》和《天津居留民团法施行条例》相继于1906年和1907年颁布，天津日本居留民团于1907年9月正式设立，"居留民会、行政委员会及民团吏员首次成为公法上的民团行政组织的三要素"（图2-3）。

居留民会类似于英租界的租地人会议，拥有广泛的行政权，对居留民团的预算、决算、税务、教育、消防、义工团、救济、卫生、交通等各项行政事务都有议决权。在居留民团自治区域居住的日本人或居住在日租界的其他国家人民，在六个月内每月向居留民团缴纳税金在1.5元以上者，即所谓纳税人，都有资格成为居留民会议员。③

居留民团行政委员会类似于英、法等租界的董事会，负责各项行政事务，其成员包括10名委员和5名候补委员。居留民团行政委员会由领事每年召集居留民会选举产生，委员会议长直接受日本驻津领事领导，委员会职责主要包括：执行居留民会作出的决议，对居留民会交办的事宜作出决议，代表其处理紧急事务，管理并监督民团的日常财政收支，管理民团的财产，实施征税，任免大部分民团吏员，以及指挥、监

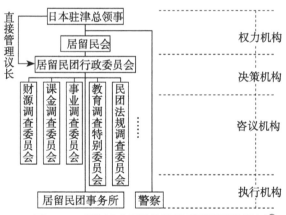

图 2-3 天津日本居留民团初期组织机构图②

图片来源：笔者绘制。

---

① 尚克强，刘海岩. 天津租界社会研究［M］. 天津：天津人民出版社，1996：128.
② 图中天津居留民团约1941年时的分课设置，已在1937年"五部十三课制"的基础上进一步调整。
③ 尚克强，刘海岩. 天津租界社会研究［M］. 天津：天津人民出版社，1996：128.

督、惩戒所有民团吏员。①为处理特定事宜，居留民团行政委员会下设调查委员作为咨议机构，曾设立的调查委员会包括临时财源调查委员会、课金调查委员会、教育调查特别委员会、国库补助请愿委员会、事业调查委员会、低资买收土地处分调查特别委员会、埠头筑造调查特别委员会、教育补助调查特别委员会、民团法规调查委员会、埠头筑造用地及建物买收调查特别委员会、兴业资金贷付委员会、天津高等女学校建筑委员会、复兴资金贷付委员会、街路幅员扩张计划特别审查委员会等。②

居留民团各项事务的具体执行者为民团吏员与雇员，办事机构为居留民团事务所。依据民团事务所处务规程的规定，事务所下设庶务课、调查课、财务课、工务课、电气课、港务课、卫生课、保净课。其中工务课下设土木、建筑、水道三系，负责管理各类建设活动；电气课负责电力供给与电灯等电气设施管理。1936年，为适应侵华战争需要，日本外务省对日租界的行政体制变为居留民团团长制，居留民团事务所分课设置也进行了调整。③1937年，居留民团事务所分课组织设置废除"三部十三系制"，采用新的"五部十六课制"，此后又经调整（图2-4）。④

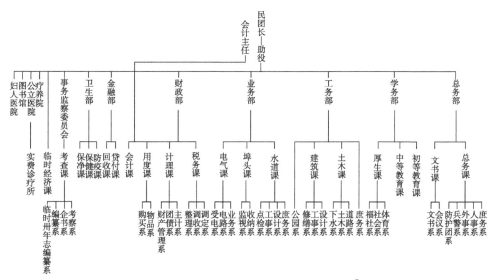

图2-4 天津居留民团事务所分课设置⑤

图片来源：笔者绘制，参考天津居留民团. 天津居留民团三十周年纪念志[M]. 天津：凸版印刷会社，1941：582.

---

① 天津市地方志编修委员会. 天津通志 附志·租界［M］. 天津：天津社会科学院出版社，1996：102.
② 天津居留民团. 天津居留民团三十周年纪念志［M］. 天津：凸版印刷会社，1941：297-300.
③ 天津居留民团. 天津居留民团二十周年纪念志［M］. 天津：东华石印局，1927：427-428. 转引自王康. 天津原日租界规划沿革初探［D］. 天津：天津大学，2010：39.
④ 天津居留民团. 天津居留民团三十周年纪念志［M］. 天津：凸版印刷会社，1941：304.
⑤ 该图为天津居留民团约1941年时的分课设置，已在1937年"五部十六课制"的基础上进一步调整。

相较于日本租界局时期，居留民团的"自治性"看似进一步提升。然而，居留民团实际上仍处于日本政府的强力掌控下，需遵照领事、驻华公使和外务大臣的指令行事，居留民团内的各项重要决议均需获得领事的认可才能施行，日租界警察也由领事直接管理。因而居留民团时期的日租界并非实现了真正意义上的"自治"，而是处于一种类似"半自治"的状态，有学者称之为"自治"其外，"专制"其内。①

2.4.2 立法程序

天津日租界的法规大多以外务省令或领事馆令的形式颁布。个别法规如1901年的《日本专管居留地工程承包规则》是由专管居留地经营事务所制定，事务所所长（由领事担任）签署发布。②日本租界局时期，租界局行政委员会在经过领事准许后，可以讨论制定实施《日本专管居留地临时规则》的相关条例。③居留民团时期，居留民会作为名义上的立法机构有制定民团内法规的权力，但在立法时仍要秉承以日本领事馆"馆令"发布的日本政府命令行事，民团各项条例的制定均须得到领事的批准。④这意味着，日本驻津领事在天津日租界法规制定过程中握有控制权，日租界各项法规实际上是以日本驻津领事为代表的日本政府意志的传达。

2.4.3 发展历程

天津日租界存续期间颁布的与租界建设相关的法规有十余部（表2-4），大多经历数次修订，这些法规可以按照其租界管理体制的变化划分为外务省经营时期（1898—1907）和居留民团时期（1907—1945）。

天津日租界建设相关法规　　　　表 2-4

年份	法规名称	颁布机构
1900	《在外国帝国专管居留地特别会计法》	日本政府
1901	《日本专管居留地工程承包规则》	日本专管居留地经营事务所
1902	《天津帝国专管居留地内永借权登录规程》	日本驻津领事馆
1902	《天津日本专管居留地临时规则》	日本驻津领事馆
1905	《居留民团法》	日本政府
1905	《水道给水规则》	日本驻津领事馆

---

① 尚克强，刘海岩. 天津租界社会研究 [M]. 天津：天津人民出版社，1996：130.
② 日本専管居留地工事請負規則 [A]. 日本外务省史料馆，B12082546400.
③ 天津居留民团. 天津居留民团二十周年纪念志 [M]. 天津：东华石印局，1927：382.
④ 尚克强，刘海岩. 天津租界社会研究 [M]. 天津：天津人民出版社，1996：129.

续表

年份	法规名称	颁布机构
1906	《居留民团法施行规则》	日本外务省
1907	《天津居留民团法施行细则》	日本驻津领事馆
1913	《大日本租界局工程承包规则》	日本居留民团
1917	《道路敷地买收条例》	日本居留民团
1919	《下水道条例》	日本居留民团
1922	《道路使用条例》	日本居留民团
1922	《电气供给规程》	日本居留民团
1923	《建筑管理规则》	日本驻津领事馆
1925	《天津帝国专管居留地土地建物届出规则》	日本驻津领事馆

资料来源：笔者整理绘制。参考天津日本居留民团1907—1930年历年报告；外务省亚细亚局第三课. 领事馆令集追录[M].（出版地不详）1924.

外务省经营时期为日租界开发建设初期，颁布的建设法规主要关注于日租界内的土地制度以及工程管理。专管居留地经营事务所成立后，于1901年制定颁布《日本专管居留地工程承包规则》，用以规范日租界内的工程承包行为。1902年，随着《天津日本专管居留地临时规则》颁布，日本租界局正式设立。同年，日本驻津领事馆颁布《天津帝国专管居留地内永借权登录规程》，对日租界的土地租买登记制度加以规定。①

1907年居留民团成立后，先后颁布了各项行政法规及修正案数十部，与租界建设相关的法规覆盖内容进一步扩展，涉及土地房屋管理、市政设施建设管理及建筑控制，包括《水道给水规则》《下水道条例》《电气供给规程》《建筑管理规则》《道路使用条例》等。1925年，为进一步明晰日租界内土地建筑的所有权及登记方式，日本驻津领事馆应外务大臣币原喜重郎的要求颁布《天津帝国专管居留地土地建物届出规则》，并废除1902年的《天津帝国专管居留地内永借权登录规程》。②

---

① 日本外务省史料馆，B12082544800.

② 明治三十五年（1902）七月八日外务省发布省令第五号，对天津日租界土地订立规则，其第四条规定"登记簿及登记细则由领事馆制定"。《天津帝国专管居留地内永借权登录规程》为明治三十五年（1902年）七月二十六日日本驻津领事馆附馆令第五号。《天津帝国专管居留地土地建物届出规则》为大正十四年（1925年）五月二十日附馆令第二号。参见日本外务省史料馆，B12082544800.

2.5 天津意租界建设法规体系

2.5.1 管理体制

天津意租界设立于1902年,建立之初,在津的意大利侨民除军队人员外人数很少,租界内各项行政管理事宜及租界警察均由意大利政府特派的行政委员全权管理。

意租界在1913年前设立市政管理机构工部局(图2-5),工部局董事会受到意大利驻津领事和北京意大利公使的监督。①1923年,经意大利皇家外交部批准,天津意租界颁布《天津意租界市政法规及其适用规定》(Concessione Italiana di Tientsin Statuto Municipale e Regolamento per la sua applicazione),进一步明确了意租界工部局及董事会的组织方式与职责。工部局董事会成员由意租界内符合选民条件的选民在意大利领事的组织下选出,通常包括五名董事和三名咨议委员,其中董事至少包括三名意大利人,咨议委员均为中国人。意大利籍的董事负责总理租界内的一切事务,兼理警察、工程、财政等。而中国籍的咨议委员只是租界里中国居民的代表,可以给董事会提出建议,很少参加董事会的会议,实质上是荣誉职位。工部局董事会的议题包括以下七项:②

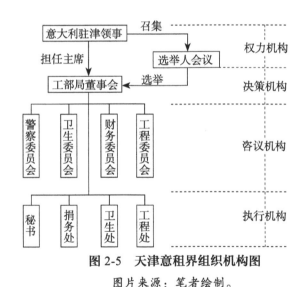

图 2-5 天津意租界组织机构图

图片来源:笔者绘制。

---

① Regolamenti della R. Concessione Italiana in Tientsin1913 [M]. Tientsin: Tientsin Press, Limited., 1913. 法国南特外交部档案馆.

② Concessione Italiana di Tientsin Statuto Municipale e Regolamento per la sua applicazione 1923 [A]. 法国南特外交部档案馆.

（1）捐税事宜；

（2）与租界财产管理有关的事宜；

（3）颁布卫生、建筑、警务等法规；

（4）批准和执行公共工程项目；

（5）为公共工程建设征用土地；

（6）起草土地填垫和租界道路计划；

（7）一般而言，领事认为适合提交董事会讨论的所有议题。

意租界工部局董事会下设各委员会作为咨议机构，常设委员会包括警察委员会、财政委员会、工程委员会和卫生委员会。工部局董事会有权根据需要设立临时委员会。①工部局的执行机构包括工程、卫生、捐务三处，并设有秘书一人。其中工程处主司意租界的建设工作，设有正、副工程师、工长等若干人。②

与法租界类似，意租界虽然设立有"自治"性质的市政管理机构——工部局董事会，但租界的各项事务始终处于意大利驻津领事的管理控制之下。具体体现在以下四点：①意租界董事会的主席一职由意大利驻津领事或其代理人担任；②意租界董事会下设各委员会委员通常由意大利驻津领事直接指派；③意租界董事会所选出的分理会计、工程、卫生等所有工部局办事人员须要得到意大利驻津领事的认可；④意租界董事会的一切决议须经过领事签署认可后才可以实施。

2.5.2 立法程序

在天津意租界工部局设立前，意租界的各项法规通常由意大利驻津领事及意大利驻华公使共同签署颁布。

意租界工部局设立后，1923年的《天津意租界市政法规及其适用规定》中明确了工部局董事会的职责，其中就包括租界卫生、建筑、警务等法规的起草与颁布。该法规同时规定，在意租界第一届工部局董事会成立后，须于六个月内制定以上租界法规，所有法规最终都须意大利驻津领事和驻北京公使签署认可后方可生效。③

2.5.3 发展历程

天津意租界在其存续期间取得了突出的建设成就，其建设法规也发展得相当完善，法规内容涉及土地、建筑、卫生等方面，通常随意租界章程一同颁布（表2-5）。

---

① 南开大学政治学会. 天津租界及特区[M]. 上海：商务印书馆，1926：44.

② 天津市地方志编修委员会. 天津通志 附志·租界[M]. 天津：天津社会科学院出版社，1996：100.

③ Concessione Italiana di Tientsin Statuto Municipale e Regolamento per la sua applicazione 1923[A]. 法国南特外交部档案馆.

天津意租界建设相关法规　　　　　　　表2-5

颁布年份	法规名称	颁布机构/人
1908	《天津意租界土地公开拍卖规则》	意大利驻津领事馆
1908	《天津意租界土地章程与通用规则》	意大利驻华公使、意大利驻津领事
1913	《天津意大利国租界章程及条例》	意大利驻华公使、意大利驻津领事
1923	《天津意租界市政法规及其适用规定》	意大利驻华公使、意大利驻津领事
1924	《天津意国租界章程》	天津意租界工部局

资料来源：笔者整理绘制。

1908年，天津意大利领事馆发布了《天津意租界土地公开拍卖规则》（Sale by Public Auction of Land Situated in the Royal Italian Concession in Tientsin），对意租界的地块划分情形与土地拍卖方法进行了规定。[①]同年，意租界领事Da Vella批准了意租界第一部综合性法规——《天津意租界土地章程与通用规则》（Royal Italian Concession in Tientsin, Local Land Regulations and General Rules），[②]内容分为土地章程、建筑章程、治安通行法规、税则四部分。1913年，意租界工部局修订颁布了《天津意大利国租界章程及条例》（Regolamenti della R. Concessione Italiana in Tientsin），其内容框架同1908年的章程类似，包括章程要则、卫生及警律、建筑章程、税则四部分。[③]1924年，《天津意国租界章程》（Municipio della Concessione Italiana Tientsin Regolamenti）颁布，内容分为章程要则、地税及房捐章程、营业捐及捐费、巡捕房章程、建筑章程、卫生章程六部分（表2-6）。与以往的意租界章程相比，1924年的《天津意国租界章程》在建筑控制及租界功能分区规划方面进行了更为全面细致的规定，并增加了街道分级规划与卫生设备建设管理的内容。[④]

---

① Sale by Public Auction of Land Situated in the Royal Italian Concession in Tientsin 1908 [A]. 奥地利国家档案馆.
② 马利楚. 建构混合态的异托邦空间：天津的意大利租界 [J]. 城市史研究，2009（00）：45-63.
③ Regolamenti della R. Concessione Italiana in Tientsin 1913 [M]. Tientsin: Tientsin Press, Limited., 1913. 法国南特外交部档案馆.
④ Municipio della Concessione Italiana Tientsin Regolamenti 1924 [A]. 日本外务省史料馆.

1924年《天津意国租界章程》内容框架 表2-6

章节	法规内容	章节	法规内容
第一章	章程要则	第五章	**建筑章程** 新建筑章程 修理更改及拆毁章程 马棚及车房章程 厨房等章程 火险章程 中国住房及半西式之房屋章程 房屋宜成直线章程 周围界线章程 显明章程 有关街道之工程章程 建筑时之以外章程 罚款章程 管理局之特权 考查章程 建筑之资格
第二章	地税及房捐章程		
第三章	营业捐及捐费		
第四章	**巡捕房章程** 普通章程 保存公共建筑及交通章程 汽车章程 胶皮车章程 码头停定以及装卸货章程 火灾章程 公共娱乐处所章程 　　外国俱乐部 　　酒铺章程 　　娱乐场章程 　　旅馆章程 当铺章程 牛乳房章程 洗衣房章程 度量及换钱局章程 养狗章程 菜市章程 街道之区别	第六章	**卫生章程** 传染病章程 消毒章程 种牛痘 医学之考验 惩罚章程 报告章程 住宅内礼节 房地卫生之章程 流行症

资料来源：笔者整理绘制。参考自Municipio della Concessione Italiana Tientsin Regolamenti 1924 [A]. 日本外务省史料馆.

2.6 天津德、俄、奥、比租界建设法规体系

2.6.1 德租界建设法规体系概述

2.6.1.1 管理体制

　　天津德租界设立于1895年，设立初期由德国驻津领事负责管理租界内的行政与司法事务。由于德国政府需要依靠德华银行贷款收买租界内的土地，因而协议暂由德华银行主持租界建设，德华银行则保证待德国侨民人数增多到足以实行自治时将市政管理权和公用土地所有权交给租界自治当局。1899年，德租界的居民团体——德国租界

公司（Deutsche Niederlassungs Gesellschaft）[①]在德国驻津领事的组织下成立，德华银行在租界开发方面的业务随之全部转移给该团体管理。[②]德国租界公司成员包括租界内不动产所有者及租地人，每年一月由德国领事召集全体会议，进行董事会选举并议定租界管理事宜。董事会负责日常租界管理，可以任命秘书、工程师、卫生官等。[③]

1905年，天津德租界的自治体系进一步完善。由德租界内符合相关条件的居民组成的纳税人大会取代德国租界公司成为德租界的权力机构，享有的权力包括：立法，选举董事会成员，财务审计，确定税收性质与数目，对租界内土地的获取、处置、抵押进行授权，通过租界内市政设施管理与使用法规，监督决议的执行情况等。[④]

1906年，德租界成立新董事会，负责管理租界内包括财务、工程、卫生等一切事宜，并负责租界内的治安管理，其具体职责包括：

（1）保护居民和财产；

（2）防疫工作；

（3）注意防止火灾和水灾，以及防止造成危险与突变的事件、行为；

（4）注意公共道路、小路、广场、堤坝及桥梁的运输秩序与安全；

（5）在警务章程指导下授予工厂与企业许可；

（6）监管建筑物、市场交通、食品与商品；

（7）监管旅社与酒店。

德租界董事会由五人组成，其中三人必须是德国人，董事会主席由这三名德国人中选出。德国驻津总领事可以代表政府对董事会的决议享有监察权和否决权，但领事并不直接参与处理租界内的行政事务。[⑤]

2.6.1.2 立法程序

天津德租界的法规可分为三个等级，第一级为德租界（市政）章程，是确立德租界市政管理制度的基本法；第二级为在市政章程下制定的警务章程，是德租界的行政管理法规；第三级为在警务章程下制定的一般性法规，如建筑章程。

德租界设立之初，各项租界法规均由德国领事颁布，如1899年，时任德国驻津领事Dr. Rudolf Eiswaldt签署颁布了《天津德租界警务章程》（Polizeiordnung

---

① 在《天津租界社会研究》一书及部分研究天津租界的现代研究文献中，Deutsche Niederlassungs Gesellschaft被翻译为"德国租界公司"，而在德国联邦档案馆的外交档案中，Deutsche Niederlassungs Gesellschaft的英文为German Municipal Community，实质上是类似于英租界租地人大会的组织团体。本书翻译沿用"德国租界公司"。参见尚克强，刘海岩. 天津租界社会研究[M]. 天津：天津人民出版社，1996：132.

② 尚克强，刘海岩. 天津租界社会研究[M]. 天津：天津人民出版社，1996：132.

③ Outlines of Regulations for the German Concession 1899 [A]. 德国联邦档案馆.

④ Gemeindeordnungen für die Deutsche Niederlassung in Tientsin 1905 [A]. 德国联邦档案馆，R901-30925.

⑤ 天津市地方志编修委员会. 天津通志 附志·租界[M]. 天津：天津社会科学院出版社，1996：84.

für das Gebiet der Deutschen Niederlassung in Tientsin）与《天津德租界建筑章程》（Baupolizeiordnung für das Gebiet der Deutschen Niederlassung in Tientsin）。1905年天津德租界新的自治管理体制确立后，德租界纳税人大会及工部局董事会均享有不同程度的立法权，三个级别的法规在立法程序上亦有所区别。对于德租界（市政）章程，其修订案须在有半数以上代表参加的纳税人大会上获得三分之二的同意票数，并获得驻津领事与驻华大使的认可，最终由驻华大使颁布。对于警务章程，纳税人大会享有颁布、修订及废除警务章程的权力，其章程草案在实施前须提交德国驻津领事获得认可。此外，德租界工部局董事会有权在警务章程之下制定一般性法规。①

2.6.1.3 发展历程

天津德租界在存续期间先后颁布法规共十余部（表2-7）。在租界基本法规方面，1899年德国租界公司成立后，德国驻津领事在德国公使的准许下颁布的《德租界章程大纲》（Outlines of Regulations for the German Concession）是天津德租界第一部基本法，规定了领事、德国租界公司以及董事会各自的组织形式与权力职责。②1905年，新修订的租界基本法规《天津德租界市政章程》（Gemeindeordnung für Die deutsche Niederlassung in Tientsin）颁布，德租界确立了较为完善的自治管理体制。③

《天津德租界警务章程》是德租界的一般行政管理法规，内容涉及道路、卫生、交通、安全、商业活动、中国人的登记等方面的管理要求与处罚标准。自1899年第一部《天津德租界警务章程》颁布后，分别于1908年、1911年、1912年、1915年进行了修订，细化了各项法规内容，增加了对狗、毒品、赌博等事项的管理规定。④

天津德租界法规　　　　表2-7

年份	法规名称	颁布机构/人
1899	《德租界章程大纲》	德国驻津领事
1899	《天津德租界建筑章程》	德国驻津领事
1899	《天津德租界警务章程》	德国驻津领事
1902	《天津德租界建筑章程》	德国驻津领事
1905	《天津德租界市政章程》	德国总理
1908	《天津德租界警务章程》	德国驻津领事
1911	《天津德租界警务章程》	德国驻津领事

---

① Gemeindeordnungen für die Deutsche Niederlassung in Tientsin 1905 [A]. 德国联邦档案馆，R901-30925.
② Outlines of Regulations for the German Concession 1899 [A]. 德国联邦档案馆.
③ 天津市地方志编修委员会. 天津通志 附志·租界 [M]. 天津：天津社会科学院出版社，1996：84.
④ 1899年、1908年、1911年、1912年、1915年颁布的《天津德租界警务章程》均藏于德国联邦档案馆。

续表

年份	法规名称	颁布机构/人
1912	《天津德租界警务章程》	德国驻津领事
1915	《天津德租界警务章程》	德国驻津领事
1916	《天津德租界建筑章程》	德租界工部局

资料来源：笔者整理绘制。

在警务章程之下，德租界颁布有建设类的专门法规——《天津德租界建筑章程》。该章程最早颁布于1899年，分为"对整个租界的规定""对中式建筑区的规定"及"处罚规定和最后条款"三节，内容涉及建筑许可制度、建筑材料与消防要求、建筑沿街面控制等。① 此后，德租界当局分别于1902年和1916年对《天津德租界建筑章程》进行了修订。其中1916年的德租界建筑章程主体部分增加了"对欧式建筑区的规定"一节，并附加了三个附录，分别为"建筑收费条例""污水坑与渗水井"与"接电条件与规章制度"。②

2.6.2 俄租界建设法规体系概述

2.6.2.1 管理体制

天津俄租界的权力机构为俄国驻津领事与俄租界选举人会议。俄租界选举人会议类似于英租界的纳税人大会，所有在俄租界拥有两亩以上土地者或者直接租用租界土地且每年所交租金不少于200两者都具有选举人资格，用于董事会成员选举。选举人所能持有的选票数目是由其拥有土地数目和每年所交租金数目来决定的。领事在每年的年初会召集选举人会议，会议内容包括选举董事会成员、对关于租界公共事业管理及福利事业等进行讨论。1903年的《天津俄租界章程》中规定，俄租界的选举人会议对租界内的各项公共事务享有决议权，所有决议均须经俄国驻津领事批准方可施行，且领事可以对选举人会议的决定提出质疑并交由俄国公使最终裁决。俄租界全体选举人会议的议题如下：③

（1）通过上一年的工部局报告；

（2）批准当年的财政预算；

（3）对房地产业、不同贸易行业和船舶的征税和税款的确定和变更，一般情况下

---

① Baupolizeiordnung fur das Gebiet der Deutschen Niederlassung in Tientsin 1899 [A]. 德国联邦档案馆，R901-30907.

② Baupolizeiordnung fur das Gebiet der Deutschen Niederlassung in Tientsin 1916 [M]. Tientsin: Tageblatt fur Nord-China, A.-G., 1916. 德国政治档案馆.

③ Regulations of the Russian Concession at Tientsin 1903 [A]. 英国国家档案馆，FO228/1507.

不得超过其他租界相关税收；

（4）有关维持租界内良好秩序的事宜：按照经批准的发展计划组织租界内事务，布置和维护街道与道路、花园、公共广场、人行道，监督供水厂、污水渠、码头和街道照明；

（5）促进租界的普遍福利事业，调节食品供应，建立市场卫生措施，防止火灾和其他灾难，用公共费用设立和维护慈善机构、医院、学校及他们的管理层；

（6）讨论和解决所有重要的公共问题。

天津俄租界于1903年仿照英租界等成立工部局董事会，负责管理租界内的各项事务。俄国驻津领事任董事会主席一职，董事会成员通过每年的全体选举人会议选举产生，最初由4人组成，后增至6人，至少2人为俄国国籍。实际上，在天津俄租界进行土地投资的大部分为英、美等其他国家侨民，工部局董事会人员组成也较为国际化，原都统衙门秘书长美国人田夏礼（Ch. Denby Junr.）[1]、先农公司董事长英国人狄更生（W. W. Dickinson）[2]、英国皇家工程上校纳森（Major Nathan）[3]、河东兴业公司华人经理[4]都曾担任俄租界董事会成员，工部局报告所使用的官方语言亦为英语。

工部局董事会下设立各委员会作为咨议机构，负责部分市政事务或者解决某一具体问题，俄国领事自动成为各委员会委员。[5]常设的委员会包括公务委员会、警务

---

[1] 田夏礼（Ch. Denby Junr.）为美国领事官，驻华公使田贝之子。1885—1889年任使馆二等参赞，1894—1897年为头等参赞。1894年和1896年两次代理馆务。1897—1900年在天津经商。1900—1902年任八国联军占领下的天津"都统衙门"秘书长。1902—1905年袁世凯聘其为顾问。1907—1909年任美国驻上海总领事。

[2] 狄更生（W. W. Dickinson），英国人，曾多年担任天津英商总会的董事长、海河工程局名誉会计，担任天津英国工部局董事会主席长达九年，是利顺德大饭店的股东之一，也是近代天津最大的房地产开发公司之一——先农公司的第一任董事长。

[3] 纳森（Major Nathan）出生于1867年，1886年成为皇家工程师中尉（Lieutenant Royal Engineers），1896年成为皇家工程师上尉（Captain, Royal Engineers），1905年成为皇家工程师少校（Major, Royal Engineers）。参见Russian Municipal Council, Tientsin. Report of the council for the year ending December 31st, 1920 and budget for the year ending December 31st, 1921［M］. Tientsin: The North China Printing & Publishing Co., Ltd.; The China Who's Who Foreign, Shanghai: Kelley & Walsh, 1922: 198.

[4] 河东兴业公司是近代天津外商房地产公司之一，由俄国商人巴图耶夫（M. D. Batouieff）开办，其华人经理之一Ni Pao Tien曾于1904—1906年任天津俄租界董事会成员。参见The Directory & Chronicle for China, Japan, Corea, Indo-China, Straits Settlements, Malay States, Sian, Netherlands India, Borneo, the Philippines, &c: With which are Incorporated "The China Directory" and "The Hong Kong List for the Far East"［M］. Hongkong Daily Press Office, 1912: 670.

[5] Russian Municipal Council. Municipal Regulations and Bye-Laws 1912［M］. Tiestsin: The North China Printing and Publishing Co., Ltd., 1912. 英国国家档案馆，FO228/2290.

委员会和财务委员会。①俄租界市政管理事务的执行机构则为董事会下设的警务、捐务、工程等处。其中工程处主要负责租界内的土木建筑工程，包括审批建筑图纸及检验工程质量。②

由此可见，俄租界的市政管理体制虽具有一定的自治性，但俄国领事实际上掌握着租界事务的决议权，且作为工部局董事会主席及各委员会委员直接参与工部局的日常行政管理事务。

2.6.2.2 立法程序

天津俄租界的法律体系构架与英租界相仿，法规分为租界章程与条例。俄租界章程为俄租界的基本法，其编制与修订工作通常由俄国驻津领事根据需要成立特殊的临时委员会完成，委员会成员为俄租界的利益相关者及法律、建筑等领域专家。如1915年，俄租界为制定新章程成立特殊委员会，委员会主席为当时的工部局副主席Th, de Krzywoszewski，成员包括：丹麦人霍姆伯格（J. Holmberg），1902年获得建筑和土木工程师一级资格，1903年来到天津担任丹麦领事，①并任天津济安自来水公司经理与总工程师，同时他也是丹麦土木工程师协会的成员④；美国人麦克雷（R. H. Maclay），在1880年前后担任上海公共租界混合法庭（Mixed Court）的美方特别顾问，具有司法背景⑤；俄国人克莱伊（C. F. Kleye），华俄道胜银行（Russo-Chinese Bank）职员；⑥萨顿（W. Sutton），俄租界工部局董事会成员。⑦俄租界章程草案由特殊委员会修订

---

① Russian Municipal Council Tientsin. Report of the Council for the year ending December 31st, 1915 and budget for the year ending December 31st, 1916 [M]. Tientsin: The North China Printing & Publishing Co., Ltd., 1916. 南特外交部档案馆.

② 天津市地方志编修委员会. 天津通志 附志·租界[M]. 天津：天津社会科学院出版社，1996：99.

① Lunt, C.P. The China Who's Who 1922, A Bibliographical Dictionary [M]. Kelley & Walsh, limited, 1922: 136.

④ Wright, A., and H.A. Cartwright. Twentieth Century Impressions of Hongkong, Shanghai, and Other Treaty Ports of China: Their History, People, Commerce, Industries, and Resources [M]. Lloyds Greater Britain publishing company, 1908: 740.

⑤ R. H. Maclay全名Robert Hall Maclay，在天津开有泰隆公司（Maclay & Co.,）。http://www.law.mq.edu.au/research/colonial_case_law/colonial_cases/less_developed/china_and_japan/1880_decisions/mixed_court_china_1880/.Official Register of United States. Washington Government Printing Office, 1879: 23. The Directory & Chronicle for China, Japan, Corea, Indo-China, Straits Settlements, Malay States, Sian, Netherlands India, Borneo, the Philippines, &C: With Which Are Incorporated "the China Directory" and "the Hong Kong List for the Far East". Hongkong daily Press office, 1912: 778.

⑥ The Directory & Chronicle for China, Japan, Corea, Indo-China, Straits Settlements, Malay States, Sian, Netherlands India, Borneo, the Philippines, &C: With Which Are Incorporated "the China Directory" and "the Hong Kong List for the Far East" [M]. Hongkong: Hongkong daily Press office, 1910: 773.

⑦ Russian Municipal Council Tientsin. Report of the Council for the year ending December 31st, 1915 and budget for the year ending December 31st, 1916 [M]. Tientsin: The North China Printing & Publishing Co., Ltd., 1916. 法国南特外交部档案馆.

完成后，通常由俄国驻津领事直接递交北京的俄国公使或代办审查批准。如天津俄租界1912年颁布的《俄租界工部局市政章程及条例》，最终由驻北京俄国代办签署通过。①

俄租界的条例是对租界章程的补充与细化。在俄国公使与驻津领事的准许下，俄租界工部局董事会有权订立条例（其中不包括与全体选举人会议有关的条例），以更好地保证租界章程的实施，也有权对条例进行废除和修订。工部局董事会制定的条例需要得到俄国领事的批准，并在全体选举人会议上被采纳，然后得到北京俄国公使的确认后方可生效。②对于建筑条例，1912年俄租界市政章程中特别规定"董事会可以随时订立关于墙体、基础、屋面、烟囱以及新建筑的规则，以确保建筑的卫生、防火、通风以及厕所的排污；也可以订立规则以暂时或永久关闭不宜居的建筑物"。③

2.6.2.3 发展历程

天津俄租界存续期间颁布有三部租界（市政）章程，多项市政条例（表2-8）。

天津俄租界建设相关法规 表2-8

颁布年份	法规名称	颁布机构/人
1903	《天津俄租界章程》	俄国驻津领事
1903	《天津俄租界土地地块拍卖章程》	俄国驻津领事
1912	《俄租界工部局市政章程及条例》	俄国驻津领事
1914	《条例》	俄租界工部局
1915	《条例》	俄租界工部局
1916	《条例》	俄租界工部局
1920	《俄租界工部局市政章程及条例》	俄国驻津领事

资料来源：笔者整理绘制。

天津俄租界最早的租界章程为1903年颁布的《天津俄租界章程》，章程分为"天津俄租界土地购买与租赁条款""市政管理""司法章程""警务章程"四部分，其中关于租界建设对土地买卖让渡、土地登记管理等进行了初步规定，明确了董事会对租

---

① 1920年《俄租界工部局市政章程及条例》扉页对此有所说明，当时的俄国代办为Shtchekin。代办（法语：chargé d'affaires）为大使或公使不在任时临时负责外交事务的代表，通常由资深外交官担任此职务。临时代办（chargé d'affaires ad interim）是临时性外交代表机构最高级代表，常任代办（chargé d'affaires en pied）则是等同于大使地位，但通常是由派驻国外交部长指派，而非国家元首指派，其职权与大使相同。

② Russian Municipal Council. Municipal Regulations and Bye-Laws 1912 [M]. Tiestsin: The North China Printing and Publishing Co., Ltd., 1912. 英国国家档案馆，FO228/2290.

③ Russian Municipal Council, Municipal Regulations and Bye-laws 1912 [M]. Tientsin: North China Daily Mail, 1912. 法国南特外交部档案馆，961PO/1-45.

界建设的管理职责与权力。①同年，俄租界出台了《天津俄租界土地地块拍卖章程》（Regulation for Sale by Auction of Land Parcels on the Russian Concession Tientsin），对租界内土地拍卖的具体方法进行了详细规定。②1912年，俄租界出台了第二部租界章程——《俄工部局市政章程及条例》（Russian Municipal Council Municipal Regulations and Bye-laws），其中市政章程部分包括建筑章程、警务章程等共15个大项，条例部分包括市政条例、卫生条例、通用条例、捐税、养狗规则、传染病措施，在租界建设方面首次对建筑、排水、卫生、道路建设等进行了详细规定。在1914、1915、1916等年份，俄租界条例经历多次修订，增加了给中国工人的厕所设置要求、花园住区规划、建筑许可制度等内容。1919年，工部局董事会对俄租界法规进行了修订，并于1920年印刷出版了《俄工部局市政章程及条例》，其中市政章程部分与1912年的市政章程内容基本相同①，条例部分在建筑控制、给水排水设施建设、花园住区规划、墓地管理等方面有所调整。②

2.6.3 奥租界建设法规体系概述

2.6.3.1 管理体制

奥租界设立之初，由于界内的居民和房地产业主大多是中国人，租界各项事务由一位行政秘书和6位界内重要缙绅组成的董事会管理。该董事会享有租界的行政管理权，同时接受本地人的诉状并在例行周会上讨论解决。③1903年，奥匈帝国领事馆拟定《天津奥租界市政组织初步草案》（Entwurf einer vorläufigen Gemeinde-Ordnung der österreich. Ungarischen Niederlassung in Tientsin），依据其中的规定，奥租界工部局董事会由租界居民会议投票选出，董事会包括成员5人，其中3人必须为奥匈帝国国籍④。至1908年时，奥租界工部局董事会规模扩大到8~10人，其中包括奥人或马加人4人、中国人4人及另外2名可以作为奥租界居民代表的其他国籍成员。董事会定期召开会议对租界财政、税收、建设、商业、治安等事宜作出决议，议题主要有以下

---

① Regulations of the Russian Concession at Tientsin 1903［A］. 英国国家档案馆，FO228/1507.
② Regulation for Sale by Auction of Land Parcels on the Russian Concession Tientsin 1903［A］. 法国南特外交部档案馆，961PO/1-45.
① 天津俄租界1920年发布的《俄工部局市政章程及条例》与1912年的版本相比，租界章程部分去掉了所有"Imperial"字样，这与俄国国内政局变化有关。
② Russian Municipal Council Municipal Regulations and Bye-laws 1912. Russian Municipal Council Municipal Regulations and Bye-laws1920［A］. 法国南特外交部档案馆，961PO/1-45。
③ 天津市历史研究所. 天津历史资料（第四辑）［M］. 天津市历史研究所，1965：89.
④ Entwurf Einer Vorlaufigen Gemeinde-ordnung der Osterreich. Ungarischen Niederlassung in Tientsin 1903［A］. 奥地利国家档案馆.

六项：①
（1）确定奥租界预算表；
（2）酌改捐税及各项进款等则例；
（3）关于租界内之利益，商借工部局公债及其他重要财政办法；
（4）颁行租界治安等之新章程与关于公益之法则，如管理实务、防患水火、阻止他项事业妨碍公益者、设立学堂病院等事及一切公益之举；
（5）修造各项工程；
（6）管理盖房、手艺、小买卖、市面生意、饭庄、客店及公聚处所各项规则。

奥租界市政管理的执行部门为工部局下设的警务、工程、捐务三处，另有卫生巡捕长一名，专门负责界内卫生。②

奥驻津领事在奥租界各项事务的管理中实际握有较大权力。奥领事负责召集奥租界的工部局董事会会议并任董事会主席，董事会的决议须得到至少2/3的表决票数，而领事可对决议提出辩驳并递交奥匈帝国驻华公使裁决。奥租界内的寻常事务由领事督令工部局秘书办理，由领事所指派的八位华人绅董每周开会参议，领事可任该会议主席，奥租界巡警由领事直接派员管理。③

2.6.3.2 立法程序

在立法方面，依据1903的《天津奥租界市政组织初步草案》的规定，奥租界章程的修订须得到租界居民会议2/3以上票数通过，并且获得奥驻华公使批准后由奥驻津领事馆颁布实施；奥租界董事会可以在现有租界章程之下制定自己的管理规则，对这一规则的修订由董事会自行议决。1908年《大奥斯马加国管理天津租界正要章程》(Reglement Enthaltend die Hauptsachlichsten Grundsatze und Bestimmungen fur die Verwaltung der Osterreichisch-ungarischen Niederlassung in Tientsin)中进一步明确工部局董事会与奥驻津领事府协同议立"管理盖房、手艺、小买卖、市面生意、饭庄、客店及公聚处所各项规则"。

2.6.3.3 发展历程

依据现有档案，奥租界在存续期间仅出台了两部租界法规。第一部法规订立于奥租界成立后第二年，即1903年的《天津奥租界市政组织初步草案》，这一草案确立了奥租界的管理体制，包括工部局董事会的组织方式以及董事会在租界建设方面的管理职责。第二部法规为1908年颁布的《大奥斯马加国管理天津租界正要章程》，这一法规对租界的建设管理有了更详细的规定，其内容包括房屋地亩章程、管理租界章程、

---

① 大奥斯马加国管理天津租界正要章程［A］. 1908. 奥地利国家档案馆.
② 天津市地方志编修委员会. 天津通志 附志·租界［M］. 天津：天津社会科学院出版社，1996：100.
③ 大奥斯马加国管理天津租界正要章程［A］. 1908. 奥地利国家档案馆.

管理地方巡捕事宜、捐税四个主要部分，以及巡捕处章程（为管理街道公安市面卫生公善各事）、盖房章程、捐税章程三个附加条例。

2.6.4 比租界建设法规体系概述

天津比租界为天津各租界中建设程度最低的租界。比租界建立后，比利时政府一直无意经营租界。由于比利时政府与众议院并没有达成一致意见，比租界迟迟未设立市政管理机构。1912年9月17日，天津比租界股份有限公司（Société Anonyme de la Concession Belge de Tientsin，后文简称为"比租界公司"）在天津成立。①同年12月，比利时政府与该公司代表M. Raoul Warocque签订比租界转让合同，将租界内土地交于该公司经营，但政府仍保留对租界的管理权。②随后，比利时政府设立临时董事会管理租界事务。与其他租界董事会由租界居民选举不同，比租界临时董事会由比利时政府指定的两名比利时人和两名比租界公司代表组成。③临时董事会受比利时驻华公使直接监督、比利时外交部间接监督，由比利时驻津领事担任董事会主席。第一次世界大战期间，比利时政府无暇顾及远在天津的租界，租界行政管理因此停顿，战事结束后才有所恢复。比租界存续期间土地大多荒芜未及开发，租界事务不多，因而并有设立专门委员会。④

1912年，以比利时领事为首的天津比租界临时董事会设立后，临时董事会成为比租界的立法机构。⑤此后，比租界仅颁布一部租界法规，即1923年出版的《天津比租界临时工部局市政章程集》（Conseil Provisoire de la Concession Belge de Tientsin Recueil des Reglements Municipaux），该章程参照同一时期天津法租界的市政章程制定，对比租界的捐税、警务、交通、码头、卫生、工程建设等方面进行了规定。⑥

---

① 天津比租界责任有限公司（Société Anonyme de la Concession Belge de Tientsin）在比租界1929年被收回后更名为天津房地产公司（Société immobilière de Tientsin）。
② 该合同全名《比利时政府与比租界股份有限公司之间的比利时天津租界转让合同》（Agreement pour le transfert de la Concession belge de Tientsin intervene entre le Gouvernement belge et la Societe anonyme de la Concession belge de Tientsin）。参见Chambre des Representants Documents. 1912—1913, 3 Jan 1913, No. 278. 日本外务省史料馆.
③ 参见Chambre des Representants Documents. 1912—1913, 3 Jan 1913, No. 278. 日本外务省史料馆. 另据1926年《天津租界及特区》一书记述，比租界临时董事会成员为比利时政府所选派居住在天津的比利时人四名和另外四名其协助作用的副董事，任期无限定。参见南开大学政治学会. 天津租界及特区[M]. 上海：商务印书馆，1926：29.
④ 南开大学政治学会. 天津租界及特区[M]. 上海：商务印书馆，1926：45.
⑤ Willem Possemiers. De Belgische en de Duitse concessie in Tianjin [D]. Master diss., Katholieke Universiteit Leuven, 2016: 35.
⑥ Conseil Provisoire de la Concession Belge de Tientsin Recueil des Reglements Municipaux 1923 [M]. Tientsin: Tientsin Press, Ltd., 1923. 法国南特外交部档案馆.

2.7 本章小结

在近代中国，一系列不平等条约的签订催生了特殊历史时期的特殊产物——租界。租界区域虽为中国领土，但界内立法、司法、行政等权力却掌握在外国人的手中，使其经营建设深受西方资本主义文明的影响。在近代天津，各租界各自为政，除美租界外，均先后设立城市建设管理机构，颁布租界建设法规，确立了租界建设的法制化管理体制。受租界母国市政制度、建设法规体系及政府经营租界理念的影响，近代天津各租界的管理体制与建设法规体系各具特点。

在租界市政管理体制方面，天津各租界市政管理机构的具体设置虽有所差异，但均带有殖民地式的自治特色，依据自治程度的不同可分为三类。第一类为"高度自治"的租界，包括英租界与德租界。这一类租界的居民享有较高的自治权，居民团体（如英租界租地人会议）握有一定的决议权与立法权，领事不直接管理租界，主要起监督作用。第二类为"半自治"的租界，包括俄租界与日租界居留民团时期，居民团体拥有一定的决议权与立法权，但所有决议均须领事认可，市政管理机构亦实际处于领事管理之下。第三类为"领事独裁"的租界，以法租界为代表，包括意租界、奥租界、比租界及日租界外务省经营时期。这类租界，代表国家政府意志的领事拥有立法权，并通常作为市政管理机构主席参与管理租界事宜，直接掌管租界警务；租界内或不设居民团体，或居民团体只有董事会选举权，无立法权与决议权。

就租界法规的类型而言，近代天津的租界法规主要可以分为确立租界根本制度的"基本法规"与规范具体行政事宜的"条例"两类。租界的"基本法规"在颁布后通常不轻易修订，"条例"却需随租界发展时常更新。其中天津各租界"基本法规"的内容不尽相同，英租界"基本法规"——《土地章程》主要对租界的土地制度、立法制度、市政制度及租界税务、警务、卫生、道路、建筑等的基本管理进行规定，而法、意、德、日等租界的"基本法规"则主要对租界居民团体与市政管理机构的组织方式、职责等进行规定。

近代天津各租界因存在时间及租界发展程度的差异，所颁布的法规数量及法律体系的完善程度亦有所不同。天津英、法、日、意四个租界存在的时间较长，租界发展建设程度较高，相应形成了更为完善的建设管理体系与法律体系，尤以英、法租界最具先进性与模范性。德、俄租界虽存续时间较短，但其租界当局较为重视租界的规划建设，出台了多部建设相关法规并不断修订完善，法律体系亦较完备。而奥、比租界较其他租界而言所颁布法规较少，未能形成成熟的法律体系。奥租界存续时间最短，租界建设发展迟缓，仅颁布两部租界建设相关法规。比利时政府始终未重视比租界的经营建设，致使比租界的建设开发程度最低，仅颁布有一部建设法规。

纵观天津各租界建设法规的发展过程，其法规条款内容随着租界建设发展的需要而不断完善。在租界建设初期，与建设相关的法规条款主要是确立租界的土地制度，如英租界1866年的《天津地方土地章程与通行章程》对土地租买方式、租地人资格、地亩税等进行了规定。19世纪末，天津英、法、日、德租界先后开始了租界的开发建设，各租界法规中开始出现诸如土地整理、工程管理及建筑控制的相关条款；1898年的《天津英租界扩充界土地章程》确立了英租界的建筑法规立法、建筑审批及监理制度；1899年颁布的《天津德租界建筑章程》是近代天津租界第一部建筑控制专门法规。20世纪以后，随着天津租界快速扩张建设时期的到来，天津的建筑业呈现空前繁荣，关于给水排水系统、电力管网、道路交通等市政设施的建设法规相继出台。与此同时，建筑控制法规亦进一步完善，至20世纪20年代，天津各租界均颁布有建筑条例，内容上以建筑的卫生、安全为重点，英、德等租界建设法规中对钢筋混凝土及钢结构的规定推动了建筑新材料、新技术在天津的规范化应用。

总体而言，天津各租界的建设法规体系不一，法规内容的详略程度各异，但作为租界开发建设的准则，租界的建设法规整体上随着租界的发展而更加细化、全面，土地开发、市政建设、建筑控制等各方面内容相辅相成，在各租界建设管理制度的配合下，共同推动了近代天津租界城市空间形态与建筑面貌的形成。

第 3 章 近代天津租界建设法规对土地开发的控制

3.1 近代天津租界土地边界的划定与扩张

租界边界的确定是租界存在及建设发展的基本条件，是租界条款中的首要内容之一，也是后续租界建设法规实施的空间范围依据。天津各国租界在存续期间或历经多次扩张，或与相邻租界间重新协商划定边界，或发生租界兼并，边界几经变化，最终形成近代天津的城市空间格局。就天津各租界的边界而言，近代各时期的天津历史地图中存在诸多谬误与相互矛盾之处，且至今缺乏全面、深入的考证。[①]究其原因大致有两个：

首先，天津租界边界的最终确定历经了各国租界的初始划定与后续扩张的全过程，涉及当事诸方多项条款合同或私下协定。而近代天津城市地图的某一绘制方，难以掌握全面准确的租界边界信息，且历年所绘地图相互参照常造成讹传。其次，存有租界边界较为准确信息的原始档案现今散存于各国档案馆，为租界边界的考证工作带来一定困难。

本节基于以租界条款为主的中外档案文献，结合文字表述与地图示意展开双向论证，通过比较研读与综合判定，对近代天津的九国租界边界进行考辨，进而得出较为准确的近代天津租界边界。

3.1.1 英租界边界的划定

1860年，中英《北京条约》和中法《北京条约》先后签订，天津被迫开放为通商口岸。随后，天津英租界于1860年划定，并分别于1897年、1902年、1903年经历了三次扩张。1918年及1931年天津英租界当局出版的《驻津英国工部局所辖区域地亩章

---

① 近代天津各年份历史地图参见天津市规划和国土资源局. 天津城市历史地图集 [M]. 天津：天津古籍出版社，2004.

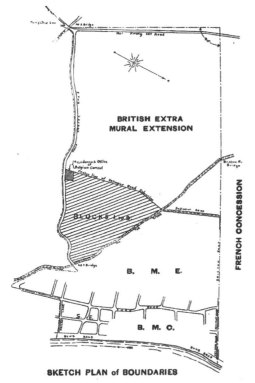 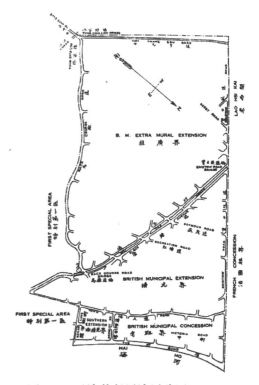

图 3-1　天津英租界边界略图，1918　　　　图 3-2　天津英租界边界略图，1930

图片来源：Tientsin Municipal Regulations 1918 [M]. Tientsin: The Tientsin Press, 1918.

图片来源：Tientsin Municipal Regulations 1918 with Amendments to December 31, 1930 [M]. Tientsin: Tientsin Press. Ltd, 1931.

程》及其修订章程中所载天津英租界边界略图（Sketch Plan of Boundaries）可以作为英租界边界范围的主要参考依据（图3-1，图3-2）。

3.1.1.1　原订租界

第二次鸦片战争后，天津以其拱卫京城地理位置及作为漕运重要枢纽的经济地位，成了外国势力在中国北方开辟通商口岸的首选。1860年10月24日，中英两国签署《北京条约》，准许英国人仿照其他口岸在津开辟租界，天津正式开埠。

11月23日，英国通事巴夏礼（Harry Smith Parkes）于天津老城以南、海河西岸最初勘定天津英租界范围。12月6日，英国公使卜鲁士（Frederick Bruce）在其提交给清政府的照会中要求将勘定的地区立契永租。[①]12月15日，总理衙门将照会内容上奏。[②]12月28日，由英国皇家工兵上尉戈登与法国海军上尉泰伟于共同测绘、勘定了

---

① 英商在紫竹林租地[A]. 台湾"中央研究院"近代史研究所档案馆，01-18-006-01-004，1860.
② 奉陈英人天津租地情形[A]. 台湾"中央研究院"近代史研究所档案馆，01-18-006-01-009，1860.

英、法租界地界。①12月29日，总理衙门"奉到朱批：知道了。钦此"。②至此，天津英租界原订租界正式划定，租界内土地以国租的方式租予英国驻津领事，由英国领事分租与英国商民供贸易、居住之用。后经英租界当局完成市政道路建设以后，原订租界四至明确为：东临海河，西临海大道（今大沽路），北临飞龙道与信远道（后统一为宝士徒道，今营口道），南临博目哩道（今彰德道）（图3-3）。

3.1.1.2 扩充界

甲午战争后，德、日两国相继在天津开辟租界，其新开租界面积远超英租界原订租界。因而英租界当局以"洋行日多，侨民日众，租界不敷应用"③为由提出扩张租界的要求。实际上，此前英租界工部局及英国侨民已在原订租界外、海大道以西通过民间私相售买的方式"租地八百亩上下建房盖屋"，在此情况下，"经关道禀商北洋大臣"，清政府只得"允准除海大道外议定界址，东至海大道，西围墙，北自旧租界道口以西直至围墙，南至小营门以斜至英讲堂为止，四至之内统归英官经理"。④天津英租界当局1898年颁布的《天津英租界扩充界土地章程》亦明确了扩充界的边界范围。

图 3-3　天津英租界原订租界地块图，1922
图片来源：英国国家档案馆，WORK 10/308.

---

① Cordier, Henri. LA CHINE [M]. "東洋文庫所藏"貴重書デジタルアーカイブ，1921：254. 转引自李天. 天津法租界城市发展研究（1861—1943）[D]. 天津：天津大学，2015：21.
② 奉陈英人天津租地情形 [A]. 台湾"中央研究院"近代史研究所档案馆，01-18-006-01-009，1860.
③ 天津市地方志编修委员会. 天津通志 附志·租界 [M]. 天津：天津社会科学院出版社，1996：40.
④ 1897. Land Regulations of the British Municipal Extension, Tientsin [M]. Tientsin: The Tientsin Press, 1899: 3.

3.1.1.3 南扩充界

庚子事变后，英租界再次扩张。1901—1902年间，英国总领事与美、德两国领事经过私下协商，达成将位于英租界原订租界南侧的原美租界土地归入英租界管理的意向。1902年，英国公使萨道义照会北洋大臣袁世凯禀明此事，袁世凯复函："查天津英租界西南临河地段，既经贵大臣与美公使商妥办法，归贵国工部局管辖，本大臣自应亦无异言"，①美租界并入英租界成为既定事实。1902年10月23日，津海关道唐绍仪遵照袁世凯指示发布告示，承认原美租界并入英租界，为"南扩充界"，归扩充界工部局管理。②然而这一告示并未对南扩充界的边界范围进行详细说明。

1902年英租界工部局制定的英租界合并计划草案中描述了南扩充界的范围，其边界为：西北临博目哩道（今彰德道），东北临海河，东南临开滦胡同（今开封道），西南临海大道（今大沽路）。

3.1.1.4 墙外推广界

英租界的第三次扩张亦于庚子事变后开始筹划。1900年7月，八国联军攻陷天津城，由联军各国委派代表组成的统治机构"都统衙门"始而执掌天津，列强趁机在津开辟、扩张租界。在俄租界率先于海河东岸开辟租界后，英国也提出租界扩张要求。

1901年4月21日，英国公使萨道义照会李鸿章称"照得去年岁杪中国国家将北河③紫竹林对岸地亩让与俄国一大段作为租界，今闻日内又将德国天津租界拓展甚广。此事如再接衍，则不日将复闻有他国请展，中国久让之行既不得预知展至何方，或与本国租界利权甚有妨碍"，为此萨道义提出"现英界以南土城外荒低之地，不得租与他国"，并附图表明范围，且"倘日后有应再行扩充英界之处，本国有将此地约二千四百亩归入界内之权"。李鸿章允诺英国公使所要求之地"不让别国租用"，至于该土地能否归入英租界，"仍须日后派员勘定，并俟有建设行栈或医院等项之用，届时再行商议可也"。6月4日，直隶候补道钱鏐会同英国驻津总领事金璋及英提督派出的武官副将百尔格门前往图内所指地段详细履勘。与此同时，钱鏐等草拟了《英墙外推广界合同》交与金璋查核，合同中注明"存留作为英国日后扩充租界之用"的土地边界范围，然而金璋认为"但须出示晓谕，不必订立合同"，且"界限亦未细查立橛"。④

至1903年1月13日，津海关道唐绍仪与英国驻津领事金璋为英推广界会衔告示，正式公布了英推广界四至。告示中所称"童家楼桥石碑"的具体位置已无法定位，

---

① 天津档案馆. 天津租界档案选编［M］. 天津：天津人民出版社，1992：16-18.

② China: Regulations. Land. British Municipal Extension. Tientsin（Amendment）. No.8 of 1911［A］. 英国国家档案馆，FO 881/9926, Oct. 2, 1911.

③ 北河或为Peiho的音译，即海河。

④ 天津档案馆. 天津租界档案选编［M］. 天津：天津人民出版社，1992：8-15.

但从各个年代的天津地图上标注的英租界边界来推断,这一地点应位于海光寺道①西侧。英租界工部局1918年出版的《天津英租界土地章程》对整个英租界边界进行了更为精确的描述(表3-1)。

关于天津英租界的历史档案资料最为翔实,法规文件中对边界的描述也最为清晰,因此不存在疑义和讹传。

各历史文献中英租界界址描述 表 3-1

租界	时间	文献史料	所载英租界边界范围
原订租界	1860年11月25日	巴夏礼选址备忘录	"所选英租界地点从紫竹林村庄延伸到下园村庄,紫竹林村里有一个寺庙,在一个老旧的小方形炮台旁。靠海河一侧的北端有棵大树,树下有两口井和一个小船坞。此处是所有中国帆船码头的下游,河对岸是个村庄,盐坨(从南往北)绵延到那里。……从此处向南,我丈量了250丈的一条直线。这条直线的南端,河东岸有棵孤零零的大树,河西岸不远处有棵孤零零的小树,两者呈直线(垂直于河道)。这条直线应当采用英式丈量方法,250丈约为1000码。""主要道路界定出场地西界。北界河流与道路间距120丈,南界河流与道路间距71丈。300丈距离内的整个区域有多少亩还没有计算好,很可能大约430或440亩。"②
	1860年11月28日	天津府知府石赞清等禀文	"津城东南相距五六里之紫竹林起至下园止,勘丈空地长三百一十丈、宽七十丈。"③
	1860年12月6日	英国公使卜鲁士照会	"津城以南二三里许,有地一方,坐落自紫竹林至下园,其东河岸丈量得长二百五十五丈五尺,其西孔道长同,其北约长二百丈,南约长七十丈,其中纵横约计四百四十亩。"
	1866年11月26日	《天津地方土地章程与通行章程》	"东临白河④,西临天津与大沽之间的大道,北临法租界,南临美国人之土地。"⑤
扩充界	1897年3月31日	《新议英拓租界章程》	"东至海大道,西至围墙⑥,北自旧租界道口以西直至围墙,南至小营门以斜至英讲堂为止。"⑦

---

① 海光寺道为从海光寺到佟楼的一条道路,其道路名称在早期的地图上并没有标注,直到20世纪10年代后的地图才普遍标注为"海光寺道",今西康路。
② TNA, FO 228/528, Chefoo, Tientsin, 1873. 转引自陈国栋. 天津英租界(1860—1943)城市建筑史比较研究[D]. 天津:天津大学,2017:60-61.
③ 英商在紫竹林租地[A]. 台湾"中央研究院"近代史研究所档案馆,01-18-006-01-004,1860.
④ "白河"英文Peiho river,即海河。
⑤ Tientsin Local Land Regulations and General Regulations [M]. Hongkong: D. NORONHA, 1867: 2.
⑥ 围墙指1860年清政府统兵大臣僧格林沁为增强天津防御能力所筑壕墙,近代文献中多称作"土墙",民间又称"墙子",墙外壕沟称为"墙子河"。
⑦ 李岷琛. 新议英拓租界章程. 1897. Land Regulations of the British Municipal Extension, Tientsin [M]. Tientsin: The Tientsin Press,1899: 3.

续表

租界	时间	文献史料	所载英租界边界范围
扩充界	1898年	《天津英租界扩充界土地章程》	"东临海大道;北侧由英租界原订租界边界延伸一条直线至土墙,此后将成为飞龙道与信远道的延伸道路,被命名为宝士徒道;西临土墙;南临近期修筑的由小营门通往海大道的一条道路,是围墙道的延伸。"①
南扩充界	1902年	英租界合并计划草案	"位于英租界与德租界之间,其边界西北临英租界,东北临海河,东南临德租界,西南临海大道。"②
墙外推广界	1901年	钱鑅等草拟《英墙外推广界合同》	"东自土围子厚德门起,西至英宝士徒马路,一直越过土围墙直向西南,又折向东南至跑马场二道桥,又顺跑马场大路折回至厚德门止。"③
墙外推广界	1902年	英租界合并计划草案	"西北临法租界,沿宝士徒道中心画一直线,沿同一条直线延长约4264英尺。西南由沿宝士徒道所画延长线端点画一直线至佟家楼桥附近马场道第二号桥。东南沿马场道至土墙。"④
墙外推广界	1903年1月13日	《津海关道英领事为推广租界会衔告示》	"北自马场大道小营门起顺土墙至波罗斯街⑤为止;西自波罗斯街之中一直向童家楼桥之石碑为止;南自童家楼桥石碑至马场大道二道桥为止;东自马场道二道桥顺大道至小营门为止。"⑥
英租界全界	1918年12月17日	《天津英租界土地章程》	"(一)东北以海河为界。(二)西北以法租界为界,自海河为起点,经飞龙道、信远道、宝士徒道中心至宝士徒道桥中心,由此点复经飞龙道、中心线及河坝道西线之交切点展一直线,长约一万英尺左右,其准确终点系由马场道临近佟家楼第二号桥北首桥墩西面画一垂直线与上述展长直线相切成正直角之处。(三)西南以前节所言垂直线为界。(四)东南以马场道旧测东南边线至土墙旧基界为界。(五)东南角之不整齐地形边界如下:南以土墙为界,现于英国租界及邻界处由界石确定,至海大道中心大沽闸为止;东北以海大道中心线为界;东南以开滦巷南端延长至海河为界。(六)界线虽如前节所述,惟海大道仍旧为中国大道。"⑦

资料来源:笔者绘制。

---

① Land Regulations of the British Municipal Extension, Tientsin [M]. Tientsin: The Tientsin Press, 1899: 5.
② Draft Scheme for Amalgamation of the Four British Municipal Areas (Drawn up in 1902)[A]. 英国国家档案馆,FO 674/350.
③ 天津档案馆. 天津租界档案选编 [M]. 天津:天津人民出版社,1992:15.
④ Draft Scheme for Amalgamation of the Four British Municipal Areas (Drawn up in 1902)[A]. 英国国家档案馆,FO 674/350.
⑤ 波罗斯街即英租界宝士徒道(Bristow Road,今营口道)。
⑥ 天津档案馆. 天津租界档案选编 [M]. 天津:天津人民出版社,1992:19.
⑦ Tientsin Municipal Regulations 1918 [M]. Tientsin: The Tientsin Press, 1918.

3.1.2 法租界边界的划定

3.1.2.1 原订租界

在泰伟随戈登于1860年12月28日共同勘定了英、法租界地界后，1861年5月，法国参赞哥士耆到达天津后亲自勘察了法租界界址四顷三十九亩，并由恭亲王奕䜣将英、法两国所勘地址一并上奏朝廷。① 有英租界开辟在先，清政府只得同意法租界的设立。6月2日，哥士耆与三口通商大臣崇厚签订《天津紫竹林法国租地条款》，法租界正式设立。然而条款中并未言明法租界的具体边界范围，历史档案中也鲜有明确记载。因此，关于法租界原订租界的边界，特别是西界，中法当局之间曾存在争议，后人也一直存有误读。② 《1892—1901年津海关十年报告》中就曾指出"在阅读既已绘成之近期各租界地图时，易致微小误解（而本节所附地图亦据各图编绘而成），盖图中所示法租界竟扩展至海大道；故读者易以此即为原订法租界……原法租界之西界起于英租界之西北角，而止于海河岸边一界标，在该界标颇远之东侧，则为海大道归入紫埠之处"。③ 在现代的研究中，《天津通志 附志·租界》一书则认为法租界原订租界范围为："东、北均临海河，西至海大道（今大沽路）以东巴黎路（今吉林路）附近，东南接英租界。"④

1899年光绪重修《天津府志》所载的"郭图"⑤、1900年法租界工部局绘制的法租界示意图（图3-4）及日本外务省史料馆所藏"大法国租界及新地全图"（图3-5）都

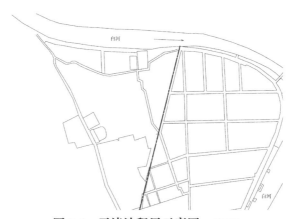

图3-4 天津法租界示意图，1900

图片来源：笔者绘制，参照法国南特外交部档案馆图纸，961PO/1-34。

---

① 法国租紫竹林地基［A］. 台湾"中央研究院"近代史研究所档案馆，01-18-068-02-001.
② 19世纪80年代初，经过法国驻津领事狄隆（M. Dillon）与李鸿章以及津海关道的反复交涉，法租界西界问题得到解决。参见尚克强，刘海岩. 天津租界社会研究［M］. 天津：天津人民出版社，1996：73.
③ 天津海关译编委员会. 津海关史要览［M］. 北京：中国海关出版社，2004：61-62.
④ 天津市地方志编修委员会. 天津通志 附志·租界［M］. 天津：天津社会科学院出版社，1996：42.
⑤ 天津市规划和国土资源局. 天津城市历史地图集［M］. 天津：天津古籍出版社，2004.

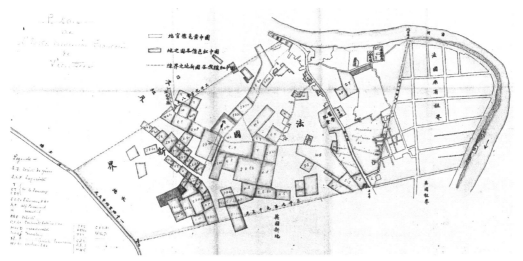

图 3-5 法国租界及新地全图，1900
图片来源：日本外务省史料馆。

明确标示了法租界原订租界的边界。结合这些历史地图分析，法租界原订边界应为：东、北界临海河，南界接英租界信远道（今营口道），西界为由大法国路（今解放北路）北端与海河交接处至海大道（今大沽路）与信远道（今营口道）交口东侧附近两点之间一条直线。实际上，法租界在19世纪末的建设过程中通过越界筑路等方式逐渐突破原订租界边界向西侧扩张至海大道，才造成了西界为海大道的误传。

3.1.2.2 租界扩张

随着法租界的发展，以天主教会为首的投资者逐渐租占了法租界内大部分土地，导致租界内可用土地减少，后来的投资者与居民只得在界外附近租地建屋，1900年之前已经在法租界西界外形成了一片居住区。法租界工部局进而通过越界筑路，向道路两侧的土地所有者收税，将其管理范围向法租界以西拓展。[①]庚子事变后八国联军占领天津，法租界迎来了正式扩张的契机。1900年11月20日，法领事杜士兰发布通告，宣布法租界扩张界范围："一、巴黎道、海大道及法国河坝路延展至伦敦教会堂之区域。二、法国租界之西部即海大道、英国推广租界、土墙及自土墙至伦敦教会堂到白河之区域。"[②]是年，日本驻津领事与法国驻津领事商议后，将包括伦敦教会堂在内的三角形区域划归日租界（图3-6）。由于此时天津各项事务已由联军组成的都统衙门接管，对于法国领事通告扩张法租界，且与日本领事就日、法租界边界区域私相授受的行为，清政府未提出意见。1901年7月18日，法国领事发布晓谕，意欲收买其所划定扩张界内的土地，称"所有海大道以西新租界内华人地亩概归其管业，酌量给价"。

---

① 李天. 天津法租界城市发展研究（1861—1943）[D]. 天津：天津大学，2015：36.
② 天津档案馆. 天津租界档案选编[M]. 天津：天津人民出版社，1992：102.

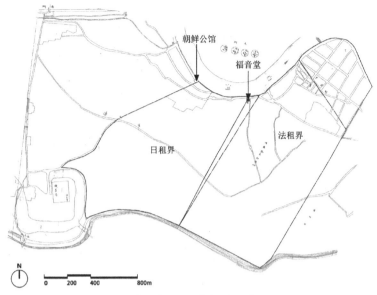

图 3-6 天津日租界与法租界示意图，1901

图片来源：笔者摹绘，底图源自日本外务省史料馆所藏1901年天津日租界与法租界地图。

在此生活已久的中国商民不愿放弃产业，联名请求清政府主持公道，李鸿章批复"仰候照会法国钦差，转饬领事官妥办"，[①] 实际上承认了法国方面对法租界扩张界的管理权力。

法租界扩张之后其租界边界范围较为明晰，在历史地图中标注也较为统一。这一时期法租界的四至为：北临海河，西为秋山街（今锦州道），南至土墙（今南京路一段），东为圣路易斯路（今营口道）。

继第一次扩张后，法租界当局意欲继续向墙子河外老西开地区扩张。1902年，法国驻津领事罗图阁曾向津海关道唐绍仪提出扩张租界的要求，但未获答复。尽管没有得到中国官方的认可，法租界当局依然实施着扩张计划，支持教会在老西开购买土地，兴建教堂、医院、学校等，并以保护教堂的名义向老西开地区派遣巡警，采取逐步蚕食的方法逐渐获得老西开地区的管理权。法租界当局对老西开地区的武力抢占遭到了天津人民的强烈反对，而未能正式占领该区域。虽然这一时期法租界当局实际上管理着老西开地区，但其私自扩张行为既没有得到中国政府的正式认可，也未获得中国人民的感情认同，因而该区域不应归入法租界内。

3.1.3 美、德租界边界的划定

关于美租界，按照清政府所照录1895年8月10日美领事来函，美租界四至为："北

---

① 天津档案馆. 天津租界档案选编[M]. 天津：天津人民出版社，1992：104.

自英租界起，以南至闽粤茔地为止，又东自海河起，西至海大道为止。"对此，津海关道盛宣怀"查档册并无指拨租界案"，回复美领事称美国商人确实曾在此处租用地亩，但"并无中国划给贵国可租地界"。①而依据前任海关道郑藻如于1879年致美国副领事函，即使美商所租之地可称为美租界，但美领事所述范围内招商局等处非美国租用之地"自不得因其附近毗连遂概指为美租界"。②虽然此时两国政府未能就美租界边界正式达成共识，但在后续美国领事所指认美租界内土地并入英租界的过程中，清政府对美、英两国私相授受未敢置喙，美租界边界应如上美国领事所述。

1900年庚子事变后，美国公使照会清政府，表示"缘本国所最乐意办法，系欲设立各国公共租界，不愿分行办理"，因其设立公共租界的呼吁并未得到他国响应，美国要求"仍将前所退还人所共知之美国租界复行拨给"。③是年11月，美国政府再次表示放弃美国在中国的租界，同时开始与英国政府私下协商，将美租界土地并入英租界管理，成为南扩充界。④

现有的大多文献认为其边界即1902年划定的英租界南扩充界范围。然而按照美领事所述美租界的边界范围，美租界的南边界经历史地图考证应为今之徐州道，与英租界南扩充界的南边界（今开封道）有所出入。实际上，1896—1899年间，除英租界南扩充界范围外的原美租界部分土地（今徐州道至今开封道一段）已经先行并入德租界。

中日甲午战争后，德国公使以"干涉还辽"有功为由向清政府提出租借胶州湾，并在天津、汉口等地设立租界，清政府被迫同意。1895年10月30日，德国驻天津领事官司艮德与中方代表津海关道盛宣怀、天津河间兵备道李岷琛等签订了《德国租地合同》，划定天津德租界的四至为："北界沿闽粤会馆义地北边之道路起，此路从海河西边直通海大道东边止；东界河边；南界由小刘庄之北庄外起，以顺小路之边，直至海大道东边止；西界海大道东边止。"⑤德租界当局1896年所绘天津德租界平面图明确标注了德租界边界（图3-7），与合同中的租界边界描述相吻合。

在划定德租界时，德租界当局曾向清政府提出将德租界以北的美租界部分土地并入德租界，但因遭到美方抗议而作罢。⑥1895年所订立的《德国租地合同》续议第一款中，列出德国所求美租界土地范围为"由闽粤会馆义地北边之道路起，至仁记洋行

---

① 天津并无美国租界案册抄摺咨呈［A］. 台湾"中央研究院"近代史研究所档案馆，01-18-057-06-008.
② 美国紫竹林租界地段函询本署有无案据［A］. 台湾"中央研究院"近代史研究所档案馆，01-18-057-06-006.
③ 天津档案馆. 天津租界档案选编［M］. 天津：天津人民出版社，1992：15.
④ 尚克强，刘海岩. 天津租界社会研究［M］. 天津：天津人民出版社，1996：11.
⑤ 天津档案馆. 天津租界档案选编［M］. 天津：天津人民出版社，1992：162.
⑥ 天津紫竹林原拟给美国租界请勿让与别国管理［A］. 台湾"中央研究院"近代史研究所档案馆，01-18-057-06-001.

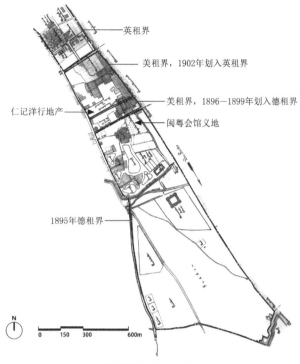

图 3-7 天津德租界平面图，1896

图片来源：笔者摹绘，底图源自德国联邦档案馆所藏1896年天津德租界平面图。

地之南界中间之地"，①并指明若美国将来不要此地，仍归入德国界内。②1896年7月1日，德国领事照会津海关道以"美国天津租界美国允许不要"为由再次提出将上述美租界部分划入德租界，同时要求中国在原德租界西界海大道以西另拨一段土地亦作德租界。7月5日，津海关道回复德国领事，对于前一项要求，称美国公使"倘能应允美国日后不于天津再索租界，其地即归贵国租用"，对于后一项要求，以"从前中国与英法两国订立天津租界合同皆以海大道为止"为由据理驳复。③1899年德租界当局绘制的租界地图中，上述美租界部分土地已纳入德租界，德租界北界因此向北侧推移至后来的开滦胡同（今开封道），作为与后来的英租界南扩充界间分界（图3-8）。德租界原订租界的北界这一扩张过程尚未见两国间正式的合同约定。

庚子事变后，德租界亦趁机扩张。德国公使于1901年4月23日照会李鸿章，称其"已饬天津领事官将德界南及西南毗连一带地方点收在案"，又于5月12日再次照会

---

① 收到英国日本租地章程租界条约各一份由［A］. 台湾"中央研究院"近代史研究所档案馆，03-16-054-01-005.

② 仁记洋行为天津英商贸易行，1864年开办，英文名曾多次变更（Livingston & CO., J.; Forbes & Co., William; Forbes & Co., Ltd., William）。

③ 德欲展拓租界据理驳覆由［A］. 台湾"中央研究院"近代史研究所档案馆，01-18-049-02-026.

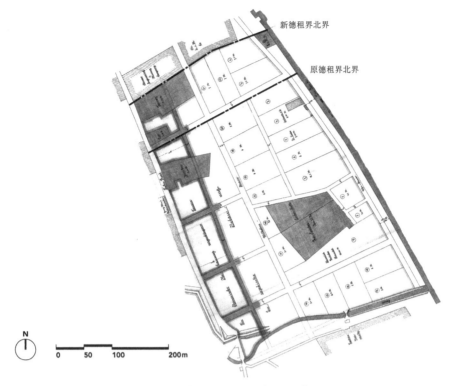

图 3-8 天津德租界北界变化示意图

图片来源：笔者摹绘，底图源自德国联邦档案馆所藏1899年天津德租界图。

李，称英国公使已允诺，将李允准英国的一段三角形地段让与德国，该地段位于"德北边界至马场路中间一段地方"。①此时的天津已由都统衙门接管，对德国公使提出的无理要求，李鸿章只得妥协，并饬令直隶候补道钱鏐传知天津河间道等"在都统衙门管辖之地，切勿干预地面之事，以期慎重，而彼此交谊益笃矣"。②是年7月20日，钱鏐、张莲芬与德国驻京钦差大臣为德租界推广之事订立合同，划定德租界推广界，其范围为："从梁园门起，顺海大道过三义庄东楼向南至海河坐湾处，道东有日本界牌，折向正西过崇德堂砖窑以西，又折向西北过西楼庄、三义庙、李家花园西墙外，再向西北至跑马场路，路西有仁记洋行、公善堂、界牌处为止，顺跑马场到厚德门，从厚德门顺土围墙到梁园门。"③然而，大多数历史地图标注的德租界范围并不能与上述合同中租界边界的描述准确对应。多个天津历史地图版本中德租界推广租界南

---

① 德国公使所求三角形地段具体位置为"北至围墙，西至跑马场大路，东至迎晖门"，经考证位于1901年德国推广租界范围内。参见天津档案馆. 天津租界档案选编［M］. 天津：天津人民出版社，1992：166.
② 天津档案馆. 天津租界档案选编［M］. 天津：天津人民出版社，1992：168.
③ 德国推广租界合同［A］. 德国政治档案馆，R9208/1045.

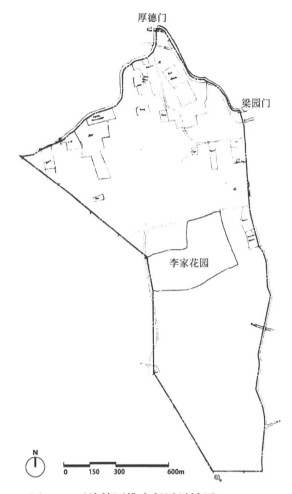

图 3-9 天津德国推广租界界址图，1901

图片来源：笔者摹绘，底图源自德国政治档案馆所藏1901年天津德国推广界界址图。

端呈尖角状，与上述合同中由海大道"折向正西"的描述不符；此外，历史地图中标示的德租界推广界边界转折点的位置大多并不准确。笔者在德国外交部档案馆查阅到德租界当局1901年绘制的德国推广租界界址图（图3-9），标注有转折点附近的标志性建筑物，与《德国推广租界合同》中描述的界址边界相符，是较为精准的德国推广租界边界图。

3.1.4 日租界边界的划定

3.1.4.1 原订租界

中日甲午战争后，作为战胜国的日本向清政府要求在各地通商口岸设立租界。经过长达一年的反复交涉，清政府最终妥协，两国于1896年10月19日签订《通商口岸日本租界专条》（又称《公立文凭》），中国政府允许日本"在上海、天津、厦门、汉口等处设日本专管租界"。①同年，日本驻津领事馆向日本外务省呈送了关于天津各国租界的调查报告《天津各國居留地ノ状況》，以及日租界的选址意向报告《帝國專管居留地ノ位置撰定》与《附图》。其中选址意向报告从"接近中国市街的贸易中心""水运的便利""铁路的便利"三个方面出发拟定了三处地域，分别为"法租界沿白河上流中国市街马家口与闸口之间的地区""法租界对岸白河东岸地区""英租界对岸铁道附属石灰置场至白河下游延长的沿岸一带地区"。通过三处地域的优劣势比较，该报告更倾向于第一处选址。②

1897年10月19日，日本公使照会清政府准外务大臣，称"愿在天津法国租界上游""南由河岸福音堂起西至围墙止画一直线，北由闸口起西至围墙止画一直线，大约二千亩之地作为日本专管租界"，③正是之前选址意向报告中所倾向的地域。总理衙门认为，相较于英、法租界四百余亩的原订租界，日本所求租界"二千亩之多未免占地太宽"，且并不清楚所划之界"与地方居民有无窒碍"，遂令北洋大臣王文韶详查。④11月25日，王文韶复函，称日本所指界内有二三千户房约万余间、公所庙宇十处、民冢无数，腾迁花费巨大且"民情不顺断难就范"。此外，该地段沿河是"江苏漕船停泊之所"，难以腾挪。因而日本所要求地域难以划拨为日租界，建议在德租界下小刘庄附近拨一地段作为日租界。⑤后经津海关道督率天津府县等与日本领事多次会商，日本领事同意将先前指定租界范围之北界由闸口让至溜米厂，为保障清政府漕船停泊，于德租界以南另设码头。⑥

1898年8月29日，天津河间兵备道任之骅、天津海关道李岷琛与日本驻津领事官郑永昌签订《日本租界条款及另立文凭》，划定天津日租界范围，并规定"中国允将溜米厂至朝鲜公馆南墙路外沿一直线，西接日本现定之界，作为日本预备租界"（图3-10），以及"中国允许在德国租界下画一地段，为日本轮船停泊码头"（图3-11）。⑦然而，严格意义上，预备租界和日本轮船停泊码头用地不能算在日本租界范围内。

---

① 王铁崖. 中外旧约章汇编（第一册）[M]. 北京：生活·读书·新知三联书店，1982：685.
② 机密第十一号[A]. 日本外务省史料馆，B12082544800.
③ 请在天津设立租界[A]. 台湾"中央研究院"近代史研究所档案馆，01-18-075-01-004.
④ 天津租界事已咨北洋大臣转饬查覆[A]. 台湾"中央研究院"近代史研究所档案馆，01-18-075-01-006.
⑤ 日本租界该使所指地所窒碍甚多拟于德界外小刘庄下拨地一区[A]. 台湾"中央研究院"近代史研究所档案馆，01-18-075-01-007.
⑥ 津海关抄呈日本在天津设立租界议定草约并绘图[A]. 台湾"中央研究院"近代史研究所档案馆，01-18-075-01-015.
⑦ 日本租界条款及另立文凭[A]. 日本外务省史料馆，B12082546400.

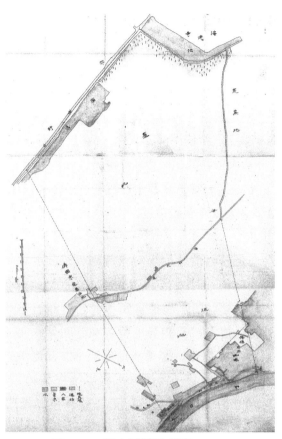

图 3-10　日本居留地现图，1899
图片来源：日本外务省史料馆。

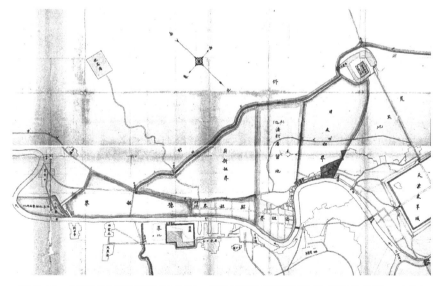

图 3-11　天津各国居留地略全图，可见德租界下游的日本码头用地，1899
图片来源：日本外务省史料馆。

第 3 章　近代天津租界建设法规对土地开发的控制

3.1.4.2 租界扩张

庚子事变后，日本迎来了租界扩张的机会。按照日本领事的记录，其曾向清政府索要"福音堂"①一带区域，但清政府以法国已先要求将该地区划入法租界扩张界为由拒绝。1900年，趁法租界实施扩张，且该区域民房多在战乱中焚毁之机，日本领事向法国领事提出，重新划定两租界间边界线，将边界由"福音堂北界至墙子河连线"变更为"海大道与海河岸交点至墙子河连线"，即将包含福音堂在内的三角形区域由法租界划入日租界。新边界道路的建设费及修缮费由日本承担、警察权日本与法国各负责一半。②日、法租界的这一私下交易十分顺利，1900年12月20日，法国领事将协商内容提交法租界董事会会议并获得通过，③并且在1903年的《天津日本租界推广条约》中得到确立。

对于日租界初次划定时因清政府反对未能划入租界的区域，即日租界原订租界以北至天津老城以南之间一片地区，日本当局亦欲借此机会将其纳入日租界。1901年1月5日，日本驻津领事郑永昌擅自发布公告宣布日本扩充租界的范围（表3-2）。然而日本当局此次擅自扩充租界的行为在当时并未得到清政府的承认。直至1903年4月24日，天津府凌福彭、署天津道庞鸿书、津海关道唐绍仪、直隶候补道钱镠与日本驻天津总领事签订《天津日本租界推广条约》，正式将芦庄子、闸口一带约26.67公顷（400亩）划入日租界。正式的日租界推广界只是日本原本计划扩张区域的一部分，余下"北界自推广租界西界起，沿城基新道水沟向西至旧南门西，约二十四丈止，西界自北界西尽头起，向南至海光寺止，南界自海光门顺土墙至原定租界界限至之地"，以及"德国租界以下，原订小刘庄码头租界附近之推广地"则作为日本的预备居留地，"日本租界将来如必须将租界推广之时，日本政府会商中国政府，将所有两项退还地内可以再行推广，中国政府决不租与他国"。④

---

① 即伦敦教会堂。
② 机密第四号 [A]. 日本外务省史料馆，B12082544800. 转引自王康. 天津原日租界规划沿革初探 [D]. 天津：天津大学，2010：42.
③ Séance du conseil municipal du 20 decembre 1990 [A]. 法国南特外交部档案馆，961PO/1-34. 转引自李天. 天津法租界城市发展研究（1861—1943）[D]. 天津：天津大学，2015：39.
④ 天津日本租界推广条约 [A]. 日本外务省史料馆，B12082546400.

各历史文献中天津日租界界址描述　　表 3-2

	时间	文献史料	所载日租界边界范围
原订租界	1898年8月29日	《日本租界条款及另立文凭》	"东界以福音堂之北界起,沿河至溜米厂邢家木厂之北横街河沿止,计长八十五丈。南界由福音堂之北界起,划一直线,向西至土墙止,距英新界一百五十丈;北界由溜米厂邢家木厂之北横街河沿起,现有道路绕出屋后空地计__丈,向西直上至现有道路,沿路迤逦向西,至海光寺东南角河沟外,顺路抵土墙止。所有沿路之界限均留地三丈,以备筑路展宽之用。再由该处土墙迤下至南界,计__丈。西南两界虽均以土墙为止,然须留出五丈道路。"①
租界扩张	1901年1月5日	日本驻津领事郑永昌发布公告	"以闸口为东北界,下循海河至法租界止。再由闸口往西迤逦至南门外为西北界。又自南门南抵海光门为西南界。由海光门循土墙至法国租界取一直线达海河沿,紧接至法国租界为止。"②
	1903年4月24日	《天津日本租界推广约》	"东界自朝鲜公馆起,沿河上至闸口新道止,计长约一百十四丈;南界自朝鲜公馆起,顺新道向西,计长一百零五丈止;北界自闸口起,顺新道水沟迤逦至天津旧城东南角水沟,再自东南水沟向西十八丈止,共计长约一百三十丈;西界自北界西尽头起,顺新道外十八丈相沿至南界西尽头,再向西南至海光寺后,顺东西路道外十八丈,西至南门新修大道东路边为止,计长约七百丈;其界内地亩共计约四百亩。"③

资料来源：笔者绘制。

至于海光寺是否属于日租界范围一直存在争议。在中日租界条约中未将海光寺划为日本租界,且在20世纪初的天津租界地图中海光寺都在日租界之外。但海光寺自庚子事变至抗战胜利期间一直为日本兵营,实际为日军所占领,故20年代以后的地图多将海光寺划在日租界内。按照划分租界时期的条约和地图显示,海光寺不应归入日租界范围。

3.1.5 俄、比租界边界的划定

1900年八国联军占领天津后,还未在天津设立租界的联军国家纷纷要求将各自军队占领的区域划分为租界。1900年11月5日,俄国公使通报驻津领事团,因俄军曾在老龙头车站附近"保卫外国租界免遭拳匪与清军之进攻",因而俄国政府保留以下区域的专有权:"在白河之对岸,介于一侧为老龙头火车站（并包括该站）,另一侧为

---

① 日本租界条款及另立文凭[A]. 日本外务省史料馆, B12082544800.
② 机密第三号[A]. 日本外务省史料馆, B12082545600. 转引自王康. 天津原日租界规划沿革初探[D]. 天津：天津大学, 2010：42.
③ 天津日本租界推广约[A]. 日本外务省史料馆, B12082546400.

世昌洋行煤油堆栈斯二者之间，该堆栈在海河下游两英里处。"①12月31日，俄国公使与李鸿章就在天津开辟俄租界一事达成协议，李鸿章以利议和，表示"天津地方既有英、法、德、日本租界，则贵国与中国友谊素睦，自应亦设租界"。②旋即令直隶候补道钱鏻会同俄国驻津领事珀佩查勘界址。对俄国所求俄租界土地达五六千亩之数，钱鏻认为俄商人数不多，无需如此大面积租界，然而俄国领事坚持"此界系上年俄国兵官踩定，已达知本国外部，不能再为更改"。面对俄国的强硬态度，李鸿章只得叮嘱钱鏻"当毋激毋随，婉商力辩，是为至要"。

经多次交涉，1901年5月，俄国驻津领事珀佩与直隶候补道钱鏻就俄租界设立联合发布告示，明确俄租界范围为："上自药王庙西贺家胡同起，下至围自门外世昌洋行煤油栈止，南至海河，北至铁路内，除开平矿务局及铁路车站原有之地及沿河码头仍留自用外，此外尽归俄国租用。"关于俄租界边界的争议较少，租界分为东、西两部分。

比利时虽不属于八国联军国家，也趁联军国家在津大肆划分、扩张租界之际，向清政府提出设立比利时租界。1901年，比利时公使姚士登照会李鸿章，认为"天津为各国租界通商口岸，比国尚无租界，拟在北河左岸俄国租界以下有一地段，作为本国租界"。随后，李派张莲芬与比利时领事会议，得知其所划比租界达四千余亩，后经李亲自与比利时公使协商，最终商定比租界五百余亩。11月3日，李鸿章上奏设立比租界一事，称比利时"来华商民渐多，欲期扩充贸易，不得不一体酌给，以昭睦谊"。奉到朱批："依议，钦此。"①1902年2月6日，天津河间道张莲芬、津海关道唐绍仪、直隶候补道钱鏻代表清政府与比利时驻津领事嘎德斯签订《比国租界合同》，规定比租界范围为："比国租地一段在河东俄国租界以下，从世昌洋行煤油栈地边起，沿河向东以一千一百六十八密达②合中国七百零一弓为止，从河边向里以四百五十密达合中国二百七十弓为止。"③比租界的具体范围在该合同所附的图上标注得非常清楚（图3-12）。

此外，合同中第九条规定："如日后比国商务兴旺，欲与铁路相通，运送货物，中国允许照图中所画直线，于大直沽庄西三百密达合中国一百八十弓之内通路一条，

---

① 天津海关译编委员会. 津海关史要览［M］. 北京：中国海关出版社，2004：64.
② 中国第一历史档案馆. 义和团档案史料续编［M］. 北京：中华书局，1990：900. 转引自尚克强，刘海岩. 天津租界社会研究［M］. 天津：天津人民出版社，1996：15-16.
① 天津档案馆. 天津租界档案选编［M］. 天津：天津人民出版社，1992：328-473.
② "密达"为法文长度单位"metre"的音译，后来为大多数国家所采用，通称为"米"。"弓"为旧时丈量土地的计量单位，一弓为五尺，三百六十弓为一里。
③ 收到英国日本租地章程租界条约各一份由［A］. 台湾"中央研究院"近代史研究所档案馆，03-16-054-01-005.

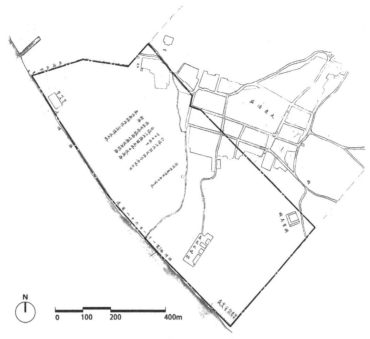

图 3-12 天津比租界示意图，1902

图片来源：笔者摹绘，底图源自网络，经考证为《比国租界合同》附图。

北与铁路相接。如于绅户坟墓有碍，须设法绕越。修路之外，如比国另有用地之处，亦可于此三百密达之内择空旷之地购用，应发地价届时公平议给。此三百密达之地，中国应谕知各地户以后不得卖与别国洋人执业，至比国用地时或有窒碍。"①由此可知，中、比政府同时议定了比租界的"预备租界"范围，但这部分土地并未正式划入比租界。

3.1.6 意、奥租界边界的划定

1900年12月1日，意大利公使通告驻京公使团，称意大利政府准备在天津开设领事馆，并设立租界。随后，意大利军队奉其公使之命占领海河东岸、俄租界西北侧一片土地作为预备租界。②这一区域内人烟稠密，数万户居民以盐坨卫生，与租界"划界于人烟稀少"地区的定例不符。为免影响本地居民与商业，李鸿章坚持此地区"碍难租给"，希望另觅意租界地址，然而意大利代表"决然不肯移易更改"。

至李鸿章病故后，意大利公使继续对清政府施压，于1902年1月照会庆亲王奕劻

---

① 收到英国日本租地章程租界条约各一份由[A]. 台湾"中央研究院"近代史研究所档案馆，03-16-054-01-005.
② 尚克强，刘海岩. 天津租界社会研究[M]. 天津：天津人民出版社，1996：17.

称"业以饬令现实军占租界内行开工。若不及行商办，将来所有盐商概不赔偿"，[①]致使清政府最终退让。1902年6月7日，意大利驻中国公使嘎厘纳与津海关道唐绍仪签订《天津意国租界章程》，划定意租界范围为："由图内铁路上甲字起，顺俄国租界之线以至北河边上乙字，由此顺河向北至界边石桩图上丙字，又迤东顺图上所画红线至铁路丁字，又此顺铁道仍归图上甲字原处。"其中"丁甲直线"（即意租界东北界），"因铁路公司称有铁路以北地产，现为暂定"，等将来意大利领事与铁路公司协商后"按照特定之约将此界线画定为准"。[②]

意租界边界划定后再经调整。经过与铁路公司协商，意租界东北边界由铁路线退回到今兴隆街方向道路，意租界与奥租界间的相邻边界也于1913年左右经与奥租界当局协商进一步规整，形成最终的意租界边界。[③]参照1929年天津特别市土地局所绘意租界图（图3-13），可知意租界最终边界范围为：南临海河，东沿五经路向北至道路至与今兴隆街方向交口，向西沿今兴隆街至与大安街（今胜利路）交口，向南沿大安街至与金汤四马路（今自由道）交口，向西南沿金汤四马路至海河。

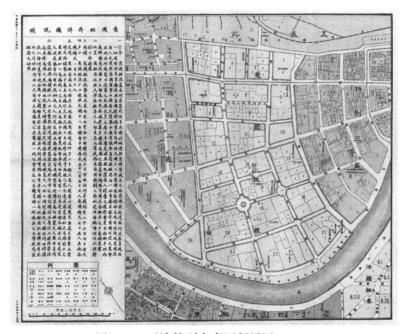

图3-13　天津特别市意国租界图，1929

图片来源：天津市规划和国土资源局. 天津城市历史地图集 [M]. 天津：天津古籍出版社，2004.

---

① 林京志. 天津租界档案史料选 [J]. 历史档案，1984（1）：38.
② 天津档案馆. 天津租界档案选编 [M]. 天津：天津人民出版社，1992：397.
③ 关于东北界的退让，推测应为让出铁路局产业。与奥租界相邻边界的调整情况参见下文奥租界边界划定部分。

八国联军攻占天津后，意军驻地（即后来意租界地区）北侧地区本为德军所占，德军前往北京后由奥匈帝国军队占领。1901年6月，奥国向清政府要求将其军队在天津占领的地区作为奥租界。① 同意租界类似，奥租界地区人烟稠密、瓦房栉比，甚至较意租界"其势更为难办"。有意大利当局对意租界选址的强硬态度在前，奥匈帝国没有接受李鸿章"或令觅地段，或就暂管界内之寥廓无碍地方划为租界"的要求，清政府只得妥协。② 1902年12月27日，天津河间道张莲芬、津海关道唐绍仪、直隶候补道钱鏐与大奥斯马加国（即奥匈帝国）驻津副领事贝瑙尔签订合同设立天津奥租界，规定奥租界范围为："南至义国新界，西至北河，北至北河，又按图上红线甲字接连乙字，东至由乙字随红线至铁路。铁路公司之产业不能作为划定，应由奥国领事与铁路公司会商办理，俟商妥后方定准线，而免混杂误会。"③（图3-14）。

奥租界与意租界相邻近的边界较为曲折，不利于两个租界日后的道路规划与租界建设。约1913年，奥租界与意租界当局就量租界的相邻边界进行协商，重新沿规划道路划定两租界相邻的边界线（图3-15），并签订九条协定。④

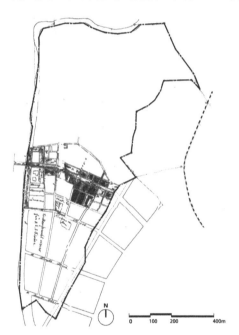

图3-14 天津奥租界平面图，1908

图片来源：笔者摹绘，底图源自奥地利国家档案馆所藏奥租界地图。

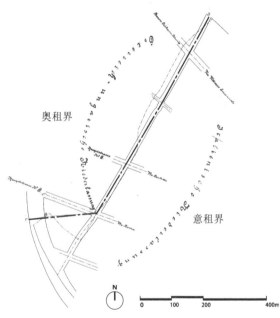

图3-15 奥租界与意租界边界变更示意图，推测为1913年绘制

图片来源：笔者摹绘，底图源自奥地利国家档案馆所藏地图。

---

① 尚克强，刘海岩. 天津租界社会研究［M］. 天津：天津人民出版社，1996：19.
② 天津档案馆. 天津租界档案选编［M］. 天津：天津人民出版社，1992：432.
③ 天津奥国租界合同［A］. 奥地利国家档案馆.
④ Beilage 2 ad XXX/adm［A］. 奥地利国家档案馆.

3.1.7 近代天津租界边界划定原则

综上所述，近代天津租界边界的划定原则大致可以归纳为以下四点：

（1）临海河沿岸或铁路沿线。贸易与交通便利是租界选址的重要考虑因素。天津所有租界在设立时均选择沿海河地段（英、法、德、日租界位于海河西岸，俄、比、意、奥租界位于海河东岸），由河岸线组成其边界的一部分；海河东岸修建了老龙头火车站以后，位于东岸的四个租界均力图靠近铁路沿线划界。其中俄、意、奥租界均有边界沿铁路线或铁路局产业。比租界虽最终划定时未能实现与铁路相接，但其"预备租界"边界一直拓展至铁路。

（2）沿土墙（或墙子河）。土墙与墙子河作为近代天津的防御工事，本身形成了一种人造地理分隔。如日租界、德租界扩张界、英租界扩充界及法租界扩张界在划定时均沿土墙（或墙子河）设界。

（3）沿已有道路或地块边界。部分租界在划定边界时会选取已有道路、地块（或其他租界）的边界为界，这种划定方式可以保证边界土地所有权的完整，减少土地纠纷。有些自然形成的道路曲折复杂，作为边界不利于界内土地的开发建设，如意、奥租界之间的边界，以后又做了重新调整。

（4）以特定点、线为参照，用几何方法划界。当租界区域周边没有明显的地理分界线时，用几何方法确定边界最为简单有效。英、德、奥等租界均曾选取特定地点（如树木、桥梁、道路交点、已有租界边界点等），通过连线等方式划定租界边界；此外，英、法、日、比等租界在划界时均沿已有道路线、河岸线等向某一方向延伸或拓展一定距离而形成边界。

通过对天津近代各租界界址划定、租界扩张及各租界间就边界问题协商过程的考证，我们得到了较为准确的天津近代各租界边界范围，将近代历史地图与现今地图相对应，[①]最终以现今天津市图为底图，以各租界最终边界为参照绘制完成天津租界图（图3-16）。

需要进一步说明的是，由于各国租界的边界发生过一些变化，以租界收回时的范围为最终边界；英、法租界有并未得到中国政府认可的扩张建设区域，未纳入租界范围；日、比等国还曾留有预备租界，也未计入租界范围；美租界虽未被中国政府正式认可，但习惯上称天津为九国租界，包含美租界，因此也把美租界纳入正式租界范围。

---

① 为了方便比较和识别，笔者在绘制租界边界图时对原历史图纸进行了一定的处理：首先将原图方向旋置为上北下南，然后将图中所绘的租界边界加重重绘，再根据图中注明的或其他文献中所明确记载的标志性节点标注在图上。这样在既不改变史料原始信息的前提下，又能够使历史信息清晰易辨。

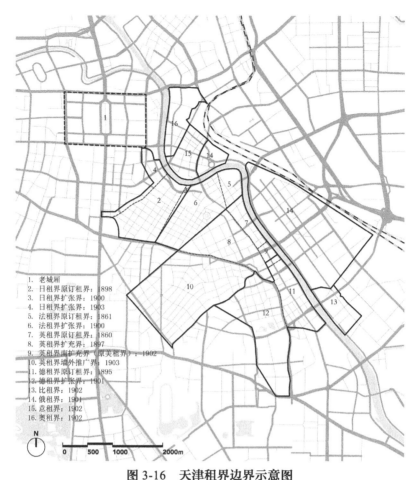

图 3-16 天津租界边界示意图
图片来源：笔者以天津现状地图为底绘制。

3.2 近代天津租界的土地制度与地籍管理

3.2.1 土地永租制度

租界作为供外国人居住生活和从事贸易活动的聚居地，在地理空间意义上，土地是租界的根本要件，土地制度是租界制度的核心之一。[①]因此，租界的土地问题是租界划定后首要面对的问题，对于土地制度的规定也是各租界早期建设法规中最重要的部分。近代天津各租界的土地永租制度通常在租界条款与早期租界基本法规中即得到确立，这也反映出天津租界的土地管理在租界设立之初就走向了法制化。

---

① 耿科研. 空间、制度与社会：近代天津英租界研究（1860—1945）[D]. 天津：南开大学，2014：73.

租界的永租制最早出现在上海的租界，脱胎于中国民间的土地永租制，却又与民间不同。在民间，租地人须在承租时先向业主交付一笔保证金，称作押租银、顶耕银、佃银等，承租后须在每年秋后向业主交纳年租。在租界的永租制中，"押租"通常称为"租价"，而"年租"通常称为"租税"。与民间不同，在租界，通常中国业主只收到了"租价"部分，每年的"租税"则由外国领事或租界当局交于中国地方官，并没有到业主手中。由此来看，土地一经出租，中国业主就与出租的土地在事实上割断了联系，虽然对外国人而言是永租土地，对中国业主而言却有如绝卖。①

费成康在《中国租界史》一书中认为，外国政府或商民在租界获得土地的方式可从两个角度来理解：一是"从外人获得何种土地权的角度来看，外人系通过永租、购买及无偿占有等三种方式来取得租界土地"，二是"从租赁关系当事人的角度即谁向谁永租直至购买的角度来看，外人系通过'民租''国租''部分国租'及'民向国租'等四种方式来取得租界的土地"。②

上述"从外国人获得何种土地权的角度"进行分类并不完全适用于近代天津租界。虽然天津的日租界条款中出现了"收买""永租"二词并存的状况，意、奥、比等国租界条款中出现了土地"购买"的说法，③但值得注意的是，这些租界的土地均须由相应国家领事馆于每年的固定时间收取土地租税交付中国政府。另外，按照天津各租界条款中的规定，"无偿获取"的土地也只是免于外国政府向中国政府支付地价，土地租税仍须按时向中方交纳。"购买"与"无偿获取"这两种土地获取方式在本质上与租界土地的永租制是相同的，均包含一次性支付的"地价"与由外国领事馆负责每年向中国官方交纳"地税"两部分，只是"无偿获取"的土地可免于支付地价。因此，天津各租界的土地制度均为永租制，土地获取方式只在租赁关系上有所区别。

"从租赁关系当事人的角度"来看，天津各租界的土地永租制有"国租""民租""部分国租"三种方式，不包含"民向国租"（表3-3）。④下文将按照这一分类方式对天津各租界的土地永租制度进行论述。

---

① 需要指出的是，由于"租税"的存在，天津租界土地永租的性质为租赁而非买卖，外国人并没有完全享有租界土地的所有权与处分权。
② 费成康. 中国租界史[M]. 上海：上海社会科学出版社，1991：93.
③ 天津档案馆. 天津租界档案选编[M]. 天津：天津人民出版社，1992：192，397，437，474.
④ "民向国租"是指在划定租界界址后，先由中国官府收购界内全部土地，再以外国商民陆续向中国政府租地的方式，租借土地的当事人分别为中国政府与外国商民。采用这种方式的，只有苏州、杭州、重庆三地的日租界。参见费成康. 中国租界史[M]. 上海：上海社会科学出版社，1991：92.

天津各租界土地获取方式、地租及地税比较　　　　　　　　　　　表 3-3

租界	土地获取方式	土地租价	土地租税
英租界	原订租界：国租 扩充界、南扩充界、墙外推广界：民租	原订租界：每亩银30两 扩充界、南扩充界、墙外推广界：凭公给价	原订租界：每亩钱1500文 扩充界、南扩充界、墙外推广界：未见数目规定
法租界	民租	原订租界：每亩银30两，沿河地块每亩多付银30两存收领事馆 推广界：未见规定	原订租界：每亩钱1000文 推广界：未见数目规定
德租界	原订租界：国租 推广界：民租	原订租界：每亩银75两 推广界：公平议价	原订租界：每亩钱1000文 推广界：按英国新界章程完纳数目办法一律
日租界	民租	原订租界：按照时价议立公平价值 推广界：公平议价	原订租界：每亩钱1000文 推广界：未见数目规定
俄租界	部分国租	一等地每亩银180两，坑地减银45两；二等地每亩银80两，坑地减银20两；三等地每亩银40两，坑地减银15两；四等、五等地俟用时定价	照他国租界章程一律办理
意租界	部分国租	公平购买，照日本租界价值减一成议给	每亩钱1000文
奥租界	部分国租	按意国租界章程办理	每亩钱1000文
比租界	部分国租	分等级议价，总价银45000两	按英、法、俄、德租界章程办理

资料来源：笔者整理绘制，参考近代天津各租界条款内容。

3.2.1.1 国租

"国租"是指由租界开辟国向中国政府租借整片土地为专管租界，再由该国将界内土地分租给本国商民及别国商民的方式，租借土地的当事人为中外两国政府。近代天津以"国租"的方式获得土地的租界包括英租界原订租界与德租界原订租界。

（1）英租界原订租界

天津英租界原订租界由英国政府向中国政府租借，属于"国租"。按照咸丰十年（1860年）十二月二十四日英国公使给中国政府照会中所述，"本大臣意见，不如查明津县地丁原册开注若干后与贵国立契永租，按照完纳"，且"嗣遇本国官民欲租该地起屋，应给该业户银三十两为租地正价，外加银十两作为赔补迁移之费，其原有房屋及基址当另议明赔项"。值得注意的是，英国政府并非一次性支付天津英租界内全部土地地价及一年租金给中国政府，而是"……必待开河，商船到后，勘明某段应用，某段仍为备用闲地，先将现用之地租价交清"，①而暂时不用的土地并不支付地价和租金，待日后使用时再付。

实际上，英租界原订租界内地亩由英国分三次租定。同治四年（1865年）十二月二十三日，三口通商大臣崇厚奏报总理衙门称，英国"三次共租紫竹林地四百二十五亩八分五厘五毫六忽"，除去英国驻津领事孟甘（J.Mongon）所要求的"紫竹林一带地亩现在各洋行之外道路已成中外来往之路，似可勿庸交租"，按照每亩1500文的租税，英租界"实计现用地四百一十二亩六分五厘八毫，每年应交租价制钱六百一十八吊九百八十七文"。②

英租界原订租界的土地租税每年由租地人交付英国领事，由领事统一交于中国政府。1867年颁布的《英租界土地章程》中明确规定"租地人等每年应缴之中国地税每亩1500文应于每年9月30日后的21日内交与英领事"。③

（2）德租界原订租界

除英租界外，天津德租界原订租界的土地获取方式亦为"国租"。1895年《德国租界设立合同》中明确了德租界的租地方式及地价，其中第9款规定"租界内各房地系德国国家向中国国家租定"，第10款规定"租界内各地不论坐落何处，德国领事每亩均按七十五两给银，由中国官发给收单"，第14款规定"地价付清后，应由地主各按租出地亩写立永租与德国地契，载明四至、亩数、长短、宽窄，呈由中国地方官盖印，汇送德国领事官收存"。④虽然德租界在划定时同英、法租界一样规定了统一的地价付与中国，然而租界内土地价值有高低之分，实际上在向原地主付给地价时由中国政府补齐差价，最终"多者每亩给银二百两，少者每亩给银四十两"，导致中国政府最终垫赔数十万两白银。⑤这一次的损失让中国政府意识到租界统一地价绝不可取，此后天津租界开辟时，均不再采用统一租价，而是多按照土地状况、所处位置及时价等公平议价。

关于德租界的土地租税的收缴，《德国租界设立合同》第15款规定，"租界之地，德国领事按每年亩向中国国家完纳钱粮制钱一千文。按照法国租界条款，于每年十二月十五日将来年应付租钱由领事官照数送交天津县衙门收解。自立契交地之后，即行完纳。未立契交地者，不能先完"。关于租界内各房屋的售卖价值，合同第11款规

---

① 天津档案馆. 天津租界档案选编 [M]. 天津：天津人民出版社，1992：5-7.
② 咨报查明紫竹林往来行走之地孟领事请免交租由 [A]. 台湾"中央研究院"近代史研究所档案馆，01-18-006-03-001.
③ Tianjin Local Land Regulations and General Regulations [M]. Hong Kong: Printed by D. Noronha, printer to the government, 1867. 英国国家档案馆，FO371/34.
④ 天津档案馆. 天津租界档案选编 [M]. 天津：天津人民出版社，1992：161-165.
⑤ 同上：327.

定"中国官与德国官各派委员会同商办。惟拟定价值照从前法租界当时所定房屋之章程办法一律","其房屋有较好者,应另行会估,公平给价,不得听从房主要价"。此外,德国须给搬家费每户银十两。①

3.2.1.2 民租

"民租"是指在中国官员与有关国家的领事等官员划定某一区域为专管租界或公共地界后,再由外国商民分别向界内中国业主永租直至购买土地的方式,租借土地的当事人分别为外国商民和中国业主。近代天津法租界、日租界、英租界扩张区域、德租界扩张界、意租界与奥租界均采用了"民租"的方式获取土地。

（1）法租界

法租界土地可由法国商民直接向中国业主租用,但租地程序须在中法两国政府官员的参与下进行。1861年《天津紫竹林法国租地条款》中规定:"法国商人每名租地以后,领事官立即照会本大臣,以便写立永远租契。开明姓名何人、租地多少、价钱若干、放假若干并搬费钱以及每年照完何数,详细开载,付该商永远为业。"关于地价与地税,该租地条款规定:"法国人等可租地基界内地基,其亩若在河沿地一块,应付原租价钱每亩六十两。其价一半三十两,领事官自己应付该地原主亲手收讫,取具收字。再一半三十两存收领事官署,以为将来该地法国商人可租地界上修造道路沟渠桥梁埠头等处工程,并巡查衙役工食。但法国人愿租后面之地块,不在河沿近处,租地价钱每亩只需三十两给原主。……法国商人每名租妥地基一块,将来应付每年每亩永远租钱两串文,于每年十二月十五日将来年应付租钱照数送领事官收存。其钱一半级系每一千之数,领事官送地方官入官,再一半留在署内,为将来修造道路沟渠桥梁埠头等工程并巡查衙役工食。"②由此可知,法租界虽然采取"民租"的方式,永远租契是由中国政府出具,且无论是地价还是每年须缴纳的地税都由法国领事统一收取,再将规定的数额相应转交给原中国业主或天津地方官府。

对比英租界,法租界原订租界地价同英租界原订租界一样为三十两,只是沿河地块须另付三十两给法国领事馆用以日后建设公共工程;地税为每年每亩1000文,但业主须另缴纳1000文至法国领事馆用以租界建设。可见法租界确立土地永租制的同时已经考虑到租界日后的建设经费问题。

值得一提的是,为防止地皮炒卖,法租界原订租界最初明确限定了法商所租用的土地面积大小。《天津紫竹林法国租地条款》中规定:"该地界内法国商人,每行可租之地只可租得一块,横直不得超过二十五亩之数。若有法行必须在二十五亩以外,应即具情呈明领事官,领事官会同本大臣考察清楚系何缘由,如实情理相符,方与照

---

① 天津档案馆. 天津租界档案选编[M]. 天津:天津人民出版社,1992:161-165.
② 同上:99.

办。"①曾对租地大小进行限制的还有苏州的租界，规定租地面积不得超过六亩。实际上，在经济利益的推动下，这一类规定随着租界的建设发展大都成为一纸空文。②

19世纪末期天津法租界正式扩张前，法租界当局就已开始在租界西侧的界外土地进行越界筑路并征收租税。此外，一些新教教会因与占据法租界内大量土地的法国天主教会存在竞争关系，很难在法租界内购买土地，只能在法租界外边缘地带租地建设教堂。③这些位于法租界外的租地行为均为"民租"，这类租地建设的活动最终推动了法租界的扩张。

（2）日租界

日租界设立之时，日本政府仿照法租界以"民租"的方式获取界内土地。1898年《日本租界条款及另立文凭》中规定，租界四至议定之后，天津地方官即会同日本领事官将界内房屋与地亩详细查明造册，"其收买付价之法，仿照前次法国设立租界章程，两国选择公正数人，按照时价议立公平价值"，这里的"收买"即为永租。对于日本租界的土地，日本政府并非一次性"收买"，而是规定"如非必要收买，则可许其照前居住"，计划收买的土地则"由日本领事官知会中国地方官，中国地方官即告知地主，令其立券自行呈日本领事馆照价收银"。④这里日租界土地永租关系的双方为代表日本政府的日本领事与中国业主。

对于日租界内土地的价格，中国政府吸取了德租界的教训，在随后与日本政府签订的《日租界续立条款及续立文凭》中对房屋与土地价格划分了等级："地价应分作四等。沿河民居之地为第一等，后十丈为第二等，腹心十丈为第三等，靠围墙十丈为第四等。除第一等外，其二、三、四等中之地，每等中再分为高地、平地、洼地、坑地四等。""房价宜分作四等。门面市房为第一等，在二等地段内者为二等，在三等地段内者为三等，在四等地段内者为四等，仍按照砖、瓦、草、灰，大、小、新、旧核估其价，亦由两国邀公证人评定。"⑤日租界的土地租税由日本领事馆按照每亩钱1000文于每年十二月十五日向天津县衙门交付，且日本领事馆只交纳其已买之地，未买之地由地主自行纳税。

1903年日租界扩张，中日政府所签订的《天津日本租界推广条约》对日租界扩张界内中国人的土地房屋所有权及公用土地的获取进行了规定："在推广租界内，中国人民悉应遵守租界规则，即准其在界内居住，所有房屋地基仍准作为自有之产。惟遇有修筑道路以及租界内居民各项公用，须将房屋拆毁并收买土地之时者，日本领事馆

---

① 天津档案馆. 天津租界档案选编［M］. 天津：天津人民出版社，1992：100.
② 费成康. 中国租界史［M］. 上海:上海社会科学出版社，1991：98.
③ 李天. 天津法租界城市发展研究（1861—1943）［D］. 天津：天津大学，2015：36.
④ 日本租界条款及另立文凭［A］. 日本外务省史料馆，B12082544800.
⑤ 天津档案馆. 天津租界档案选编［M］. 天津：天津人民出版社，1992：194-195.

随时会同中国地方官按照时价，议定公平价值收买，该业主等不得稍有异议。"①可见日租界扩张界延续了原订租界的土地永租方式，即中国业主可继续持有界内土地，在日租界当局需要土地时由两国政府公平议价后进行"收买"。

（3）英租界扩张区域（扩充界、南扩充界、推广界）

在英租界正式扩张之前，已经出现了不少位于租界外的"民租"案例。最初在界外租地的多为英美传教士，所租土地"大半作为传教堂及坟茔之用"。虽然1866年《英国领事区章程》详细规定了英国人在租界外租地的办事程序，但因为程序繁复，很少有人照章办事，"界外私相售卖者往往契内捏写内地民人堂名或姓氏，并不报名领事馆，接照中国税契过割输纳地粮"。为此，英国为加强对英国人在界外租地的管理，英领事孟甘奉英国公使之命发布晓谕"英人如有私相售卖捏不报明者，将来均不足凭系"。②1867年，英领事孟甘照会三口通商大臣崇厚，送来传教士韦理在紫竹林庙后租地契纸，"请饬天津县盖印"，并"请将如何交租之处定明照复"。关于该项土地租税，因其位于租界之外，不能照租界章程办理，英领事"意欲照中国民人地粮数目完交"，但崇厚认为如此一来"则中国税契差徭等事外国人断不能照办"，最终决定"每亩每年令其交官租制钱五百文，由天津县兑收"。③借此机会，中方定议此后所有外国人在租界外租用土地，均须按照每亩500文制钱之数写立永租契据以杜绝私相售卖，对租界外的"民租"土地进行管理。

时至19世纪七八十年代，英租界工部局开始在原订租界之外向中国地主租用土地，在获得租界外土地永租权后转租给英国商民使用，通过收买并分租土地的方式将租界外土地纳入其管理范围并获得收益。在这一土地租赁关系中，英租界工部局扮演了类似原订租界土地获取过程中英国政府及英领事的角色，只是租赁关系的另一方为中国业主而非中国政府。

自19世纪末期开始，英租界先后经历了三次扩张，其扩张租界内的土地获取方式为"民租"，即英国政府不再统一租借界内土地，而是由英国商民自行向民间租地。1897年英租界第一次扩张时，津海关道李岷琛发布的《新议英拓租界章程》中规定，在英租界扩充界内"华人自有之地系华人产业，然需遵守英工部局章程"，"愿租与洋人者，凭公给价"。④1903年1月13日，津海关道与英领事为英租界墙外推广界会衔告示中亦指明"现在界内所有华民房屋仍归业主管业"，"出示之后，凡界内买卖地

---

① 天津档案馆. 天津租界档案选编[M]. 天津：天津人民出版社，1992：200.
② 紫竹林租地事于可界外之地业议定租价以免私相售卖[A]. 台湾"中央研究院"近代史研究所档案馆，01-18-006-03-004.
③ 英国教士请在紫竹林租地如该国公使照会前来请定议示复[A]. 台湾"中央研究院"近代史研究所档案馆，01-18-006-03-002.
④ Land Regulations of the British Municipal Extension, Tientsin[M]. Tientsin: The Tientsin Press, 1898.

产，先投总领事衙门挂号"，"其界内民产，凡遇英工部局购取为道沟一切工程之用，须按市价出售，毋许争索，致干咎戾"。①由于英租界扩充界土地广袤，采用"民租"的方式可以避免英国政府一次性付清地价带来的财政压力，租界当局得以将资金更多地投入到公共工程的建设中，更为有效地推动租界建设发展。

对于扩张区域的土地租税，1898年《天津英租界扩充界土地章程》中第8条规定"每个业主、菲租者或承租人均有责任向中国政府支付地租"。按照1902年《英租界合并计划草案》中的规定，英租界原订租界内的土地每年每亩1500文租税交与英国驻津领事，扩充界、南扩充界和墙外推广界内"民租"土地则将租税交与中国政府。在1918年《驻津英国工部局所辖区域地亩章程》中，规定扩充界、南扩充界及推广界应纳中国政府的地税由工部局向各地主收取，一并汇缴中国政府。

（4）德租界扩张界

德租界土地的永租方式一直以英租界为参照。1901年天津德租界实施扩张，其扩张界仿照英租界扩充界的管理办法实行"民租"。对于扩张界内土地，德租界当局按需要租用土地，暂未租用的土地仍归中国民间执业，惟不可私自卖给他国洋人，且土地租税亦按照英租界扩充界办法进行，正如《德国推广租界合同》第3款规定："新租地界中国官管辖之时，归中国官征收钱粮。俟德国买地之后，应将所买之地完纳钱粮，按英国新界章程完纳数目办法一律"。德租界推广界土地的地价则按照土地位置与土地类型来确定，"新租界内房地一切，中国允准德国有购买之权。……买地时德国、中国派员会同踩勘。至于兴筑铁路及车站所用之地，如可以提水之园地及有房之地，每亩给价应不过七十五两；无水之园地及好熟地每亩不过五十两；不好之熟地每亩不过二十五两。其余应用之地俟应用时公平议价。买房价值按都统衙门章程给价。……其德国不用之地，亦照英国新界章程听民间执业。但民间不得私自卖给他国洋人，致德国日后用地时有所窒碍"。②

（5）意租界

1902年津海关道唐绍仪与意大利驻华公使嘎厘纳签订的《意国租界章程》中，第5款对意租界的土地获取方式规定如下："界内所有中国业主，必持有整齐照例契纸均可照常存业。惟意国执掌其权，无论何时，每次自行酌定，现有公用或有利于蠲除邪秽，或因意商会集租界兴旺之故，均可听其将界内各产业随时公平购买。所有房地之价，自行与业主商议。其地段本系居民周[稠]密之处，其地价、房价应照日本租界价值减一成议给，按照租界工部局自行分定应归何等何类定价。其界内意国不用之地，仍准民间执业，任便买卖，但不得卖于他国洋人营业。倘欲或租或典或押与他国

---

① 天津档案馆. 天津租界档案选编[M]. 天津：天津人民出版社，1992：19.
② 同上：173-174.

洋人，于未经意国租界工部局允准之前不得租出或典或押。至购业时，俟将价值付清后，仍准业主暂住，由付价之日起，限六个月腾空交出。若彼此另有商法，亦可办理。"①由此可知，意租界当局可根据租界发展需要向中国业主永租土地，属于"民租"，其余土地仍准中国业主执业或买卖。

对于意租界土地租税，《意国租界章程》第12款规定，"所有此次订立租界地址，应按照他国租界所定章程，每亩交纳钱粮制钱一吊②，交地方官收解"。1908年的《天津意租界土地章程与通用规则》中"土地章程"部分规定，意大利租界的所有地产主和土地承租人每年必须预付税金每亩1.5两，以便向中国政府交纳朝廷年租。③

（6）奥租界

奥租界的土地永租制度参照意租界确定，亦采用"民租"的方式。1902年中奥签订的《奥租界合同》中第3款规定，"界内中国所有业主如果有整齐照例红契，均可照旧存业。惟或系因公用或用以兴旺租界，或有利于低档污秽，奥国有权可以将此地购买。至房价地价应按义［意］国租界章程办理，按照租界工部局自行分定应归何等何类定价，其界内奥国不用之地，仍准民间执业，任便买卖，但不得卖与他国洋人管业。倘欲或租或典或押与他国洋人，于未经奥国租界工部局允准前，不得租出或典或押"。奥租界内地亩每年所须缴纳的租税亦与意租界相同，为每亩制钱一吊。④

3.2.1.3 部分国租

"部分国租"是指在划定租界界址后，租界开辟国政府只向中国政府租借部分土地，而不是租入全部土地的方式，在这些租界中实际混杂着"国租"和"民租"两种租地方式。造成这种情形的原因主要有两个：一是在租界划定之时，界内已经有部分土地由别国商民以"民租"的形式获得，租界开辟国只得租借余下土地；二是租界开辟国出于自身利益与租界发展考虑，只能以"国租"方式获取界内部分土地，余下土地则采用"民租"。

（1）俄租界

1901年俄租界划定时，界内已经有其他国家的洋人、洋行"民租"所得土地，包括太古洋行、仁记洋行、开平矿务局等（图3-17）。按照中方草拟的俄租界合同，租界内各洋人已买之地仍归各洋人执业，即维持原"民租"形式，其余地亩按照所处位置分作五等，由俄国出价永租。前三等土地每等又按照平地与坑地之分订立两种地亩价格，由俄国先行租用，四、五等地暂不租用，俟用时定价。租界内已有房屋"分瓦房、灰房、土

---

① 天津档案馆. 天津租界档案选编[M]. 天津：天津人民出版社，1992：397-398.
② 即钱1000文。
③ 刘海岩. 天津租界市政法规选[J]. 近代史资料，1998（93）：116-166.
④ 天津档案馆. 天津租界档案选编[M]. 天津：天津人民出版社，1992：437.

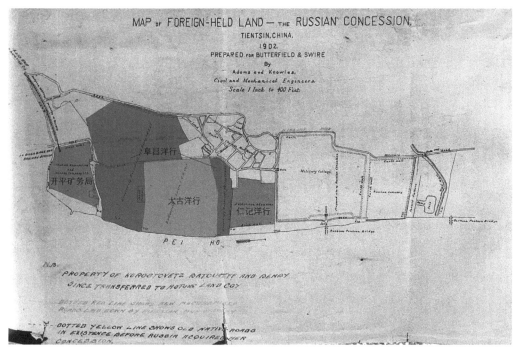

图 3-17　俄租界内外国人所有土地示意图，1902
图片来源：英国国家档案馆，FO228/2290，笔者标注。

房，定明价值，现时仍听民间居住，俟用时付给房价饬令迁移"。对于土地租税，上述合同规定"界内之地，每年应在天津县署缴纳钱粮，亦照他国租界章程一律办理"。[①]

除俄租界内原有的"民租"土地，租地资金的限制是导致俄租界内土地"国租"与"民租"共存的另一原因。俄国政府租借俄租界土地的资金来源于华俄道胜银行的贷款。俄国驻津领事、李鸿章委派的代表及华俄道胜银行代表就俄租界开辟之事谈判时，该银行代表首先限定出资10万两。因此，在俄租界5000余亩的土地中，俄国只得先租用位置较好的头三等土地767亩，共计地价银52186两，房价与搬迁费银28000两，于1905年末陆续发给中国业主。[②]

（2）比租界

同俄租界类似，比租界开辟前已有德国商人在此以"民租"的方式租地建房，比租界设立后，这一部分土地房屋仍归德商执业，其余界内所有土地房屋由中方租界委员代为购买立契，交于比国驻津领事收执。经过租界委员与比国领事勘察，比租界内"共约地六百数十亩，内除洋商信义行、顺全隆地一百数十亩，下余之地约五百亩以

---

① 天津档案馆. 天津租界档案选编［M］. 天津：天津人民出版社，1992：331.
② 钱道镛咨天津俄国租界各情形并造送图册由［A］. 台湾"中央研究院"近代史研究所档案馆，02-11-011-02-004.

上，分作三等：一为庄基地；一为平地；一为水坑地。议明比国总出银四万五千两，由租界委员会同本地绅衿酌定价值。界内有民间已盖之屋，仍准民间暂为居住，俟用地时在六个月以前知会迁让。其拆屋费统于知会，让屋时由领事官会同地方官公平议给价值，不令民间吃亏，其屋料仍归民间自用"。①

至于比租界内土地租税，1902年《比国租界合同》中规定"每地一亩按英、法、俄、德租界章程，每年在天津县署交纳租费"。考虑到比租界设立之时其界内已有德国洋商购买的两段土地，合同中特别规定界内别国洋商地亩租费亦归比国领事官一并收齐交纳。1912年，比利时政府将比租界土地交由比租界公司经营，该公司每年须提前向比国领事交纳应付给中国政府的土地租税每亩1000文，并向租界当局交纳房地产捐税等各项税款。②1923年《天津比租界临时工部局市政章程集》发布，改由比租界临时董事会负责收取每年应交于中国政府的土地租税。③

3.2.1.4 土地的无偿获取

大多情况下，天津各租界的外国人须付给土地原业主相应地价以获取土地，此外也存在无偿获取土地的情况，这里的"无偿获取"又可分为两种情形："无主之地充公"与"官地无偿交付"。

（1）无主之地充公

庚子事变造成天津诸多地区屋毁人亡，许多土地一时成为无主之地，此后开辟及扩张租界的各国趁机将租界内这类土地直接据为己有。如1902年俄租界开辟之时，中俄商定，在会同出示三个月内，位于租界内的各户须"到局指丈地亩领取租价，逾期将地充公"。④同年签订的《意国租界章程》中第6条规定，"若租界内有无主之地，或不知业主之业，由意租界当局发出告示，若十二个月后无人投报，意租界工部局可将此业充公"。《奥租界合同》中也有与意租界同样的规定。类似的情形也出现在英租界墙外推广界，1903年1月13日津海关道与英领事发布推广租界告示中，规定"界内无主坑沟由工部局作价充公，日后业主寻认，即可按作价与之，概不与息"。⑤

（2）官地无偿交付

官地无偿交付是指租界内原中国官地无偿交于外国政府免付地价。这一情形最早出现在1895年天津德租界建立时，《德国租界设立合同》中规定，"中国允将租界内中国国家之地让与德国，无庸给价"。至庚子事变后，1900年10月11日，俄国驻华公使

---

① 天津档案馆. 天津租界档案选编［M］. 天津：天津人民出版社，1992：474.
② Moniteur Belge – Journal Officiel – Staatsblad［A］. 日本外务省史料馆.
③ Conseil Provisoire de la Concession Belge de Tientsin Recueil des Reglements Municipaux 1923［M］. Tientsin: Tientsin Press，Ltd.，1923. 法国南特外交部档案馆，961PO/1-7.
④ 刘锦藻. 清朝续文献通考（十通第十种，第四册）［M］. 北京：中国青年出版社，1955：10915.
⑤ 天津档案馆. 天津租界档案选编［M］. 天津：天津人民出版社，1992：20.

格尔思向俄国政府发密电称俄租界应"尽可能将中国官地划在其中，官地的出卖可以作为建设租界的资金，能使租界和天津英法设备完善的租界相匹敌"。①清政府最终向沙俄妥协，将俄租界内的中国官地无偿让与俄国。②为求利益一体均沾，随后设立的天津意租界与奥租界也向清政府提出了同样的要求，并最终获得允准。③

通过无偿占有获得租界土地的方式，外国租界当局极大地减少了其在租界建设中的初期投入，并且可以通过售卖无偿获得的土地进一步获得发展租界的资本。这也使得较晚建立的天津俄、意、奥等租界可以在各自政府有限的资金投入下迅速发展起来。

3.2.2 土地登记

3.2.2.1 英租界

英租界设立后，英国驻津领事负责将通过"国租"获得的租界土地分租给英国商民，并管理租界内土地的转让行为。英租界历年颁布的租界法规也对租界土地的登记方式进行了详细规定。

英租界原订租界土地的登记工作在英国驻津领事馆完成。1863年《天津埠地方章程》规定，英租界土地的转让行为应于转让发生的一个星期内在英国领事馆登记。1867年颁布的《英租界土地章程》中第3条进一步规定"界内全部地块（皇家）租契原件由英国驻津领事馆留存；任何关于所涉地块之一部或全部之转移必须由当事双方或其授权代理人在一名领事馆官员见证下达成，且须在一个月内至领事馆注册登记，逾期处百元以下罚款"。英租界原订租界早期土地登记册中的登记内容主要有以下三部分：①每年各地块所有权归属情况（包括土地编号、土地业主姓名、租税金额等）；②当年发生的地权转移情况（包括土地编号、日期、土地归属的新业主姓名等）；③单个地块地权转移的详细情况（包括历次地权转移发生日期及双方姓名、土地编号、土地四至、土地面积、土地价格、契约内容及领事签章等）（图3-18）。

1897年英租界第一次扩张时，界内土地最初也于领事馆登记，津海关道李岷琛发布的《新议英拓租界章程》中规定"自示之后，凡界内居民买卖地亩，须赴英领事署报明买于何人"。但是很快英租界扩界的土地管理工作就交由英租界工部局承担。1898年的《天津英租界扩充界土地章程》第4条规定，扩充界内土地的所有权

---

① 张蓉初. 红档杂志有关中国交涉史料选译［M］. 北京：生活·读书·新知三联书店，1957：249.
② 费成康. 中国租界史［M］. 上海：上海社会科学出版社，1991：90.
③ 1902年津海关道唐绍仪与意大利驻华公使嘎厘纳签订的《意国租界章程》中第3款规定"该租界内一切官地，中国国家均行让给意国专为永业，无庸给价"。1902年《奥租界合同》中第2款规定，"该租界内一切官地，中国国家均行让给奥国专为永业，无庸出价"。参见天津档案馆. 天津租界档案选编［M］. 天津：天津人民出版社，1992：437.

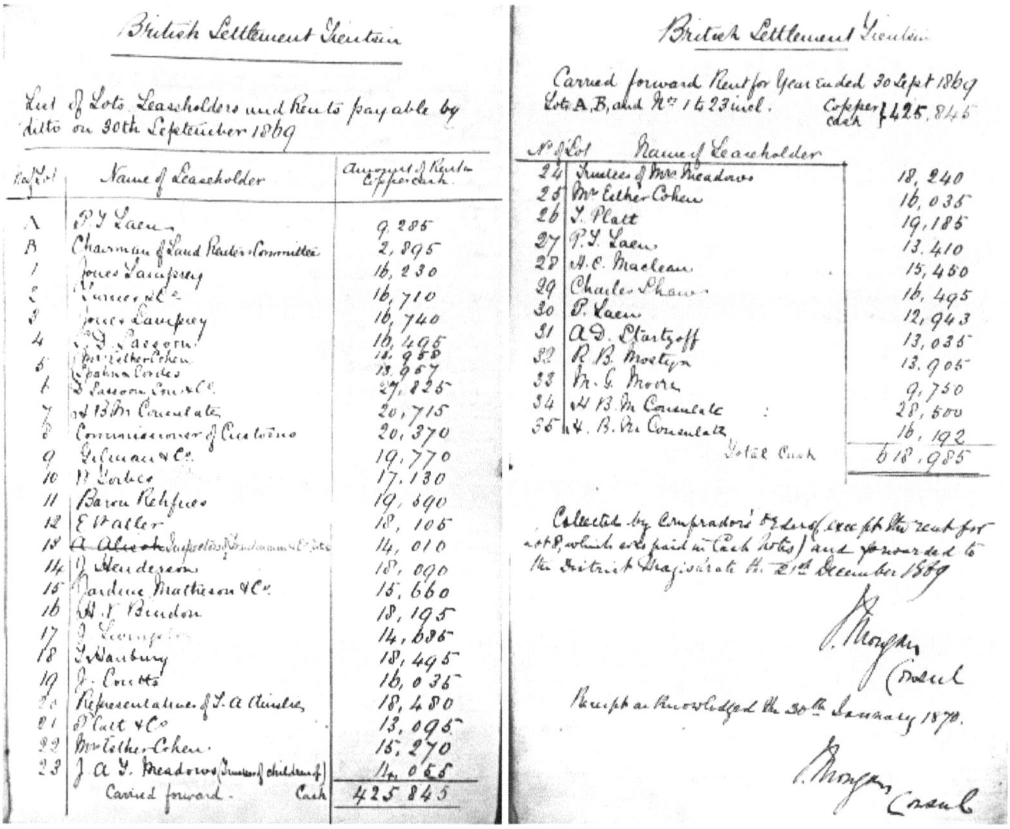

图 3-18　天津英租界原订租界土地登记册内页，图为英租界1869年各地块归属情况及当年地权转移情况

图片来源：英国国家档案馆，FO680/31.

和菲租权均应在工部局登记，1897年3月31日津海关道所发告示之后的所有地权转移也必须在工部局登记。工部局的登记官负责核实包括地亩面积、土地四至等地产详情。

1902年《英租界合并草案》中第49条对租界区域内土地登记制度进行了统一规定，内容有以下八项：

（1）所有英租界内土地的所有权均须在市政办公室登记（Municipal Office，即英租界工部局），由市政工程师（Municipal Engineer）、土地测量员（Surveyor）或董事会指定的其他人测定后登记在市政地图上。

（2）一切必要的调查费用由业主支付，未开发土地每亩不超过3两，有建筑物的土地每亩不超过5两。

（3）租界内一切土地转让行为均须登记于市政登记簿（Municipal Register）；

（4）登记费用由业主支付。

（5）未按要求进行土地登记的业主或地权转移登记的新业主将被处以罚金每六个

月不超过100元。

（6）所有租界区域内地产因抵押所负债务，无论是法律性质还是公平办理性质，均须按照中国土地抵押现行章程登记，否则此项抵押在判决时不享有优先权，或与抵押前的一般合同相比不享有优先权。

（7）市政办公室保存有准确的地图与平面图，这些地图与地籍登记册开放付费查阅。

（8）所有地契均须获得其所有者所属国家领事认可后方能登记。

依据这一草案，英租界当局计划在租界合并管理后将包括原订租界在内的整个租界区域土地登记事宜全部交由工部局管理。然而，英租界未能在这一时期顺利合并管理，这一章程草案也因此搁置。

至1913年英租界工部局颁布《条例与市政信息手册》时，英租界原订租界与扩充界的土地登记事宜依然由领事馆与扩充界工部局分别管理。这一法规规定，原订租界内的地权转移和地产抵押均属于英国驻津总领事馆管理，并且须在领事馆登记，无需在英租界工部局登记；扩充界内的土地转移须在扩充界工部局登记，扩充界内土地抵押不强制登记要求，但建议在扩充界工部局进行登记。只有满足下述条件的地籍登记才有效："①关于外国业主购买或售卖土地，地契必须已经在相关外国领事馆登记。②关于中国业主购买或售卖土地，必须获得中国政府的正式签署。③对于英租界工部局颁发的'菲契'，所有的地权转移行为必须经过英租界工部局签署。"此外，工部局工程处存有租界内所有地产的完整调查记录，这些资料可于办公时间内在市政办公室查阅，并可付费进行复制。[①]

1918年英租界四界正式合并管理后，英租界工部局开始对租界的土地登记进行统一管理。1918年颁布的《驻津英国工部局所辖区域地亩章程》第47条重新对租界土地登记进行了规定，该条款包含了1902年《租界合并草案》第49条（1）~（6）款内容。该条款亦对原订租界以外租界区域的地契发给进行了统一规定：扩充界、南扩充界和推广界内的土地业主可将当前地契交与工部局，工部局接受此项地契后，当请英国总领事函知中国政府发给正式地契，此项正式地契应以工部局名义在英国驻津总领事馆登记。登记之后，工部局应按照各地主原有地亩发给永租地契的副契，其期限及条件须与中国该管机关所给正式地契内所载相同，并附详图注明双方已相互认同土地面积因公共工程建设所需的更改。这些由工部局发给的地契须要由英国驻津总领事会签，作为扩充界、南扩充界及推广界土地所有权的依据。

此外，对于租界区域内的地权转移，1918年的章程规定除须在工部局登记外，还应由英国驻津总领事确认签字，地权转移登记的期限由1867年章程中规定的1个月

[①] Hand Book of Bye-laws and Municipal Information [M]. Tientsin: Tientsin Press, Limited, 1913: 38.

改为14天,逾期罚按照14日为一期、每逾期一期处以100元以下罚金计算。这一规定同样出现在1922年出版的《英租界市政信息手册》中。①也就是说,这一时期英租界原订租界内的地权转移须同时在英国驻津总领事馆及英租界工部局登记。直至1930年,英租界当局对原1918年章程第47条进行修订,仅规定地权转移须在工部局登记,去掉了英国驻津总领事会签的要求。按照这一条款,英国驻津总领事应将租界土地登记管理全部放权给工部局负责。然而实际上,英国档案馆保存的"天津土地登记册"(Tientsin Land Register)中显示,直至1941年英租界的土地登记仍有英国驻津总领事会签(图3-19)。可见虽然英租界的管理体制有很强的自治性,但其最根本的土地问题须有英国领事参与把握。

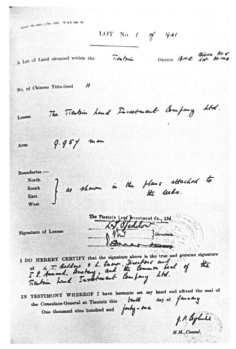

图3-19　1941年英租界土地登记册内页
图片来源:英国档案馆,FO680/46.
附注:该土地登记册内页所登记的地块位于英租界扩充界5号街区、114B地块,登记者为英商先农公司,可以清楚地看到先农公司及英国驻津总领事签章。

3.2.2.2 法租界

在领事专权的法租界,界内土地须在法国领事馆进行登记。法租界原订租界的土地在最初租与法国商民时即在法国驻津领事馆进行了登记,并由领事馆知会中国官府获得永租地契。1900年法租界扩张之时,法国领事于11月20日发布的通告,要求扩充界内的土地于领事馆进行登记,在法租界推广租界范围内,"凡在六月十七日(敌对行动开始之日)后签订的任何买卖契约均属无效。凡已于六月十七日前正式注册立契之土地业主须持契至法国领事馆核实登记。"②1901年3月,法国驻津领事再次发布告示要求扩充界内各土地业主"均于本年三月十三日起限一个月内各须携带印契赴法国领事府查明注册,若逾期限不到本署报名注册即将原契作为废纸"。③

法租界正式以租界法规的形式确立界内土地地籍管理制度是在1908年颁布的《天津法租界市政管理章程》中"土地制度"(Régime des Terrain)一节。该节对土地转让登记、土地抵押登记、外国人购地要求三方面进行规定:关于土地转让登记,所有

---

① British Municipal Council Tientsin. Handbook of Municipal Information [M]. Tientsin: Tientsin Press, Ltd., 1922: 32.
② 天津档案馆. 天津租界档案选编 [M]. 天津:天津人民出版社,1992:103.
③ 李天. 天津法租界城市发展研究(1861—1943)[D]. 天津:天津大学,2015:84.

土地所有权的转移都必须按照法国法律要求的形式在法国领事馆登记，且所有递交领事馆的登记都必须附带有法国市政部门代表签字的地块平面图；关于土地抵押，法租界内土地抵押贷款只能通过法国领事馆按照法国法律规定的形式登记；关于在法租界购买土地的外国人，这些外国购地者必须书面承诺遵守市政条例，并且遵从纳税人收税和征收土地相关的章程规定。

这些条款明确了法国领事馆在租界土地管理方面的绝对权力，即租界内所有的地权转移和土地抵押均须按照法国法律规定的形式在领事馆登记。然而，租界土地的永租制是一类特殊的土地租赁关系，法国法律中关于地权转移与土地抵押的规定极有可能并不适宜租界内的情形，只是土地登记制度确立初期的权宜之计。实际上，天津英租界等就规定其租界内土地抵押按照中国地方章程登记。对此，法租界也逐渐形成了适宜租界情形的土地登记方式，1921年《天津法租界市政组织章程》中规定"法租界境内的土地抵押贷款只能按照领事署令规定的方式在法国领事馆土地抵押册上登记"，而在1930年《天津法租界市政组织章程》中关于租界内地权转让登记的规定也变更为"按照领事署令规定的方式进行"。

除了确立法租界的土地登记基本制度，1930年《天津法租界市政组织章程》还对土地的转让程序作出了明确规定。进行土地转让时，出让者首先须向法国领事馆递交土地出让申请，并出示其原地契。领事馆的土地服务部门将核实递交给领事馆的地契中土地是否为该申请者所有。进而该申请被转交于巡警局进行调查，这一调查重点关注土地交易双方的个人情况与国籍、土地出让的原因及土地购买者对该土地的计划使用目的。若土地服务部门有足够的证据，巡警局的这一调查将不会受到时间限制。此后，领事馆土地服务部门将向领事递交关于该项土地出让申请的表单，表明核实与调查的结果，领事决定允准或拒绝下一步土地出让文件的准备工作。若领事允准，土地出让者将被授权准备出让文件并递交领事馆，这份文件须包括：①土地购买者承诺遵守租界章程（不同情况的购买者须填写不同格式的承诺书，法国购买者则不需此项文件）；②四份地契副本；③四份出让土地平面图纸副本；④土地出让者所持原地契副本。土地服务部门将核实该项土地是否进行抵押，若是，则须于地契副本中提及。进而土地服务部门将该出让文件传达于工部局秘书处，就以下三点进行备注：①市政条例的遵守；②公共与私人领域；③基于市政文件与土地登记册该土地出让是否正常。工部局秘书须尽快将其备注的文件返还领事馆土地服务部门，由其递交给法国驻津领事，领事决定允准或拒绝土地出让申请。土地出让的地契应在领事馆长期保存的土地登记册中登记。四份地契副本由土地服务部门分别交在土地出让者、交于土地购买者（这一份地契副本首页盖有红色"契纸正本"印章）、存于领事馆土地登记册、交于工部局秘书。同时，对于该土地的原地契，保留于领事馆的副本进行归档，保留于原业主的副本交于工部局秘书。（图3-20，图3-21）可见法租界的地权转移登记是在法

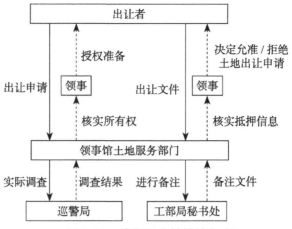

图 3-20 法租界土地转让程序

图片来源：笔者绘制。

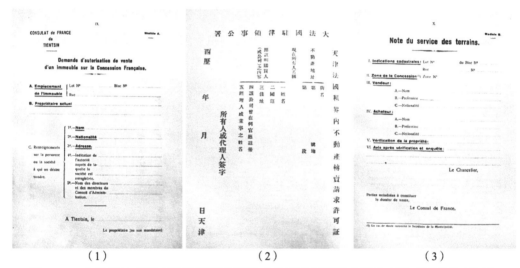

（1）　　　　　　　　　（2）　　　　　　　　　（3）

图 3-21 土地出让者递交给法国领事馆的《天津法国租界内不动产转卖请求许可证》（1）（2），及土地服务部门递交给领事的土地出让申请表单（3）

图片来源：Conseil d'administration Minicipale de la Concession Française de Tientsin. Reglement General de la Concession Française 1930 ［M］. Tientsin: Peiyang Press, 1930.

国领事馆主导下的一个极其严格且手续复杂的过程，也因此保障了法租界土地管理工作的准确性与有序性。

作为法租界的市政管理部门，法租界工部局会定期对租界内土地情况进行调查登记以便据此征收捐税。1912年的《天津法租界工部局行政章程》规定，由工部局工务处的道路测量师负责对租界土地登记。同年颁布的《天津法租界工部局市政章程集》中第Ⅵ节对土地登记的实施方式进行了规定。土地登记册由工务处保管，其包括四份文件：①法租界原订租界及扩充界的地籍平面图，标注地块业主及其地上建筑物；

②一份标注有土地估价的辅助平面图；③以上图纸的图例说明，按照地形顺序详细列出所有业主地产的面积及地籍估价；④由业主信息构成的土地登记册，包含原订租界和扩充界两部分。①在1916年颁布的《天津法租界工部局市政章程集》中，上述第三项文件内容中增加了所有业主的房产租赁收入。1921年颁布的新市政章程对法租界工部局的土地登记管理实施方式进行了修改，土地登记工作不再由工务处独立管理，而是由工务处和总务处共同负责，其中工务处的工作侧重于对土地建筑物与设备的实际建设情况管理，其负责保管的文件包括：①法租界各类平面图，标注建筑物及下水道；②各类平面图，标注地块面积及业主姓名；③一份标注有各个地块土地估价的平面图。而总务处的工作则侧重于业主与房屋的信息统计，其负责保管的文件包括：①上述平面图中各街区的说明册；②每一个业主信息的登记册，列出街区的登记信息作为地产捐税依据。

3.2.2.3 德租界

德租界的土地登记与转让均由德国驻津领事负责管理。1895年德租界设立时，《德国租界设立合同》中规定，德国付清地价后，租界地主应各自按照租出地亩写立永租与德国的地契，载明四至、亩数、长短、宽窄，呈由中国地方官盖印，回送德国领事收存。德租界原订租界的土地以"国租"的方式获取，所有界内土地转让均须在领事馆土地登记册登记。德租界推广界虽然为"民租"，但其土地的租用及交易也均处于德国领事管理之下，所有土地转让行为均须在德国领事的允准下立契。一份1907年德租界推广界的永租地契的契文内容表明，德商在永租德租界内地亩后，若未经禀明德国领事与津海关道，不得将该地亩转租与他人。②

3.2.2.4 日租界

日本驻津领事负责天津日租界的土地登记管理。日租界正式设立后，日本外务省于1898年7月8日发布省令第5号，对天津日租界内土地永租权登记进行规定："在天津帝国专管居留地内的土地永借权中原为受政府转让所得者，若无驻天津帝国总领事的许可不得卖与或让渡于帝国臣民以外之人"，且这一类土地买卖或让渡行为需要在天津日本领事馆登记后方可生效，日本驻津领事馆有权制定日租界内土地登记规则。据此，7月26日，天津日本领事馆就日租界土地登记事宜颁布第5号馆令《在天津帝国专管居留地内永借权登记规程》，这是日租界土地登记管理的专项法规。该规程共有十三项条款，其中明确规定"帝国臣民，受帝国转让的天津帝国专管居留地内土地永

---

① Conseil d'Administration Municipale de la Concession Française de Tientsin, Reglement Administratif [M]. Tientsin: Imprimerie Hsie-Ho, 1912. 法国南特外交部档案馆，961PO/1-7；李天. 天津法租界城市发展研究（1861—1943）[D]. 天津：天津大学，2015：76.
② 天津市房地产产权市场管理处. 天津历代房地产契证[M]. 天津：天津人民出版社，1995：109.

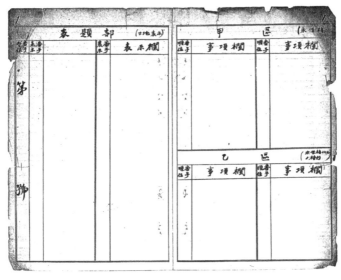

图 3-22　日租界领事馆土地登记册样张
图片来源：日本外务省史料馆，B12082546400。

借权①者，其本人或正规代理人应于天津帝国总领事馆提出登记申请"，"买卖或让渡本规定中永借权时，当事人双方或其正当代理人应亲自来领事馆提交足以证明让渡或买卖事实的材料，申请登记"，领事馆则须按样张制作土地登记册（图3-22）。该法规还对土地登记申请书包含的内容、填写方式、登记流程、手续费用等作出了规定。

由于日本国内并没有类似土地永租权的明文法律规定可以参照，上述法规只规定了日租界土地永租权的转让登记制度，而并非一般性质上的永租权登记法规，因而日租界土地的一般登记规则并不明晰。②为进一步明确日租界土地永租权的登记制度，1926年，日本外务省计划就天津日本租界内土地与建筑管理制度颁布新规，并废除1902年的《在天津帝国专管居留地内永借权登记规程》。新起草的领事馆令为《天津帝国专管居留地土地建筑登记规则》，要求所有拥有日租界内土地或建筑的人应携证明文件立即重新在领事馆登记。该法规内容包括土地登记申请方式、登记申请公示、土地登记变更申请、土地登记申请阅览等。其中较为特殊的一点为土地登记申请的公示，领事馆新受理土地登记申请时，应公示其申请事项摘要，利害关系人自公告日起三周以内可对其申请的登记提出异议。若有人提出异议，应告知申请人，申请人解决

---

① 即永租权，指永租土地的权利。
② 对比中国其他城市的日租界，只有汉口日租界于1909年颁布了《汉口帝国专管日本居留地土地及建筑规则》，将永租权视作所有权，将日本国内的不动产登记法适用于永租权登记。然而租界永租权有其特殊性，汉口日租界的做法并不能很好地解决永租权的登记问题。参见日本外务省史料馆，B12082546400。

纠纷后须立即上报领事馆继续登记程序。①

3.2.2.5 俄租界

俄租界土地登记制度的法制化最早出现在1903年颁布的《天津俄租界章程》中，主要包含以下两项规定：

关于土地登记，规定俄租界内所有的关于土地买卖的文件都应呈交俄国领事馆注册，并换取俄领事馆颁发的地契，所有的土地所有权转让文件都应于转让关系发生的一个月内呈交俄领事馆。

关于不同国籍人士在俄租界的土地购买与租赁行为。俄国人在俄租界内购买或租赁土地时须遵守俄国的房地产所有权相关法律。外国人有权购买或租赁土地，但须签署协议保证遵守俄租界内所有市政与警务章程。这一协议须得到相应国家的领事认可。

1912年，俄租界发布《俄租界工部局市政章程及条例》，其中关于土地登记的条款增加了对土地抵押登记的规定，要求"因土地抵押临时获得的土地所有权，须在获得所有权一个月内于俄国领事馆登记"。

3.2.2.6 意租界

天津意租界最早关于土地登记制度的法律为1908年的《天津意租界土地章程与通用规则》，其中"土地章程"一节中第1~3条对意租界的土地转让及登记进行了规定：

第1条关于土地购买人及承租人资格。所有意大利公民或加入意大利国籍之人均有权购买或承租意租界内土地。其他国家的公民，只有以其本人名义书面保证并有其本国当局正式担保，服从意租界所有章程与法规，才可享有同样的权力。

第2条关于土地转让。一切关于土地购买或租赁的契约原本均须保存在意大利驻津领事官。土地的转让必须在意大利领事馆进行，所有文件必须且应在土地买卖或转移发生之日起一个月内递交领事馆登记。

第3条关于土地登记查阅。土地勘测登记表将存放在意大利领事馆档案处，并可在办公时间随时查阅。土地业主在支付一定费用（每亩银一两）后可获得土地勘测登记表的副本。

与俄租界类似，意租界于20世纪10年代对土地抵押登记作出了规定。1913年，意租界颁布《天津意国租界土地章程及条例》，在旧有章程基础上增加了土地抵押登记的内容，要求土地抵押契约亦须于意大利驻津领事馆签署，并依据意大利的法律办理。

1924年颁布的意租界章程中，关于土地转让登记的程序要求有所宽松：若得到意

---

① 天津帝国专管居留地土地建筑登记规则［A］.日本外务省史料馆，B12082546400.

大利驻津领事的许可，可以不在意大利领事馆进行，而是由一位意大利籍的公证人起草契约并签字；于意大利驻津领事馆让渡册①内进行土地转让登记的期限也由一个月延长至两个月。此外，该章程规定所有与租界内不动产有关的租契应于签署后15天内在工部局秘书处（Secretariat）登记（图3-23）。在工部局进行不动产登记不同于领事馆的土地登记，其目的主要是便于税务部门统计并计算租界内房地产税额。

3.2.2.7 比租界

天津比租界在设立之初由比国领事负责土地交易管理。1912年比租界公司成立后，开始接手比租界土地的经营事务，但界内所有的地产买卖、交换或抵押行为仍须在比国领事馆进行。在比利时政府与比租界公司签订的合同中，明确规定比租界公司有责任在土地交易登记时，要求购得土地者作出一系列承诺，其中包括“在未得到比利时政府代表许可的情况下，不得将比租界内土地售予中国人”，“若其他国家的侨民想要购买比租界内土地，须书面保证并由其本国当局担保，遵守比租界内各项章程与条例”。②

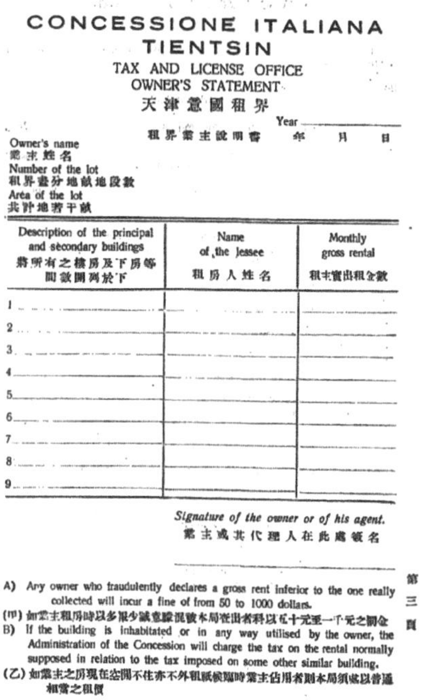
CONCESSIONE ITALIANA
TIENTSIN
TAX AND LICENSE OFFICE
OWNER'S STATEMENT
天津意國租界
租界業主說明書

Year ______ 年 月 日

Owner's name
業主姓名
Number of the lot
租界畫分地畝地段數
Area of the lot
共計地若干畝

Description of the principal and secondary buildings 將所有之樓房及下房等間數開列於下	Name of the lessee 租房人姓名	Monthly gross rental 租主實出租金數
1		
2		
3		
4		
5		
6		
7		
8		
9		

Signature of the owner or of his agent.
業主或其代理人在此處簽名

A) Any owner who fraudulently declares a gross rent inferior to the one really collected will incur a fine of from 50 to 1000 dollars.
(甲) 如業主租房時以多報少誠意隱混被本局查出者科以五十元至一千元之罰金
B) If the building is inhabited or in any way utilised by the owner, the Administration of the Concession will charge the tax on the rental normally supposed in relation to the tax imposed on some other similar building.
(乙) 如業主之房現在空閒不住亦不外租祇候隨時業主佔用者則本局須以普通租業之租價

第三頁

图 3-23　天津意租界业主说明书

图片来源：Municipio della Concessione Italiana Tientsin Regolamenti 1924［G］. 日本外务省史料馆.

3.2.2.8 奥租界

同天津其他各租界一样，天津奥租界的土地登记及土地转让均由奥国驻津领事负责管理。1908年奥租界颁布的《大奥斯马加国管理天津租界正要章程》中规定，任何人都可以购买奥租界内房屋土地，凡欲购买房屋土地者须呈递请愿于奥国领事馆审核，“倘蒙批准，买主可以付清价值及别项规例遵办后方给契纸，该契纸须先完纳税银，以便领事府注册发给”。所有在奥租界内购买房屋土地之人均须遵守奥租界内的各项章程。关于奥租界内房地买卖或其他此类产业主权转移发生两周之内，必须向奥匈帝国领事馆登记，否则该房地买卖或产业主权转移无效。

① 意租界的让渡册与英租界地籍登记簿类似，用以登记租界内土地的买卖让渡。

② Moniteur Belge – Journal Officiel – Staatsblad［A］. 日本国立公史馆.

3.2.3 土地契证

近代天津各租界各自为政，加之租界土地的多次扩张，致使租界内土地关系十分复杂，土地契证种类繁多。在天津的九国租界中，美租界内尚未发现所发土地契证，比租界的外文契证于比租界收回时由外交部特派员公署换发永租地契，原契证至今亦未发现。[①]其余七个国家租界的土地契证类型多达二十余种，其中又以英租界种类最多（表3-4）。

各租界颁发的土地契证对外商而言是其在租界土地永租权的重要保障。

首先，地契颁发的严格程序为契证的法律效力提供了保障。上节中已经讨论过，租界法规对租界内土地契证的获取、转移等进行了严格规定，所有与土地产权相关的行为均须按照租界法规所规定的程序进行。

天津各租界土地契证类型　　　　表 3-4

租界	土地契证类型	钤印机构	适用情形
英租界	皇冕契（皇家永租契，CROWN LEASE）	英国驻津领事馆	英原订租界
	皇冕契抄本	英国驻津领事馆	英原订租界某一地块土地部分转移
	交换契（AGREEMENT）	英租界工部局	因市政建设需要与业主交换土地
	菲租契（管外契，FEU DEED）	英租界工部局	英原订租界外英工部局置地转租
	999年租契（LEASE）	英租界工部局	英扩充界、南扩充界、推广界
	让渡契（RELEASE）	英租界工部局	英扩充界、南扩充界、推广界
	三联契	英国驻津领事馆、中国官方发证机关	英扩充界、南扩充界、推广界
法租界	交换契（ACTE D'ECHANGE）	法国驻津领事馆	因市政建设需要或业主之间交换土地
	卖契（ACTE DE VENTE）	法国驻津领事馆	法租界当局出售或业主间转让
	转移契（TRANSFERT）	法国驻津领事馆	不以金钱为交易的土地权利转移
德租界	土地登记证（BRUNDBUCH）	德国驻津领事馆	德租界北区及少数南区土地转移
	转让契	德国驻津领事馆	德租界大部分南区土地转移
	出租地契	德国驻津领事馆、中国主管机关	德租界推广界

---

① 天津市房地产产权市场管理处. 天津历代房地产契证［M］. 天津：天津人民出版社，1995.

续表

租界	土地契证类型	钤印机构	适用情形
日租界	地契	日本驻津领事馆	土地转让
	分割契	日本驻津领事馆	业主土地分割
俄租界	地契	俄国驻津领事馆	俄国领事馆分段转让租界土地
	外交部特派直隶交涉员俄租界印契	外交部特派直隶交涉员代行俄总领事职权办公处	1917年俄国十月革命期间
意租界	交换契（CONTRATTO DI PERMUTA）	意国驻津领事馆	意国领事馆与业主交换土地
	卖契（COMPRAVENDITA）	中国驻意国当地领事馆、意国驻津领事馆	意侨间买卖土地
	卖契（CONTRATTO DI COMPRAVENDITA）	意国领事馆	意国领事馆将意租界分段出卖
	意国驻津领事署官契（中文）	意国驻津领事馆	买地方为华人时，可向意国领事馆声请增发此契
	官契（ATTO DI COMPRAVENDITA）	意国驻津领事馆	业主之间土地权力转移
奥租界	官契	奥国驻津领事馆	房地产权转移
	典契	奥国驻津领事馆	业主将房地出典

资料来源：笔者整理绘制，参考天津市房地产产权市场管理处. 天津历代房地产契证［M］. 天津：天津人民出版社，1995：85-139.

其次，由领事馆等官方盖印发证确保了其较高的公信力。从各国租界土地契证类型中可以看出，土地作为租界内的重要资产，其契证大多由各国驻津领事馆钤印颁发。部分契证类型除需要外国领事馆盖印外，还须中国官方相应机构签署，如英租界的三联契、德租界推广界的出租地契以及意租界意侨间进行土地买卖的卖契。只有在自治程度最高的英租界，其地契中的菲租契[①]、交换契、999年租契及让渡契只需英租界工部局盖章，不需要英国驻津领事签署。

---

① 菲租契（Feu Deed），也称管外契。19世纪七八十年代，英租界工部局越过原订租界西限海大道，采用直接向中国百姓永租的方式购置了界外的大片土地。由于当时这些土地尚不属于英租界范围，所以工部局将其分租给英国侨民的做法在英国法律中找不到相关依据，于是仿照苏格兰的菲租制，实行永租，租户每年向工部局缴纳年租。这些土地被划入英租界之后，菲租契也相应转换成了999年租契。参见耿科研. 空间、制度与社会：近代天津英租界研究（1860—1945）［D］. 天津：南开大学，2014：93.

再次，租界土地契证所载内容有严格的格式要求，土地产权及义务说明清晰，并附有准确测量的土地图纸，较以往民间的地契内容更为清楚明确，不易产生纠纷。如法租界1913年的一份先农公司（The Tientsin Land Investment Company Limitied）与法商Francois Le Borgne、法租界巡警局副警长Edmond Magne签订的土地卖契，内容包括买卖双方姓名、土地地块编号、四至、面积、产业最初来源、契证效力、所有权登记、地税、抵押贷款情况、地价、各类特殊之处、买主须遵守的特定条件、契证费用及住所选定声明等。[①]其中买主须遵守的特定条件包含如下六项条款：[②]

（1）此契自签字之日起，所有以上所指之地，凡关于法国工部局暨中国政府现在及将来之各项税捐均须一律缴纳。

（2）须谨遵1861年6月2日中法两国当局议定章程所载之一切条件暨法租界工部局董事会现在或将来所定关于安宁秩序、租界管理与居民安全之各项章程。

（3）凡工部局董事会将来审定为租界之维持安全所有一切新租税或规定均须承认。

（4）如无法国领事馆及法租界工部局董事会之预先许可证书则该项地亩或不动产不能售予华人。凡华人不交与业主遵守工部局已定或将来所定一切章程之愿书，则此项地亩或不动产不能租与华人或与华人使用。凡外国人民无取得曾经该国代表同意遵守工部局已定或将来所定一切章程之愿书，则此项地亩与不动产不能让与外国人民。此项愿书须于成立转移契约签字前呈交法国领事馆。凡外国人民不交与业主遵守工部局已定或将来所定一切章程之愿书则此项地亩与不动产不能租与外国人民或与外国人民使用。

（5）如与法租界工部局董事会发生困难或异议时，须以调解法解决纠葛，然调解人必须由法国驻津领事馆委一法籍人。

（6）凡关于此项地亩暨不动产出售、交换或抵押事项之契约须呈交法国驻津领事馆核办。

地契中所附图纸通常由接受过测绘训练的专业人士绘制。一份1929年的法租界土地卖契中所附蓝图上清楚标明了地块位置、编号，地块边界长度精确到厘米、面积精确到0.01平方米及0.0001亩，图纸由法租界市长工程师及工部局秘书签字盖印。另一份英租界地契中所附蓝图标注更为详细，除土地位置、四至、边界长度外还标注有转角角度即弧形转角半径，标明了土地测绘面积、登记面积及二者差值，图纸上署有测绘人、核算人及工部局负责工程师的签名（图3-24）。

---

① Acte de vente [A]. 法国南特外交部档案馆，960PO/1-45.
② 天津市房地产产权市场管理处. 天津历代房地产契证 [M]. 天津：天津人民出版社，1995：105.

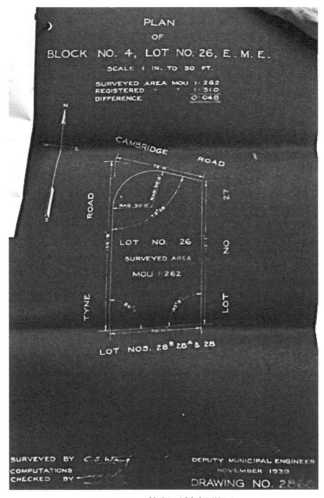

图 3-24　英租界地契附图

图片来源：英国国家档案馆，FO678/725。

3.2.4　土地拍卖

租界开辟国在获取租界内土地后，除留下市政当局自用及各类公共工程建设所用土地外，会将剩余土地分租给租界内商民。天津俄租界与意租界采取了土地拍卖的方式将政府获得的租界土地进行分租，并出台了专门的规则以规范土地拍卖流程及后续土地登记管理。

1903年《天津俄租界土地章程》颁布的同时，俄租界发布了《天津俄租界土地拍卖章程》，将从俄国政府获取的俄租界土地进行公开拍卖。依据这一章程，俄租界土地按照估价值分为三等：①沿河岸地块；②位于铁路车站附近的地块；③沿铁路线，与河岸及铁路车站有一定距离的地块。每一等级土地又被划分为若干地块，每一位申请人可购买一个或多个地块的土地。土地拍卖在俄国领事馆举行，由俄国领事指派代表主持，贷款给俄国政府购地的华俄道胜银行代表在旁辅助。拍卖的日期与时间由俄国驻津领事馆与华俄道胜银行一同确定，在拍卖会召开三个月前于圣彼得堡、天津、海参崴、上海等地及日本的报纸上刊登广告，并在天津张贴告示。《天津俄租界土地拍卖章程》还对土地拍卖形式、保证金缴纳、拍卖证明文件的签署等作出了详细规定。拍卖结束后，拍得土地之人须在20日内将地价与税金交予华俄道胜银行，由俄国领事馆将证明土地拥有权的证明文件交付购买者，证明文件的内容包括购买者姓名、地块位置（附图）、拍卖时间、拍卖价格等。收到证明文件后，拍得土地之人须在俄领事馆登记注册，此后该文件将起到地契的作用。若土地业主欲将土地转让与他国人，须得到俄国领事的同意。①为尽快推动租界建设，俄国要求拍得俄租界土地之人须于三年内建筑房屋，若发生土地转让，新的地主将承担此项责任。

同俄租界类似，意大利政府在颁布1908年意租界章程后，也立即对意大利政府获取的租界内土地进行了公开拍卖。意租界当局将租界内土地分为41个地块并确定底价，每个地块面积3～5亩（图3-25）。拍卖于7月6日上午10时在意租界前萨沃依兵营（Caserna

Royal Italian Consulate

Tientsin-China.

Sale by public auction of land in the Royal Italian Concession in Tientsin.

On the 6th day of July 1908, the sale by public auction of the lots of land as specified below will take place, conform the form and formality, fixed by special rules

Lots	Dimensions		Minimum price		Lots	Dimensions		Minimum price	
1	sup. mow	3.116	Taels	3425	22	sup. mow	—	Taels.	—
2	.	3.316	.	3325	23	.	—	.	—
3	.	3.416	.	2050	24	.	3.383	.	3725
4	.	3.233	.	1950	25	.	3.566	.	3925
5	.	4.158	.	3750	26	.	3.666	.	4025
6	.	4.258	.	3825	27	.	3.708	.	2225
7	.	4.375	.	3950	28	.	3.550	.	2125
8	.	4.458	.	4025	29	.	3.433	.	2050
9	.	4.475	.	2675	30	.	3.383	.	2025
10	.	4.391	.	2625	31	.	3.566	.	2150
11	.	4.291	.	2575	32	.	3.700	.	2225
12	.	4.158	.	2500	33	.	4.550	.	2725
13	.	4.591	.	4125	34	.	4.100	.	2450
14	.	4.441	.	4000	35	.	3.783	.	2275
15	.	4.341	.	3900	36	.	3.766	.	2250
16	.	4.558	.	2725	37	.	4.116	.	2475
17	.	4.675	.	2800	38	.	4.458	.	2675
18	.	4.775	.	2875	39	.	4.458	.	2675
19	.	5.533	.	6925	40	.	4.150	.	2500
20	.	5.533	.	6075	41	.	3.783	.	2275
21	.	5.916	.	5325					

The lots will be sold each separately.

The auction will take place on the premises of the ex "Caserna Savoia" in the Italian Concession in Tientsin, on the 5th July, at 10 a.m.

Anyone desirous of participating in the auction whether orally or by letter will have to deposit in the Hongkong and Shanghai Banking Corporation in Tientsin, as a preliminary security, an amount not less than 5% of the estimated value of the lot concerned. Any bid, not accompanied by such deposit, or should the deposit be insufficient, will not be taken into account. Plan of the lots, land regulations for the Italian Concession, rules for the sale by auction and all particulars regarding same may be obtained in Italy, at the local Magistrates; in China, on application at the R. Italian Consulate in Shanghai, Hankow, Hongkong, Mongtze and Tientsin; at the R. Italian Legation Peking, and at Hartsinck & Co., Auctioneers, Rue de France, Tientsin.

图 3-25　1908 年意租界土地公开拍卖信息

图片来源：Sale by Public Auction of Land Situated in the Royal Italian Concession in Tientsin 1908［Z］. 奥地利国家档案馆.

① Regulation for Sale by Auction of Land Parcels on the Russian Concession Tientsin 1903［A］. 法国南特外交部档案馆，961PO/1-45.

Savoia）内进行，并制定了相应的拍卖规则。该规则与俄租界的土地拍卖规则类似，明确了拍卖登记方式、拍卖形式、流程等，并规定拍得土地之人须自获得土地并在意大利驻津领事馆登记起三年内，将所得地块土地垫高至与道路等高，并建筑房屋。

在意租界的发展建设过程中，租界内意大利政府所持有土地虽交由租界当局使用，但土地交易受意大利政府外交人员管理，"倘有提议发卖土地时，须经领事呈请北京公使许可之"。[1]1924年《天津意国租界章程》颁布，规定意租界内土地出售管理权交由意大利驻津领事负责，市政当局所有土地的出售须由意租界工部局制定规则并得到意大利领事准许方能进行，且只能以公开拍卖的方式出售。这一章程还对意租界公开拍卖土地的地价确定、拍卖方式、给价办法等作出了具体规定。[2]

3.3 近代天津租界的房地产捐税制度

近代天津租界与土地有关的捐税分为两类，一类是土地永租制下须最终交于中国政府的土地捐税，另一类是由租界市政当局征收作为租界财政税收的房地产捐税。关于前一种土地捐税已经在上文中有所讨论，本节重点讨论租界市政当局征收的房地产捐税。

3.3.1 房地产捐税的地位

租界的财政税收是租界当局进行市政建设、推动租界发展的重要资金来源，房地产捐税往往是租界最重要的税收项目。

在天津英租界，租界财政收入包括"常规收入"（或称"经常性收入""普通收入"）和"特别收入"（或称"临时收入"）两类。前者包括房地产捐税、河坝码头捐税（系船费、河坝租金、码头捐等）、各项辅捐收入（执照捐、建筑图样审查费、地亩转移及抵押、杂项等）以及水、电、医疗等公共事业收入，后者包括借贷、债券等其他非常规性的收入。[3]关于房地产捐税占租界收入的比重，英租界原订租界与扩充界有所差别。英租界原订租界位于海河岸边，建设有英租界码头，市政收入主要依仗往来货船所纳码头捐税，因而房地产捐税占工部局总收入比重较小。如1906年英租界原订租界工部局房地产捐税收入（13571.28两）仅占当年工部局常规收入总额（81835.71两）的16.6%，且仅为河坝码头捐税收入（36513.20两）的37%，甚至低于人力车捐税收入（15357.51两）。[4]而英租界扩充界不临码头，土地面积远大于原订

---

[1] 天津意大利国租界章程及条例[M]. Tientsin: Tientsin Press, Limited., 1913. 法国南特外交部档案馆.
[2] Municipio della Concessione Italiana Tientsin Regolamenti 1924 [A]. 日本外务省史料馆.
[3] 耿科研. 空间、制度与社会：近代天津英租界研究（1860—1945）[D]. 天津：南开大学，2014：145.
[4] British Municipal Council, Tientsin. Report of the council for the year ended, 31st December, 1906 and budget for the year ending, 31st December, 1907 [M]. Tientsin: Tientsin Press, Litmited 1907.

租界，因而房地产捐税成为重要的收入来源之一。在1906年，英租界扩充界工部局的房地产捐税收入（38880.82两）占其当年常规收入总额（49791.17两）的78.1%。[①]英租界全界合并管理后，1919年英租界工部局的房地产捐税收入占其常规收入的56.33%，[②]这一比例在1927年时达到62.03%（表3-5），在1940年时仍高达41.6%。[③]可见，随着英租界的建设发展，房地产捐税逐渐成为其最重要的财政税收来源。

1925—1927年英租界工部局各种捐税收入百分比　　表3-5

捐税类型		1925年	1926年	1927年
房地产捐税	地亩捐	25%	23.36%	33.38%
	房产租值捐	30.95%	29.27%	25.52%
	建筑不足额地亩捐	3.55%	2.96%	3.13%
河坝收入		7.71%	7%	6.99%
转头船位租金		0.72%	0.63%	0.45%
辅捐收入		32.07%	36.78%	30.55%
总计		100%	100%	100%

资料来源：笔者整理绘制，参考关于津市之天津英租界工部局财政概况．银行月刊，1928（7）：28-29．

法租界的税收包括房地产捐税、执照捐税、营业捐税、码头捐税。其中房地产税在1861年法租界成立时订立的《天津紫竹林法国租地条款》中即有所规定。该条款明确了租地人于每年的十二月将年租每亩两串文上交法国领事，领事将一半租金交于中国地方官，另一半留作租界管理与建设开销。这便是法租界最早的房地产捐税。

与英租界的情况类似，随着20世纪初期法租界内土地开发与房屋建设的发展，房地产捐税在租界当局税收中所占比重亦逐年增加，成为法租界最重要的财政税收来源。1906年，法租界房地产捐税收入仅占租界当局各项捐税总收入的17%，[④]1908年增至19%，[⑤]至20世纪20年代末达到40%以上，且这一比重一直延续到30年代末（图3-26）。

---

① British Municipal Extension Council, Tientsin. Report of the council for the year ended, 31st December, 1906 and budget for the year ending, 31st December, 1907［M］．Tientsin: Tientsin Press, Litmited 1907.

② British Municipal Council, Tientsin. Report of the council for the year ended, 31st December, 1919 and budget for the year ending, 31st December, 1920［M］．Tientsin: Tientsin Press, Litmited 1920.

③ 1940年英租界房地产捐税为钞洋671000元，总收入钞洋1614500元。参见天津英工部局．1940年董事会报告暨1941年预算［M］//天津市档案馆．英租界档案．天津：南开大学出版社，2015：5273．

④ 李天．天津法租界城市发展研究（1861—1943）［D］．天津：天津大学，2015：79．

⑤ Conseil d'Administration Municipale dela Concession Française de Tientsin. Ordonnance, rapports et documents, depenses de l'exercice 1908, budget 1909［M］．Tientsin: Imprimerie de L'echo de Tientsin．德国联邦档案馆，R901-30928a．

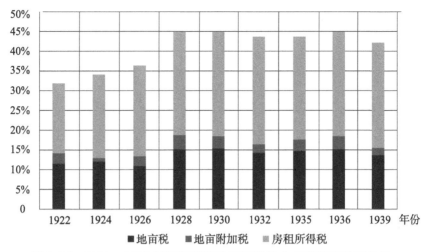

图 3-26　1922—1939 年法租界房地产捐税收入占租界税收百分比

图片来源：笔者整理绘制，数据参考自历年天津法租界各年份工部局报告，法国南特外交部档案馆。

除英、法租界外，天津其他各租界的房地产捐税同样也在各租界当局财政收入中占据相当的比重。日租界在设立之初并没有征收房地产捐税，直至1916年，日本居留民团制定《家屋課金條例》与《土地課金條例》，始而对租界内房地产征收捐税。此后，房地产捐税收入占天津日本居留民团捐税[①]的比重呈逐年上升之势（图3-27）。德租界在1906年时房地产捐税占租界市政收入的比重高达80.8%，[②]至1911年降至44.1%（图3-28），虽呈下降趋势，但实际上这期间德租界房地产捐税收入数额基本维持不变，只因码头捐等其他捐税增长较快。1911—1916年，德租界的房地产捐税数额及占租界税收的百分比均有所增长。[③]此外，俄租界1915年房地产捐税占当年租界市政收入的38.4%[④]，至1920年时仍维持在37.9%。[⑤]

---

① 天津日本居留民团的财政收入分为经常收入和临时收入，其中经常收入包括居留民团捐税（所得捐税、营业捐税、土地捐税、房屋捐税）、杂种捐税、特别捐税、手工费、租金等。此处统计为房地产捐税（土地捐与房屋捐）占居留民团捐税的比重，而非占居留民团的全部财政收入的比重。参见天津居留民团. 天津居留民团三十周年纪念志 [M]. 天津：凸版印刷会社，1941：311.

② Deutsche Niederlassungs Gemeinde in Tientsin. Protokoll uber die erste ordentliche Gemeindeversammlung der Deutschen Niederlassungs Gemeinde in Tientsin am 20. Februar 1907 [A]. 德国政治档案馆，1048.

③ Deutsche Niederlassungs Gemeinde in Tientsin, Abschluss und Jahresbericht 1915, Voranschlag 1916 [M]. Tientsin: Buchdruckerei E.Lee. 德国联邦档案馆，R901-90395.

④ Russian Municipal Council, Tientsin. Report of the Council for the year ending December 31st, 1915 and budget for the year ending December 31st, 1916 [M]. Tientsin: The North China Printing & Publishing Co., Ltd., 1916. 南特外交部档案馆.

⑤ Russian Municipal Council, Tientsin. Report of the Council for the year ending December 31st, 1920 and budget for the year ending December 31st, 1921 [M]. Tientsin: The North China Printing & Publishing Co., Ltd.

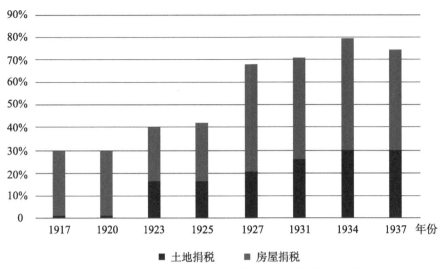

图 3-27　天津日租界房地产捐税占居留民团捐税百分比

图片来源：笔者整理绘制，数据参考天津居留民团. 天津居留民团二十周年纪念志 [M]. 天津：东华石印局，1927；天津居留民团. 天津居留民团三十周年纪念志 [M]. 天津：凸版印刷会社，1941：315.

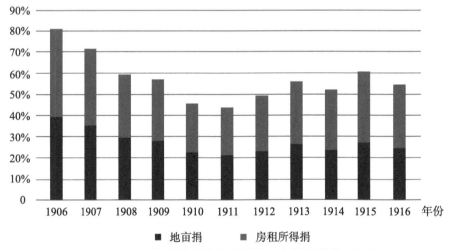

图 3-28　天津德租界房地产捐税收入占租界税收百分比

图片来源：笔者整理绘制，数据参见1906—1916年天津德租界各年份工部局报告，德国政治档案馆。

虽然各租界房地产捐税收入比重各不相同，但都在租界市政收入中占据了重要地位，并且大都在20世纪初租界发展建设较快的时期出现了显著增长。一方面，以房地产捐税为重要来源的租界财政税收为租界市政建设提供了资金保障，推动了租界内基础设施等的建设；另一方面，日益完善的市政建设吸引了更多的房地产投资，促进了租界当局房地产捐税收入的增长。

3.3.2 房地产捐税的分类

近代天津租界的房地产捐税大致可以分为地亩捐、估定房产租值捐和不足额地亩捐三种，各租界征收标准有所不同，通常在租界的市政法规或工部局年度报告中予以规定。①

3.3.2.1 地亩捐与估定房产租值捐

地亩捐与估定房产租值捐是租界房地产捐税中最基本也最易理解的两种类型。顾名思义，地亩捐是对租界内土地征收的捐税，其收税金额主要依据土地估值；估定房产租值捐是对房屋租金收入征收的捐税，收税金额依据房产的估定租值。

各租界的地亩捐与估定房产租值捐的征收标准通常会随租界的土地开发建设程度变化而进行调整。在英租界，1907年时，原订租界的地亩捐为土地估值的0.375%，②扩充界、南扩充界及推广界地亩捐为土地估值的0.5%。③至1917年，前者降为0.25%，后者则略增至0.56%。④英租界合并管理后，1922年英租界市政章程手册对英租界房地产捐税征收标准进行了重新规定："英租界原订租界、扩充界、南扩充界内土地以及推广界内完全填垫的土地地亩捐为土地估值的1%，推广界的其余土地地亩捐为每亩1两白银。"⑤1927年英租界地价估值完竣前地价忽降，土地实际价值远不及估价，因而选举人大会决定地亩捐标准按土地估价2/3计算，捐率由1%改为1.5%，使工部局收入不受影响，此后几年亦依照此标准征收。1930年英租界施行减政，为减少纳税人负担，选举人大会决定恢复地亩捐1%的税率。此外，推广界内填垫不足一年的土地地亩捐改为按估定价值的0.25%征收。对于估定房产租值捐，1907年，英租界原订租界估定房产租值捐为估定房屋年租金的3%，扩充界、南扩充界及推广界则为8.5%。1917年时，前者增至5%，后者增至9%。1922年英租界市政章程手册中则规定估定房产租值捐为估定房屋

---

① 三种房地产捐税在不同租界的具体定义与名称亦略有区别，如在英租界三种房地产捐税分别称为"地亩捐"（Land Tax）、"估定房产租值捐"（Rental Assessment Tax）与"建筑不足额地亩捐"（Undevelop Land Tax），在法租界为"地亩捐"（Taxe Foncière）、"房租所得捐"（Taxe sur le revenue locatif）与"不足额地亩捐"（Taxe sur les terrains insuffisamment mis en valeur）。类似的差别在文中具体分析时会进行必要的说明。

② British Municipal Council, Tientsin. Report of the Council for the Year ended 31st December, 1906, and budget for the year ending 31st December, 1907 [M]. Tientsin: Tientsin Press, Limited., 1907.

③ British Municipal Extension Council, Tientsin. Report of the Council for the Year ended 31st December, 1906, and budget for the year ending 31st December, 1907 [M]. Tientsin: Tientsin Press, Limited., 1907.

④ British Municipal Extension Council, Tientsin. Report of the Council for the Year ended 31st December, 1916, and budget for the year ending 31st December, 1917 [M]. Tientsin: Tientsin Press, Limited., 1917.

⑤ British Municipal Council Tientsin. Handbook of Municipal Information [M]. Tientsin: Tientsin Press, Ltd., 1922: 91.

年租金的11%，这一标准一直沿用至20世纪40年代。①可见英租界的地亩捐征收标准虽有波动，但整体呈现增长趋势，而估定房产租值捐的标准则一直增长。

在法租界，对应"估定房产租值捐"的房地产捐税类型称为"房租所得捐"。随着法租界的发展，地亩捐与房租所得捐的税率亦有所增加。法租界1916年颁布的《天津法租界工部局市政章程集》中列出了1914—1917年法租界地亩捐与房租所得捐税率变化（表3-6），可知在此四年间，地亩捐税率每年增加0.05%，房租所得捐税率每年增加0.33%~0.34%。②至1921年，两者税率分别为0.7%与6%，③1930年进一步增长至1%与8%。④

房地产捐税税率的逐年增长为法租界市政当局带来了可观的财政收入，进而促进了法租界市政建设的开展。

德租界的地亩捐和房租所得捐在1906年4月召开的第一次德租界居民大会上确定，其地亩捐按照其地亩所处区域不同分别采用两种税率，位于开发程度较好的德租界北区的286亩土地地亩捐税率为1%，南区的890亩土地税率则为0.33%，房租所得捐统一为房屋租金的5%。⑤

天津法租界地亩捐与房租所得捐税率变化　　　表 3-6

年份	1914	1915	1916	1917	……	1921	……	1930
地亩捐税率	0.35%	0.4%	0.45%	0.5%	……	0.7%	……	1%
房租所得捐税率	3%	3.33%	3.66%	4%	……	6%	……	8%

资料来源：笔者自绘，数据参见Conceseil d'Administration Municipale de la Concession Française de Tientsin. Recueil des Reglements Municipaux 1916［A］．法国南特外交部档案馆，861PO/1-17; Conceseil d'Administration Municipale de la Concession Française de Tientsin. Recueil des Reglements Municipaux 1921［M］．Tientsin: Imprimerie N. C. Star, 1921．法国南特外交部档案馆，861PO/1-7; Conseil d'Administration Minicipale de la Concession Française de Tientsin. Reglement General de la Concession Française 1930［M］．Tientsin: Peiyang Press, 1930．法国南特外交部档案馆．

---

① 天津市档案馆．英租界档案［M］．天津：南开大学出版社，2015：3974，3899，5222．

② Conceseil d'Administration Municipale de la Concession Française de Tientsin. Recueil des Reglements Municipaux 1916［A］．法国南特外交部档案馆，861PO/1-17．

③ Conceseil d'Administration Municipale de la Concession Française de Tientsin. Recueil des Reglements Municipaux 1921［M］．Tientsin: Imprimerie N. C. Star, 1921．法国南特外交部档案馆，861PO/1-7．

④ Conseil d'Administration Minicipale de la Concession Française de Tientsin. Reglement General de la Concession Française 1930［M］．Tientsin: Peiyang Press, 1930．法国南特外交部档案馆．

⑤ Protokoll uber die Erste Ordentliche Gemeindeversammlung der Deutschen Niederlassungs Gemeinde in Tientsin am 7. April 1906 im Kaiserlich Deutschen Konsulat［A］．德国联邦档案馆，R901-30927．

日租界的房地产捐税只有地亩捐与房屋捐两类。按照1916年颁布的《家屋課金條例》与《土地課金條例》，日租界房屋捐税率为房屋租金的2%，地亩捐分为两类：租界道路未能修筑到达的土地税率为地价的0.2%，道路修通后土地税率为0.5%，且日本领事或行政委员会认定为公益所使用的土地可以减免捐税。1926年，《家屋課金條例》与《土地課金條例》修正案发布，房屋捐税率增至房屋租金的3%，地亩捐税率统一为地价的0.6%。①总体来说，日租界的房地产捐税税率普遍低于其他各租界。

俄租界的估定房产租值捐为屋租价估值的6%，②地亩捐的税率按照有无建筑又分为两种：若土地上没有建筑（即不缴纳房租所得捐），地亩捐税率为土地估值的1%；若土地上有建筑缴纳房租所得捐，则其地亩捐税率为0.75%，以此刺激租界建设。1912年，俄租界当局出台房地产捐税改革的提案，将租界内地亩捐税率统一调整为0.75%，并加收不足额地亩捐。①

在意租界，1908年颁布的《天津意租界土地章程与通用规则》对租界的房地产捐税进行了规定，意租界内的房产租值捐为房屋租金的3%（如无契约，租金由意租界工部局估定）；地亩捐为每亩每年白银3两。④1913年意租界章程中关于房地产捐税的条款进一步修订，地亩捐调整为按照每亩土地的价值计算每百两收取五钱（即税率为0.5%），房产租值捐依旧为房屋租金的3%，未租赁的空房亦按照等值收取。1924年意租界新章程颁布，地亩捐率增至0.75%；房产租值捐增至房租总额（未租房屋按估价委员会规定之数额）的5%，倘若房屋一年之内有三个月以上未出租，可按照规定退还一定数额的房产租值捐。

在奥租界，房产租值捐按照房屋租价每一两抽捐三分（即3%）收取，房租的估值按照房屋的等级、建筑材料及房间数目确定⑤，"房捐最少为每月一钱起码，土房不超三间者准每年纳税免捐银洋一元"。⑥

比租界的房地产捐税征收办法则参照了法租界1916年颁布的市政章程的规定。租界内地主须向市政当局缴纳的地亩捐为其地籍册上登记价值的0.5%，房产租值捐为

---

① 天津居留民团. 大正十五年民团事务报告书［M］. 1926：17，43. 天津图书馆藏.

② Russian Municipal Council, Municipal Regulations and Bye-laws［M］. Tientsin: North China Daily Mail, 1920. 法国南特外交部档案馆，961PO/1-45.

① Russian Municipal Council, Municipal Regulations and Bye-laws 1912［M］. Tientsin: North China Daily Mail, 1912. 法国南特外交部档案馆，961PO/1-45.

④ 刘海岩. 天津租界市政法规选［J］. 近代史资料，1998（93）：116-166.

⑤ 在奥租界，房屋宽十一尺深十一尺为一间，房租估值"头等瓦房""二等瓦房""三等瓦房""头等灰房""二等灰房""三等灰房""头等土房""二等土房"每月每间各不相同。参见大奥斯马加国管理天津租界正要章程［A］. 1908. 奥地利国家档案馆.

⑥ 大奥斯马加国管理天津租界正要章程［A］. 1908. 奥地利国家档案馆.

租金总额的4%。①

3.3.2.2 不足额地亩捐

不足额地亩捐是针对租界内开发建设程度不足的土地征收的捐税，其设立目的主要是刺激业主进行土地开发建设。近代天津除日租界外，其余各租界均有对开发程度不足的土地征收的捐税或收缴罚金一类的做法。

英租界在1910年就已经开始收取不足额地亩捐。1922年英租界市政章程手册中将"建筑不足额地亩"定义为："在英租界原订租界、扩充界与南扩充界范围里，土地建筑估值不足平均水平60%的土地为建筑不足额地亩（undeveloped land）"，同时规定建筑不足额地亩捐征收标准为土地建筑估值与平均水平60%之间差额的11%。②由此可知，土地上房屋建设程度越低，业主需要缴纳的捐税越高。英租界征收建筑不足额地亩捐的本意"系因当时买卖地亩多事投机。入居租界者日多，房屋有求过于供之势，而纳税人方面亦极愿见租界区域之发展筹资建屋者，有纷至沓来之盛"。③对不足额地亩捐的征收无疑在一定程度上刺激了英租界扩张地区20世纪一二十年代的土地开发建设。随着英租界建设的逐渐完善，房屋充裕甚至供大于求，同时为了顺应减税政策，1930年，英租界选举人大会决定取消建筑不足额地亩捐。

法租界亦设有不足额地亩捐，其定义与计算标准与英租界的不足额地亩捐有所区别，但同样起到了促进土地开发建设的作用。按照1916年《天津法租界工部局市政章程集》的规定，法租界不足额地亩捐是专门针对房租所得捐未达到地亩捐额度的土地所征收的特殊捐税，其征收标准为房租所得捐与地亩捐的差值，即保证一块地产所缴纳的地亩捐与房租所得捐总额至少为其地亩捐的2倍（表3-7）。④1930年起，法租界不足额地亩捐的征收标准更加严苛，须按照房租所得捐与1.5倍地亩捐之间的差值收取。⑤至1940年，法租界公董局不再征收不足额地亩捐。

---

① Conseil Provisoire de la Concession Belge de Tientsin Recueil des Reglements Municipaux 1923 [M]. Tientsin: Tientsin Press, LTD., 1923. 法国南特外交部档案馆，961PO/1-7.

② 关于英租界建筑不足额地亩捐的征收标准，该条例中有举例说明：如1922年英租界原订各租界、扩充界与南扩充界中价值1000两每亩的土地，每年平均所得为106.5两，则建筑不足额土地为当年土地所得估值不足106.5×60%=63.9两的土地。若某块土地当年所得估值为每亩50两，其应缴纳的建筑不足额地亩捐数额为13.9×11%=1.529两。参见British Municipal Council Tientsin. Handbook of Municipal Information [M]. Tientsin: Tientsin Press, Ltd., 1922: 91.

③ British Municipal Council Tientsin. Handbook of Municipal Information [M]. Tientsin: Tientsin Press, Ltd., 1922.

④ Conceseil d'Administration Municipale de la Concession Française de Tientsin. Recueil des Reglements Municipaux 1916 [A]. 法国南特外交部档案馆，861PO/1-17.

⑤ Conseil d'Administration Minicipale de la Concession Française de Tientsin. Reglement General de la Concession Française 1930 [M]. Tientsin: Peiyang Press, 1930. 法国南特外交部档案馆.

法租界不足额地亩捐计算方法举例 表 3-7

举例	地亩捐	房租所得捐	不足额地亩捐	总额
某地块房地产捐税	10两	无	10两	20两
某地块房地产捐税	10两	7.5两	2.5两	20两
某地块房地产捐税	10两	10两	无	20两

资料来源：笔者自绘，数据参考Conceseil d'Administration Municipale de la Concession Française de Tientsin. Recueil des Reglements Municipaux 1916：43. 法国南特外交部档案馆，861PO/1-17.

比租界的房地产捐税征收办法则参照了法租界1916年颁布的市政章程。业主须向市政当局缴纳的地亩捐为其地籍册上登记价值的0.5%，房产租值捐为租金总额的4%。开发建设程度较低的土地须额外征收附加税，以使得土地所缴纳的房地产捐税总额不低于地亩捐的两倍。

在德租界，虽然明文规定的房地产捐税类别只有地亩捐和房租所得捐两类，且档案文献中未见关于"不足额地亩捐"的规定，但通过比较德租界各年份的房租所得捐收入与地亩捐收入，可以发现房屋所得捐均高于或等于地亩捐。尤其是在开发建设程度较低的德租界南区，其1906年与1907年房租所得捐收入均与地亩捐等同（1906年两类捐税收入均为1223.77两，1907年均为1631.70两）。[①]可以据此推测，德租界采取了类似法租界征收"不足额地亩捐"的办法，即土地的房地产捐税总额不低于其地亩捐的两倍，以此推动租界建设。

俄租界的房地产捐税最初分为地亩捐和估定房产租值捐两类，并没有设置不足额地亩捐，但如上文所述，其没有建筑（即不缴纳房租所得捐）的土地所缴纳地亩捐税率高于有建筑的土地。虽然这种税率的区分本意为促进租界建设，但显然对于建设程度较高的土地是不公平的，因为只需在土地上建一个简陋的房子就可以同样减免25%的地亩捐。因而，在英租界扩充界实行"建筑不足额地亩捐"后，俄租界当局将这一更为公平的地税征收办法借鉴到俄租界。1912年俄租界市政章程中收录了关于房地产捐税改革的提案，租界内地亩捐税率统一为0.75%，并且依据以下公式计算各地块的建筑不足额地亩捐：

$$\frac{某一地块的建筑不足额地亩捐税率}{俄租界内建筑不足额地亩捐平均税率（由纳税人会议最终决定）} = \frac{此地块每亩土地估价}{俄租界内平均每亩土地估价}$$

---

① Deutsche Niederlassungs Gemeinde in Tientsin. Protokoll uber die erste ordentliche Gemeindeversammlung der Deutschen Niederlassungs Gemeinde in Tientsin am 20. Februar 1907［A］. 德国政治档案馆，1048.

1920年，俄租界市政条例对建筑不足额地亩捐新增规定：对于建筑不足额土地的新业主，从获取土地的第六个月起开始征税，为新业主进行房屋建设预留了时间。[①]

奥租界与意租界当局明确要求业主购买空地后应尽快建筑房屋，并对未建设的土地征收特殊捐税（罚金）。在奥租界，对于新购空地三年内未建筑房屋的业主，奥租界当局将按下列方式处以罚款：过三年之期后，第一年每亩每月罚银10两，以后每亩每月罚银20两。对于大面积的相毗邻地块，若能于其中部分土地上建造房屋，即可免罚，其时间由新建房屋动工之日起重新计算。[②]

与奥租界类似，意租界1908年的租界章程中规定自土地登记之日起三年内无任何建筑的土地每亩每年须缴纳20两的特殊地税。1913年，意租界征收此项地税的计算期限由三年缩短为土地购得后十八个月，税额依然须每亩每年纳税20两。

综上，天津各租界的房地产捐税除包括常规的地亩捐与房产租值捐外，还普遍对开发建设不足的土地征收额外的捐税。虽然各租界对这一特殊捐税的定义与计算方法不同，但其本意都是刺激租界建设。此外，在各租界发展过程中，房地产捐税税率通常伴有一定增长，加之租界房地产价格亦呈增长之势，进而实现租界房地产捐税收入的增长，为租界市政建设提供了保障。

3.3.3 房地产捐税的管理

包括房地产捐税在内的租界各项捐税的征收标准通常由租界的权力机构或决策机构制定，由行政机构（工部局）负责征收管理。如1922年英租界市政章程手册中规定，英租界房地产捐税的征收标准每年由董事会议定，但须得到租地人大会的认可后方可施行；1908年奥租界章程中规定，奥租界工部局可责令地主、房东、租主、住户及代享产业之人缴纳捐税，包括地税、房屋租税在内的奥租界各项捐税的确定与更改由董事会在其权限之内议决。

天津各租界房地产捐税的征收方式与流程亦在租界建设法规中有所规定。如1912年《天津法租界工部局行政章程》中规定，法租界工部局秘书负责包括房地产捐税在内的租界各项捐税的征收工作，这一工作由隶属于秘书处的捐税征收员协助。1921年该章程修订后进一步明确了捐税征收员的职责：征收各类捐税并开具收据，对租界的市政经费负责，须每天记录市政经费的收支情况并交由秘书处副秘书核实，同时有一名中国人作为副手。可见法租界的捐税征收员实际上相当于工部局的会计一职。俄租界在1915年出台了关于租界房地产捐税征收办法的条例，共包含4项条款：第1条关于

---

① Russian Municipal Council, Municipal Regulations and Bye-laws [A]. Tientsin: North China Daily Mail, 1920. 法国南特外交部档案馆，961PO/1-45.
② 大奥斯马加国管理天津租界正要章程[A]. 1908. 奥地利国家档案馆.

每年工部局发放地亩捐收款通知单及业主交税的日期；第2条关于每年工部局发放房租估值捐收款通知单及业主交税的日期；第3条关于未按期缴纳税金的处罚措施；第4条规定，若房屋在一年中未租赁的时间少于3个月，则工部局不会考虑减免房租估值捐。①

为确定房地产捐税征收的具体额度，各租界通常设立专门的估价委员会对租界内地价和房租价格进行评估。各租界的估价委员的组成及估价方式在租界法规中有具体规定。如俄租界1912年市政章程中规定，由每年的纳税人大会选出估税员，负责对租界的地亩捐、房租估值捐及建筑不足额地亩捐进行估价。依据1918年《驻津英国工部局所辖区域地亩章程》，英租界的估价委员会由三人组成，其中选举人常年大会选派两人，工部局董事会指派一人。在法租界，房地产捐税估价工作由工部局秘书与工程师共同完成。1921年《天津法租界工部局行政章程》规定，工部局工程师在每年的一月份绘制整个租界房屋建设和下水道建设情况在上一年基础上的变化清单，连同最新的地籍册一起交于秘书。秘书与工程师一同对租界内各地块进行估税（包括土地价值和征税金额），而后递交给专门的估价委员会议决。1913年意租界章程规定，土地的价值由意大利驻津领事指定的特殊委员会进行估算，该委员会由三人组成，其中至少一人为意大利人，且所有人不得在意租界内拥有土地。而意租界内土地业主若对该委员会的估价决议不满，可向意大利驻津领事提出申诉。1924年，意租界新章程对该特殊委员会的组成要求进一步变化，委员会三人中须有两人为意大利国籍，一人为其他国籍，且三人中只有一人可以是意租界内土地业主。②日租界房地产捐税依据的房屋租价与地价早期是由日租界行政委员会议决。直至1926年，新修订的《土地課金條例》与《家屋課金條例》颁布，日租界设立专门的税务调查委员会（課金調查委員會），负责房屋租价与地价的估价工作，其估价决议最终由行政委员会认定。③日租界地价每五年评估一次，但当税务委员会认为地价有显著变动时，也可在五年之内进行重新评估。④

天津各租界估价委员会制度与房地产捐税征收管理制度的法制化，使得租界房地产捐税的确定更为公正合理，保障了租界捐税征收的有序进行。

---

① Russian Municipal Council. Proposed Bye-laws for the Russian Concession to be submitted for the approval of the ratepayers at the annual general meeting to be held on March, 18/31, 1915 [M]. 荷兰国家档案馆.
② Municipio della Concessione Italiana Tientsin Regolamenti 1924 [A]. 日本外务省史料馆.
③ 天津居留民团. 大正十五年民团事务报告书 [M]. 1926：43. 天津图书馆藏.
④ 天津档案馆. 天津租界档案选编 [M]. 天津：天津人民出版社，1992：294.

3.4 近代天津租界的土地开发模式

3.4.1 土地分区规划

随着租界的建设发展，租界区所承载的功能逐渐丰富完善，包括行政、商业、居住、工业等多种功能。为争取土地利用效益最大化，同时保障各个功能的正常需求，尤其避免工业区域建筑对居民生活的干扰与影响，天津的英、法、俄、意、日租界都进行了土地功能分区的规划，相应的建设法规侧重于租界内不同区域土地开发的性质与面貌。本节所探讨的正是这些租界土地分区建设与管理的具体内容，特别是其在租界法规层面的体现。

3.4.1.1 英租界推广界的分区规划

天津英租界推广界开辟后，对这一片广袤新土地未来开发建设方案的讨论，逐渐成了英租界当局建设计划的重要内容，也为后来的推广界土地分区规划提供了契机。

1915年9月17日，天津英租界推广界召开业主大会，重点讨论推广界的发展建设方案。大会对委托工部局工程师拟定的推广界道路规划方案进行了仔细商讨与修改。修订后的推广界规划方案对界内的建筑街区大小进行了限定，要求每个街区的进深约为350英尺；公共工程方面，除道路建设外，推广界内还将计划建设水库与公园。在该规划方案的新条款中，规定业主应交出自己所有土地面积的17%作为公用，这一比率对沿马场道街区内土地的业主可以降至12.5%。此外，大会提出该规划方案应增加一个关于建筑的条款，用以限制某一特定区域内低等级公寓的建设，为此沿规划道路划出了一片高级住宅区，规定此区域内禁止建设单户价值低于3000两的楼房与住宅。[①]这一规划方案是天津英租界最早的分区规划。

1918年，天津英租界两局四界正式合并管理，建设管理的统一为英租界的整体规划提供了机遇。时任工部局代理工程师安德森（Henry McClure Anderson）向英租界董事会提交了以推广界为主的整个英租界规划方案，称为安德森规划（图3-29）。[②]安德森认为，在英租界推广界，可以对不同的功能区域制定不同的建设法规，尤其是限制建设特定等级的房屋的区域。该规划方案进而提出"沿马场道建设大型住宅，由此向位于主干道与次干道之间的区域中心地区，住宅规模逐渐减小。沿西侧林荫大道

---

① Minutes of the Annual General Meeting of the Landrenters and the Ratepayers of the British Concession, Tientsin. 1916. 天津市档案馆. 英租界档案 [M]. 天津：南开大学出版社，2015：1047-1048.

② 安德森规划全文内容参见British Municipal Extension Council, Tientsin, Report of the Council for the year ended 31 December, 1917 and Budget for the year ending 31 December, 1918. 天津市档案馆. 英租界档案 [M]. 天津：南开大学出版社，2015：1459-1471. 关于该规划的分析参见陈国栋. 天津英租界（1860—1943）城市建筑史比较研究 [D]. 天津：天津大学，2017：119-134.

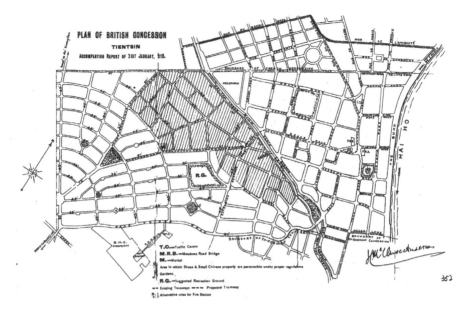

图 3-29　天津英租界安德森规划，1918

图片来源：British Municipal Extension Council, Tientsin, Report of the Council for the year ended 31 December, 1917 and Budget for the year ending 31 December, 1918. 收录于天津市档案馆. 英租界档案［M］. 天津：南开大学出版社，2015：1470.

附注：图中阴影区域为商铺与小型中式房屋准建区。

及位于电车路线转弯处花园附近的地块将最终成为高档住宅区。小型的中式房屋可以被准许建设在墙子河与咪哆士道之间延长到紧邻英国兵营南部的新月形区域，可以延伸到主干道与盛茂道延长线所形成的夹角区域，以及临主干道的某些区域"。①此外，该规划还强调了划分出独立商业区的重要性，并建议在推广界的西南角预留出建设市场的区域；在位于咪哆士道桥西侧附近的交通中心预留公共市政设施，首要是警察局，安德森认为这一区域可以发展成为英租界的市政中心。

英租界董事会基本采纳了安德森的规划方案，于1919年成立了租界改善计划委员会（Concession Improvement Schemes）推动规划方案的实施。1922年发布的《天津英租界工部局市政信息手册》记录了当时的英租界推广界的土地开发计划，指出英租界推广界的发展计划包括填垫土地以进行建筑、道路与公园建设，促成土地业主同意放弃高达20%的所有土地作为公用，以及对那些被规划道路划分的形状不规则的土地进行重新调整。推广界的土地填垫工作由海河工程局进行，用泵将海河的泥沙通过管道运输至推广界将

---

① British Municipal Extension Council, Tientsin, Report of the Council for the year ended 31 December, 1917 and Budget for the year ending 31 December, 1918. 天津市档案馆. 英租界档案［M］. 天津：南开大学出版社，2015：1459-1471.

低洼土地垫高，比私人业主自行填垫更加经济。此外，由工部局主持土地调整，私人业主邻里间省却了自己进行协商调整的麻烦，并且可以获得形状规则适宜发展的临街地块。

在这一时期的英租界推广界建设计划中，推广界的分区进一步明确，包括一等住宅区，半欧式住宅区，中式住宅、商铺与工业区（图3-30），其分区思路与安德森最初的规划基本相同。土地业主可以依据英租界工部局公布的规划方案提前知道在他们的土地上可以建造何种房屋，业主的居住环境也因此得到保障。[1]

此后，英租界推广界的分区进一步调整。1926年，英租界工部局拟定了《推广界分区条例》(Extra-mural Extension Zoning By-laws)，这一条例在1927年3月30日召开的英租界选举人常年大会上获得通过。[2]1929年的英国工部局年度董事会报告发布了新修订的《驻津大英工部局推广界分区条例》，[3]该条例"附属于天津英国租界1925年

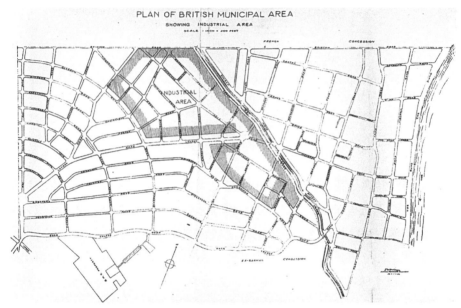

图3-30 天津英租界工业区位置图，1922

图片来源：British Municipal Council, Tientsin. Report of the Council for the year ended 31st December, 1922. And budget for the year ending 31st December, 1923 [M]. Tientsin: Tientsin Press, Limited. 1923.

---

[1] British Municipal Council Tientsin. Handbook of Municipal Information [M]. Tientsin: Tientsin Press, Ltd., 1922: 44.

[2] British Municipal Council Tientsin, Minutes of the Annual General Meeting of the Electors of the British Municipal Area, 1927 [A]. 英国国家档案馆，FO 371/12489.

[3] 这一条例未能立即顺利施行，在1930年4月16日于戈登堂召开的英租界选举人常年大会中，英租界董事会董事长指出"董事会接得通知，据称新拟推广界分区条例草案内有数点，本租界重要纳捐税人有认为不公允者，故现时暂不提出，拟重加审核"。天津市档案馆. 英租界档案 [M]. 天津：南开大学出版社，2015：3979.

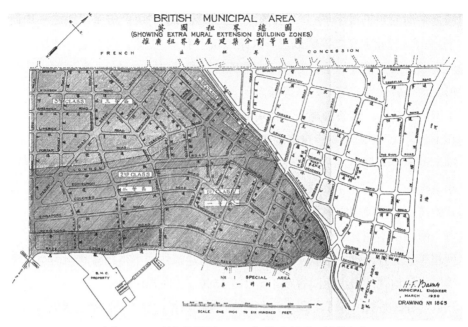

图 3-31　天津英租界 1930 年推广界分区规划图

图片来源：天津英工部局. 1929年董事会报告暨1930年预算［M］//天津市档案馆. 英租界档案. 天津：南开大学出版社，2015：3985.

营造规则，用以规定推广界内一切建筑，并依照地亩章程第三十四条第九项为保持各区舒适景象起见"。依据这一条例，英租界推广界分为一等区、二等区、三等区共三种区域（图3-31），三个区域的建筑范围、建筑类型、建筑密度、建筑间距等要求各不相同：

（1）关于建筑退道路边线，该条例规定出于"预防将来加宽马路，妨碍房屋便利适用"的考虑，所有建筑均须自到路边线退后建设，具体要求为："爱丁堡道、剑桥道、克伦波道、新加坡道、香港道暨马场道各马路北面应退后之界线均以30英尺为度。在各马路之南面，除马场道外，应退后之界线均以6英尺为度。又推广界内其他各道路两旁应退后之界线均以6英尺为度。"工部局允许平房式的门房和汽车房等建筑沿马路边线建设，待到马路加宽时须依照制定界线向后迁移。

（2）对于建筑类型，一等区全部为居住建筑；二等区以居住建筑为主，亦可准许建设满足该区域特殊规定的特定类型铺面与商业建筑；三等区以铺面建筑为主，亦可准许建设满足该区域特殊规定的纯粹住房或铺面式住房。此外，如果临地面第一层房间并非居住用房，则周围空地内可准许建筑平房，其高度不得过16英尺。

（3）为控制区域内建筑的疏密程度，该条例对"每段地亩上可建筑之住房数"及建筑密度进行规定。在一等区内，每4分地上不得建造超过一所房屋；在二等区与三等区内，每3分地上不得建造超过1所房屋。这一规定可理解为一等区内任一地块上房屋用地之平均面积不得小于4分（二等区与三等区内任一块上房屋用地之平均面积不得小于3分）。若业主在二等区或三等区某地块上有3亩土地，则在这一地块上可以建造10所房屋。需要指出的是，三个区域均可建造联排房屋，只是一等区联排房屋"其格式形状均须较优于二等区暨三等区内"。

关于建筑密度，该条例规定"每块地上房屋建筑占用地面积不超过该块地亩本有总面积十分之六"，即最高建筑密度要求为0.6。

（4）关于建筑间距，一等区要求较高，规定两建筑之间所留空地"其每一方面空地最小宽度应与该房屋主要墙壁高度相等"；二等区与三等区要求较低，除地窖外，平房式建筑每一面须留空地宽10英尺，双层式建筑每一面须留空地宽15英尺，三层楼建筑每一面须留空地宽20英尺，四层暨四层以上建筑每一面须留空地与该房屋主要墙壁高度相等。此外，这一条款还规定任何区域内建筑住房不得相背靠阻碍空气流通，且一等区内任何住宅最大房间容积不得小于2500立方英尺。

从以上分区条例内容可以看出，英租界工部局对推广界三种区域的规划有着明确的定位，一等区为高级住宅区，其区域内住宅形式优美、环境安静、空间舒适、邻里间干扰较少；二等区为普通住宅区；三等区为以商铺为主的闹市区，可混杂有居住建筑。

1936年的英租界营造条例暨卫生规则载录了1933年的英租界推广界分区条例，其内容主要是针对一等区住宅规定，所有内容与上述1930年英租界推广界分区条例相一致。1939年时，英租界推广界的工业区四至范围与1930年推广界分区条例所规划的三等区范围基本一致，只在福发道南侧的边界上略有区别（图3-32）。

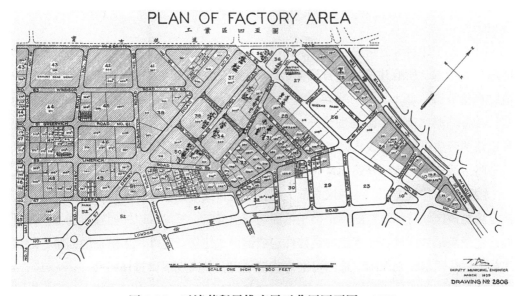

图3-32 天津英租界推广界工业区四至图，1939

图片来源：British Municipal Council Tientsin. Report of the Council for the year ended December 31, 1939. And budget for the year ending December 31, 1940［M］. Tientsin: Tientsin Press. Ltd., 1940.

3.4.1.2 法租界的工厂建设区规划

工业建筑的出现往往会干扰和影响附近居民的生活,为减少此类影响,保障租界居民良好的居住生活环境,天津法租界当局限定了工厂类特殊建筑的建设区域。关于这一类特殊建筑的规定最早出现在1912年《天津法租界工部局行政章程》中的工程业务章程部分,其定义为"危险的、不卫生的、引起不适的工程,作坊、工厂以及所有的工业建筑,产生气味、蒸汽或散发有害物质、排烟、粉尘、噪声、有火灾危险及爆炸危险、造成水污染的构筑物、房屋或动物居住空间,威胁人的健康或安全以及引起人不适的工程。"[1]原则上,法租界的工厂准建区域为扩展界萨工程师路(Rue Sabouraud,又译作"萨工程司路")以西的区域(图3-33)。这一区域规划条款一直保留至法租界1930年的工程业务章程。对于这一类建筑的许可申请,法租界工部局将派卫生部门与路政部门进行专门调查,对违规建设情况将处以罚金并将厂房关停。

法租界的扩张建设是由海河沿岸开始自西向东发展,对照法租界地图可知,工厂建设区的位置被限定于法租界西侧边缘,即法租界发展最为落后、土地价值最低的区域。这也反映出,相较于商业、金融业、房地产业等投资回报较高的产业,工业在法租界处于较低的地位。

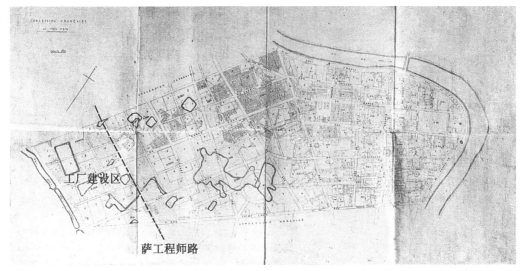

图3-33 天津法租界工厂建设区位置图
图片来源:笔者绘制,底图为1914年法租界图。

---

[1] Conseil d'Administration Municipale de la Concession Française de Tientsin, Reglement Administratif [M]. Tientsin: Imprimerie Hsie-Ho, 1912. 法国南特外交部档案馆,961PO/1-7. 翻译参考自李天. 天津法租界城市发展研究(1861—1943)[D]. 天津大学,2015:99.

3.4.1.3 俄租界的公园居住区规划

1915年，天津俄租界新修订的市政条例中提出在俄租界花园周边设立"公园居住区"（Park Residential Area）。公园居住区的范围为"西临海河堤岸，东临Ural Road，北邻Vogack Road，南临Alexandra Road"，区域内只可修建现代设计风格的独栋与半独栋住宅，限定只有欧洲人和上等中国人居住。

1919年，俄租界工部局修订了关于公园居住区的条例，进一步扩张了居住区范围（图3-34）。①在公园居住区的扩张区域，同样只允许欧洲人和上等中国人居住，所修建的住宅建筑须为现代设计风格或工部局许可的其他设计风格。此外，办公建筑及秩序良好的欧式风格商业建筑，在得到工部局许可后也可以在此区域建设。②

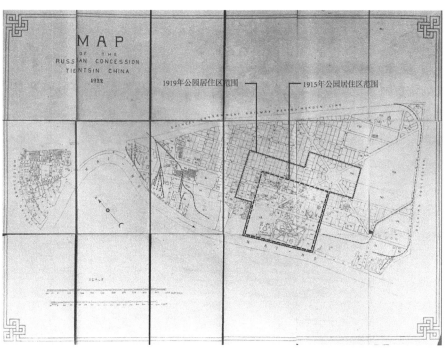

图3-34　天津俄租界1915年及1919年所定公园居住区范围
图片来源：笔者摹绘，底图为1922年俄租界图。

---

① 俄租界公园居住区1919年扩张后的四至为：西侧边界为Vogack Road与Alexandra Road之间的堤岸；北侧边界自堤岸与Vogack Road交口沿Vogack Road至与Nicolai Road交口，沿Nicolai Road至与Linievitch Road交口，再沿Linievitch Road至与Crimea Road交口；东侧边界自Linievitch Road与Crimea Road交口沿Crimea Road至与Park Road交口，沿Park Road至与Caucasus Road交口，沿Caucasus Road至与Alexis Road交口；南侧边界自Caucasus Road至与Alexis Road交口沿Alexis Road至与Ural Road交口，沿Ural Road至与Alexandra Road交口，沿Alexandra Road至堤岸。参见Russian Municipal Council. Municipal Regulations and Bye-Laws [M]. Tientsin: North China Daily Mail, Tientsin, 1920.

② Russian Municipal Council. Municipal Regulations and Bye-Laws [M]. Tientsin: North China Daily Mail, Tientsin, 1920.

3.4.1.4 意租界的分区规划

1908年意租界当局颁布的《天津意租界土地章程与通用规则》中建筑章程部分第1条提到，意租界的规划方案已经得到了意大利政府批准，将作为意租界的建设指南。该规划方案可以视为一个分区建设规划，规定了意租界的三类建筑建设区域：

（1）欧式建筑区：面朝大马路的所有建筑必须建成欧式风格，并且只能由具备上等身份和名望的欧洲人居住，或由海关道或其他中国高级官员居住，但必须得到意大利领事准许。这些建筑可以用作商店或其他商业用途，但必须由欧洲人经营并只能经销外国商品。

（2）仓库建筑区：河坝、火车站附近土地的北部用于建造仓库。

（3）半西式建筑区：租界的其他地区可以建造半西式建筑。

1913年意租界颁布新章程，其中建筑章程部分关于分区建设的条款在1908年章程的基础上有所调整，对仓库建筑区和半西式建筑区内建筑要求进行了补充：仓库建筑须施工质量良好且保证安全，不允许货物露天堆放；半西式建筑"均须取法美观，若临街道者须筑楼房"。

1924年的意租界章程中建筑章程部分第三章为"工业区章程"，对意租界商业区与工业区范围、可兴建建筑要求等进行了规定。意租界可以用作商业区或工业区的范围如下：

（1）由意大利河坝路至六马路的区域，包括M及M2地块在内。

（2）由二马路起，位于东马路、南东马路与意俄交界之间的地块，但沿下列道路至少20米宽的地段除外：三马路、二马路、东马路、南东马路及五马路。

（3）沿租界北边界60米以内之地，但此区域只准建筑仓库。

在上述可用作商业区或工业区的范围内，可以建设工业建筑、仓库或用作露天存货场地，但禁止开办危害工人或邻居产业的危险工业，或有碍卫生的工业。此外，该章程第13条进一步限制了中式房屋及半西式房屋的兴建区域，该类房屋在意租界只允许于工业区内建造，由在此工作之人自行居住。

意租界通过分区规划逐渐将租界的大部分区域建设成为优雅美观的住宅区，对建筑设计风格及居民身份的限定确保了住宅区的"高级性"，利于提升这一区域的土地价值。而工业及工人住宅被限定在沿海河的原盐坨区域及靠近铁路车站的租界北侧区域，既不占用租界中心土地又能降低产品的运输成本。明确的功能分区实现了意租界土地价值的最优化利用。

3.4.1.5 日租界分期建设与地域制度

天津日租界原订租界开辟后采取了分期建设的发展思路。1899年11月20日，日本驻津领事郑永昌向外务省报告"机密第十二号"文件，其中的《天津日本居留地要志》及其后所附《设计第一案》《设计第二案》和《附图》是天津日租界的第一份总体规划文件。①这一规划文本中已体现出日租界分期建设的思想。其中《设计第二案》中指出，日租界全界的开发建设需要非常高昂的资金，因而日租界当局计划先开发租界东北部临海河一带的重要地区，租界内其余地区后续再行建设。郑永昌管理下的专管居留地经营事务所计划将日租界分为两期开发建设，"第一期为临海河的部分，第二期为接下来三分之一的租界地区，剩下的最后三分之一位于西南部的沼泽地区后续再行填埋整理"。②

这一分期建设的总体规划还未及实施，即被1900年爆发的庚子事变打断，致使1901年时，日租界仍呈现出大片土地未开发的状态。直至1902年2月12日，日本外务大臣小村寿太郎与东京建筑公司（东京建物株式会社）专务董事名村泰藏签订承诺书，将天津日租界第一期经营的第一区至第九区土地转卖给东京建物公司建设经营。③该承诺书内容可以视为日租界第一期经营建设的指导规则，其中言明以下诸项内容：④

（1）关于建筑品质。要求东京建物公司在所接收土地上建造的建筑，不得有损帝国的品位及体面。

（2）关于开发建设时间。自土地交付日起三年之内，该公司应完成在土地上的建设工程。但若有天灾、战乱等不可抗因素导致工程无法如期完成，应经权衡审议予以适当延期。

（3）关于土地买卖。未造建筑之土地不得买卖让渡，已造有建筑物之土地除非经过领事之许可，不可买卖或让渡于外国人（即非日本人）。对于在1900年庚子事变前就在天津拥有店铺做生意的日本人，若其欲购买日租界内土地以营造建筑，东京建物公司应分割所受转卖之土地，以购得土地时的原价售予。依此得购土地者，应自土地交付日起两年内完成相应之建筑。不得完成者，需以购得土地时原价将土地返还于公司。

（4）关于建筑买卖。该公司不得独占土地建筑。若有欲买或租用土地建筑者，公司应以适当之价格与之交易。若日本人欲购土地建筑，公司应以市价之九成之价格售予。此种情况下，公司应与买方签订合同：若买方在一定年限内将土地转卖或让渡于

---

① 《天津日本居留地要志》中关于日租界规划的主要内容分析参见王康. 天津原日租界规划沿革初探［D］. 天津：天津大学，2010.

② Mark R. Peattie, Japanese Treaty Port Settlements in China, 1895—1937［J］. The Japanese Informal Empire in China, 1895—1937. Princeton, New Jersey : Princeton University Press, 1989: 175.

③ 转卖给东京建物株式会社的土地范围为："第一期经营地第一区至第九区共约五万坪之土地。但以下地区除外：一、领事馆，邮局及其他帝国政府建筑区划所在地；二、需要和外国人所有地进行交换的土地。"参见居留地地所払下ニ関スル件/分割1［A］. 日本外务省史料馆，B12082546400.

④ 居留地地所払下ニ関スル件/分割1［A］. 日本外务省史料馆，B12082546400.

外国人，应返还土地建筑时价的十分之一于公司。

由以上条款可以看出，日租界当局对第一期建设的建筑美观、建设时间及土地建筑的买卖方式均有所限定。东京建筑公司于1903年完成了第一区至第九区的建设工作（图3-35），并继续于1903—1908年完成了向西南方向直至日租界春日街的土地开发建设，其中第十区至第十二区土地于1904年4月填埋完成。余下春日街西南侧的日租界土地售卖于日本和中国的私人业主进行建设，然而由于该地区有大片的沼泽地，其建设情况被日租界当局忽视多年，开发进度十分缓慢。直至1915年，日本人成立名为"天津埋立组合"的组织，推进了这一地区的土地填埋整理。1920年日租界内的土地填埋工作基本完成。

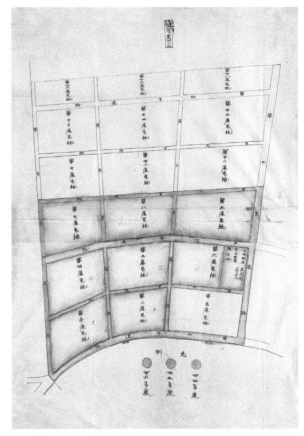

图 3-35　天津日本专管居留地分期计划区域图
图片来源：日本外务省史料馆。

日租界的地域制度制定于20世纪20年代，是日本学习西方规划思想后在其海外殖民区域实践的结果。在天津建立租界的国家中，日本是唯一的亚洲国家。就日本本国的城市发展而言，他们吸取了西方的现代城市规划建设思想，并积极探索其在本土的适用性。1919年，日本政府颁布了《都市计划法》和《市街地建筑物法》。其中的用途地域制度深受当时德国和美国的分区规划制度的影响。法规颁布之后，用途地域制度在日本本土的实施也受到了一定的阻力。至1930年，法规适用的97个城市中只有27个城市进行了分区规划。[1]

在这一背景下，天津的日租界成了这一新城市规划制度的理想实践地。在1930年出版的《天津居留民团二十周年纪念志》中，记录了天津日租界当局对日租界规划提出的"都市计划区域制"。这一规划在《市街地建筑物法》中的用途地域制度的基础上增加了新的区域类型，将日租界分为"住宅、商业、仓库、工业、特殊"五类地域

---

[1] Sorensen, André. The Making of Urban Japan [M]. Routledge, 2005: 118.

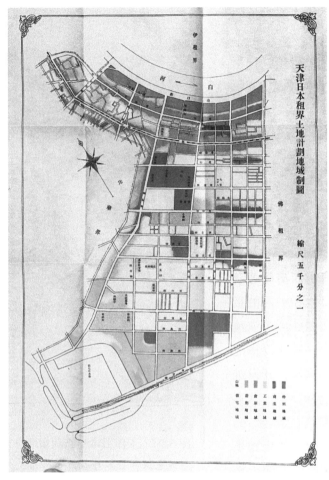

图 3-36 天津日租界土地计划地域制图

图片来源：天津居留民团. 天津居留民团二十周年纪念志[M]. 天津：东华石印局，1930.

（图3-36），每类地域根据其功能特征确定其区域位置（表3-8），如仓库地域位于海河沿岸，工业地域位于远离租界中心的租界西侧边缘，商业地域位于电车经过的旭街及其他与法租界、华界连通的道路沿线。①可见其功能区域的规划原则与法、意租界有诸多共同之处。

天津日租界土地计划地域制 表 3-8

地域类型	主要位置	地域面积
商业地域	旭街（电车经过），寿街、芙蓉街、明石街（连通外国租界或华界），福岛街沿线	54600坪
工业地域	距离租界中心区域最远，位于海光寺附近	34800坪

---

① 天津居留民团. 天津居留民团二十周年纪念志[M]. 天津：东华石印局，1927：491-493.

续表

地域类型	主要位置	地域面积
仓库地域	山口街沿线（临海河）	16500坪
特别地域	官衙、学校、公共建筑、公园、运动场、游廊地	53234坪
住宅地域	除其他地域外的区域，主要位于常盘街、荣街、花园街、橘街、春日街、须磨街、淡路街	156300坪

资料来源：笔者绘制，整理自天津居留民团．天津居留民团二十周年纪念志［M］．天津：东华石印局，1930：491-495.

附注：1坪约为3.3平方米。

3.4.2 土地填垫整理

历史上的天津地区水道纵横，洼淀遍布，有"七十二沽"之称。外国租界区域内低洼的土地无法用来直接建设，因而土地的填垫整理是大部分租界地区开发建设的第一步。

3.4.2.1 海河工程局与吹淤填地

近代天津的土地填垫方式经历了由原始的人工填垫向机械化吹淤填地的转变，中国近代第一个专业的河道疏浚机构海河工程局（Hai-Ho Conservancy Board）①在这一过程中起到了至关重要的推动作用。

租界早期的土地填垫方式是人工填垫，填土效率低，填垫土泥质分为素土和杂填土（生产、生活废弃物、垃圾、工业废料、炉灰等）。②20世纪初，河海工程局开始对海河进行裁弯取直、疏浚航道的工程，产生了大量无处堆放的淤泥。1905年12月，有人建议将海河疏浚的淤泥倒入驳船，经墙子河运送至海光寺，抛入泥塘，③既处理了海河淤泥又将洼地垫高提升了开发价值。英租界工部局采纳了利用海河淤泥填垫土地的建议。1906年，海河工程局将海河疏浚后的泥沙抛填于英租界哆咪土道附近。然而抛填的方式耗资大，效益小。1907年之后，海河工程局改进技术，设立临时吹泥设备，采用吹淤填地④的方式，引海河淤泥填垫英、法租界低洼地区，填土效率较人工填垫方式有了很大提高。1910年，海河工程局引进"燕云号"与"中华号"专业挖泥船舶，进一步显著提高了填土效率，吹淤填地也逐渐成为天津各租界普遍采用的土地填垫方式（图3-37~图3-39）。

---

① 海河工程局成立于1902年，前身为1897年设立的海河工程管理委员会（Hai-Ho Conservancy Commission）。海河工程局成立时的董事会成员包括外国领事团代表郝伯金、天津海关税务司德璀琳（Gustav von Detring）、津海关道唐绍仪、总工程师林德（A. de Linde）。

② 张树明．天津土地开发历史图说［M］．天津：天津人民出版社，1998：85.

③ 周星笛．天津航道局史［M］．北京：人民交通出版社，2000：33.

④ 吹淤垫地的方法为：在租界内的深坑或者低于大沽水平面的低地中先划定范围，再修筑超过目标标高的土埝，形成池子。用汲筒挖掘机从海河汲出淤泥，以吹泥泵站提供动力，将淤泥经埋在地下或者地上的管道输送池内。淤泥注入池内后，逐渐沉于池底，其水分经过渗透和蒸发后，淤泥硬化成地。

图 3-37 海河工程局 22 英寸内径吹淤管道设计图

图片来源：吹填工程资料（英租界），天津档案馆，W0003-1-000204.

图 3-38 停泊在租界码头的"中华号"挖泥船

图片来源：周星笳. 天津航道局史 [M]. 北京：人民交通出版社，2000.

图 3-39 租界内吹淤管道

图片来源：中央电视台，《五大道》纪录片，第九集。

自1906年起至20世纪40年代，随着海河疏浚工程的持续进行，吹淤填地工程也持续填垫了天津租界及华界的土地，年平均吹填达到32万英制土方（约905600立方米），高峰时期达到40万英制土方（约1132000立方米）极大地推动了租界城市建设的步伐（表3-9）。①

1906—1948年海河干流疏浚土方及其吹填洼地情况统计　　　　表3-9

年份	吹填地点	吹填量/立方米	年份	吹填地点	吹填量/立方米
1906	英租界洼淀	39644	1924	英租界墙子外	483612
1907	英、法租界洼淀	31149	1925	英租界墙子外	244885
1908	英、法租界洼淀	56634	1926	英租界、塘沽开滦码头	451698
1909	英租界洼淀	36198	1927	英租界墙子外	591825
1910	英、法、德租界	109264	1928	英租界及塘沽开滦码头	396438
1911	法、德租界	172649	1929	英租界及塘沽开滦码头	332405
1912	法、德租界	152586	1930	英租界及塘沽亚细亚石油公司	305116
1913	法、德租界	257022	1931	英租界及塘沽亚细亚石油公司	382186
1914	法、德租界及新河	283949	1932	英租界、陈塘庄亚细亚公司	431282
1915	德、法、日租界	458985	1933	英租界、陈塘庄亚细亚公司	249190
1916	英、德、法、日租界	856887	1934	英租界、陈塘庄、何庄子	296238
1917	德、英、日租界	326812	1935	特一区、陈塘庄	511065
1918	日租界	58531	1936	特一区、陈塘庄、法租界	572910
1919	英、日租界	690892	1937	特一区、法租界	304549
1920	英、日租界	560747	1938	特一区、法租界	396438
1921	英租界、南市洼	478379	1939	特一区、法租界、大直沽	327203
1922	英租界、南市洼	590222	1940	特三区、大直沽、塘沽	504255
1923	南市洼	439392	1941	特三区大直沽日本仓库	628142

资料来源：笔者绘制，数据参考自张树明. 天津土地开发历史图说［M］. 天津：天津人民出版社，1998：88-90.

3.4.2.2 租界建设法规对土地填垫的要求

近代天津各租界内的土地大部分在私人业主手中，为促进租界的开发建设，对土地填垫的要求成为部分地势低洼租界建设法规中的重要内容。如1897年英租界扩充界开辟时，《新议英拓租界章程》中明确规定在英租界扩充界内"所有水坑地为华人产

---

① 张树明. 天津土地开发历史图说［M］. 天津：天津人民出版社，1998：88-90.

业者，务须一律填满，如无力自填须与英官凭公给价自行垫筑"。①

租界当局通过建设法规对土地填垫进行规定的首要目的是完成土地整理，整体提升租界土地的开发建设价值。1918年英租界安德森规划制定之时，英租界推广界内仍有大片荒芜的洼地。为加快推广界建设，英租界1918年土地章程中第35条对租界内土地填垫提出了强制性要求：英租界工部局对租界内低洼地亩有权知照，该地业主应按照工部局所订标准将该地填高。倘在通知后3个月内该地主未能照办，工部局可代行填高至所需高度为止，其费用由地主承担。倘若地主无力偿还，工部局有权将该地当众拍卖，所得地价内扣除偿还填土费用，余款交付地主。与此同时，英租界与海河工程委员会达成了在推广界进行大规模吹淤填地的计划，至1935年基本完成英租界推广界内土地填垫工作（图3-40）。

1899年的《天津德租界建筑章程》中第一条规定，进行建筑施工时，须将所处地块垫高至建筑图纸中标注的高度。海河工程局对德租界土地的吹填工程始于1910年，集中于德租界南区（图3-41），至1917年共完成439856立方米的吹填量，将德租界内地面标高平均垫高1.14米。②

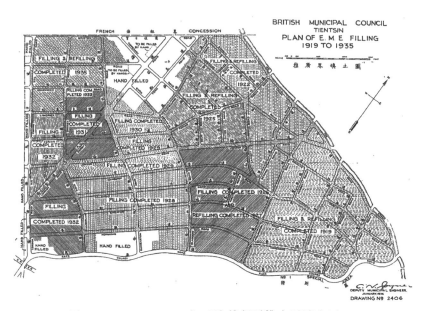

图3-40　1919—1934年天津英租界推广界填土图

图片来源：天津英工部局. 1935年董事会报告暨1936年预算［M］// 天津市档案馆. 英租界档案. 天津：南开大学出版社，2015：4638.

---

① Land Regulations of the British Municipal Extension, Tientsin［M］. Tientsin: The Tientsin Press, 1899: 3.
② 德租界土地填垫前地面标高为大沽高程3.15米，填垫后达到大沽高程4.29米。参见吹填工程资料，天津档案馆，W0003-1-000203.

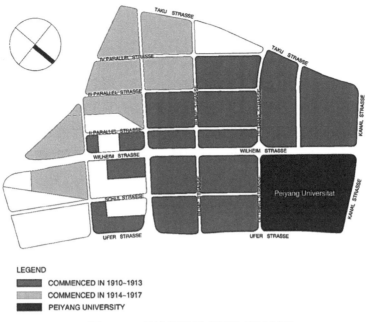

图 3-41　天津德租界南区吹填计划图

资料来源：吹填工程资料，天津档案馆，W0003-1-000203. 转引自汤弈. 海河工程局与近代天津市中心区海河沿岸开发建设过程研究 [D]. 天津：天津大学，2016：48.

土地填垫不但是进行房屋开发建设的基础，也是租界市政排水设施建设的需要。1922年《天津英租界工部局市政信息手册》中规定，工部局有权以卫生要求为由下令垫高建筑用地，所有建筑用地都应垫高至某一高度，以使住宅的排水系统可以与市政下水道相连。在德租界，依据卫生管理部门的要求，工部局可以适当垫高未建设建筑的地块。在1916年颁布的《天津德租界建筑章程》中，关于土地填垫的条款明确了土地填垫是为了保证下水管道排水。

天津俄租界位于大王庄与大直沽的低洼地上，也面临土地填垫的问题。然而在1924年俄租界收回前，海河工程局并未对俄租界内土地进行吹填，而是由俄租界当局及界内居民自行将大王庄至大直沽一带及海河沿岸的洼地填平。由于未采用海河淤泥填地，俄租界的填土来源变得尤为关键和珍稀。1920年《俄租界工部局市政章程及条例》中规定，除了必要的房屋地窖及井的挖掘，任何在租界内地块上进行挖掘的行为都是严格禁止的，在各地块垫高至适宜俄租界的标准高度之前，不允许业主将土壤从地块中移出。达到这一标准后，业主可以将盈余的土壤移出地块，但不允许移出租界。若业主不打算使用其所盈余的土壤，则该土壤将被用于市政建设。直到1940年，海河工程局才开始特三区（旧俄租界）一带的土地吹填工程，至1948年特三区土地吹填基本完成。[①]

---

① 汤弈. 海河工程局与近代天津市中心区海河沿岸开发建设过程研究 [D]. 天津：天津大学，2016：61.

3.4.3 公共工程用地的征收

近代天津各租界的公共工程用地是指租界市政当局用以建设公共交通、广场、供水、污水处理、电力等市政公用设施以及学校、医院、图书馆、公共墓地等公共设施的土地。租界在开辟之时，通常会预留部分土地作为公共工程用地。在租界建设发展的过程中，租界市政当局会根据建设需要向私人业主征收土地用以建设公共工程。对于此类土地的征收方式，天津英租界、法租界与俄租界均有相关法规条款予以规定。

在英租界，1863年的《天津埠地方章程》中规定"租地人认为需要用作河坝、道路、河滩等公共用途的土地必须照此留用"。英租界扩充界开辟后，1898年《天津英租界扩充界土地章程》中针对扩充界内用以建设公共工程的土地征收及使用办法拟定了专门条款：扩充界内预留做道路、休闲场地或其他公共用途的土地、池塘等须保证专地专用。依据租地人大会多数意见，工部局有权拨占一定土地、池塘及（或）房屋，用来新建或扩建道路、公共工程或公共机构。工部局始终要对征用的土地、池塘、房屋公平给价，若紧急征用，须支付补偿费用。若当事人如果对土地征用价格不满，可提出申诉。英租界工部局以公共财政征收的用作公共用途的土地、池塘、房屋等，租界内所有业主、菲租者、承租人及居民不论国籍皆可使用，前提是遵守各项章程、条例、不成文的规定及公共习俗。被征用为公共或慈善用途的房地产，工部局有权免去其捐税。1918年《驻津英国工部局所辖区域地亩章程》中进一步规定"在工部局所辖区域内，为建筑新路或开宽现有马路，或改良路线方向，或备制建屋地址或空地以便发展市政事宜或公益事业，工部局所需地亩得勒令地主让与局用，按本章程之规定补偿价额"。[①]为了实现英租界推广界的建设计划，英租界当局与推广界内土地业主签订合约，业主同意向租界当局让出其所拥有的部分土地作为公共工程建设用地，原则上让出土地的面积不超过原地块的20%，若按照工程需求其让出的土地面积超出原地块20%，业主可就超出的土地面积获得补偿。

法租界当局为解决因公共工程建设征用私人土地的问题，于1900年颁布的《天津法租界市政章程》中专门制定了《为公用事业征用章程》。法租界工部局董事会确定了公共工程项目后，会对涉及需要征收的私人土地进行估价，由领事通知土地所有者，所有者在一个月内可以提出异议和补偿要求等。此后，若董事会不同意其诉求，土地所有者可以向领事提出申诉，领事将于一个月内召集领事法庭解决。该章程亦规定，任何被征收土地的所有者有权要求获得工部局所有任何一块面积低于被征收土地一半的地块作为补偿。

---

① The Tientsin Municipal Regulation, 1918 [M]. Tientsin: the Tientsin Press, 1922. 南特外交部档案馆，961PO/1-45.

俄租界1912年颁布的《俄租界工部局市政章程及条例》中"土地所有权"部分亦对公用工程用地的征收进行了规定。俄租界工部局及俄国驻津领事馆有责任分拨一定比例的土地满足公共需求，例如建立俄国公墓、学校、医院及警察局等。工部局在向私人业主征用土地时，若双方达成一致意见，工部局可征用私人业主土地用以修筑道路或其他公共用途；若双方未能达成一致意见，则可向俄国驻津领事申请仲裁，且不得再提出申诉。

3.5 本章小结

土地是租界赖以存在和发展的基础，对土地的管理也是租界当局最重要的管理内容。在近代天津，无论各租界的自治程度如何，其租界内土地的地籍登记、地权转移、土地抵押等事宜均由代表租界国家政府的驻津领事直接管理。在近代天津租界的建设法规体系中，关于土地开发管理的法规条文无疑是其首要组成部分。近代天津租界土地开发管理法制化的过程有以下特点：

首先，天津的租界条款中对土地永租方式的规定是中外政府之间利益博弈的结果。对于外国政府而言，为追求利益最大化，开辟租界后要尽可能减少租界土地获取的资金投入，降低土地投资的成本与风险，这也是部分租界采取"民租"的重要原因。而就算是采用"国租"方式获取土地的租界，也往往是伺租界建设需要先行租借部分土地，避免一次性投入巨额资金。随着租界的发展建设，租界土地价值随之不断增长，土地租税本应相应提高，然而列强以利益均沾为由，使得庚子事变后新开辟的租界及扩张租界所缴纳给中国地方官府的土地租税依然仿照1860年开辟的英、法租界订立。对于清政府而言，在德租界原订租界划定时，议定德国向清政府支付租界内土地租价统一为每亩银75两的低价，致使清政府为补齐差价向原中国土地业主垫赔了巨额款项。因此，对于此后开辟的租界，清政府均极力争取土地租价按土地情形公平议价。当意大利政府要求意租界内土地租价按照较早设立的英、法、德租界确定时，中方代表津海关道唐绍仪据理争驳，最终商定照日本租界价值减一成议给，"因日本租界系在旧城西南，地价本昂贵，其所拟价值似属公平"。①可见，在租界土地的永租问题上，虽然清政府一直处于较为弱势的地位，但并非全然妥协，仍为争取国家利益作出了努力。

其次，天津租界土地开发管理的法制化是以提高土地价值与房地产捐税收入，并最终推动租界建设为目的的。除日租界外，所有天津租界均规定对界内开发程度不足的土地征收特殊捐税（不足额地亩捐）或处以罚金，以促使土地业主尽快建设具有较高

---

① 天津档案馆. 天津租界档案选编［M］. 天津：天津人民出版社，1992：387.

价值的房屋建筑。俄、意租界的土地拍卖规则中均明确规定，拍得土地之人须自获得土地起三年内，将所得土地垫高并建筑房屋。英、德租界也通过租界建设法规对私人业主的土地填垫整理进行了强制要求。也就是说，租界当局通过制定建设法规，使土地整理及房屋建设成为界内土地业主所担负的法律责任。这种完全不同于中国传统以田赋为中心的土地管理与开发模式，极大地促进了租界房地产业的发展，推动了近代天津租界城市的建设进程。

最后，现代城市的分区规划手段被运用在天津租界土地的开发建设过程中，在租界建设法规中加以确立，反映了各租界当局的规划建设理想。天津的英、法、俄、意、日等租界当局均进行了土地分区规划，并在建设过程中对分区规划方案不断调整以适应其租界的发展需要。这些租界当局对界内土地利用的分区规划，保障了生产的高效与居住的舒适便捷，以英租界为代表的西方国家租界对住宅区等级的划分以及对高级居住区居民身份的限制，反映出其租界当局将租界建设成适宜其侨民生活的舒适居住区的建设理想。同时，租界土地的功能分区合理利用了租界内不同价值的土地资源，所建设的高级住宅区及商业区显著提升了区域土地价值，推动了租界房地产业的繁荣，为租界当局带来了可观的收益。

第4章 近代天津租界建设法规对市政建设的控制

4.1 近代天津租界的市政建设管理

4.1.1 市政建设管理制度

市政建设是城市建设的重要组成部分，近代天津各租界市政建设的主要内容包括道路、桥梁、供水系统、排水系统、电力供应及照明设施等。

天津各租界市政建设事宜由决议机构（通常为租界董事会）讨论决策，由市政当局下设行政部门具体实施管理，其市政建设管理制度通常通过租界法规确立。关于租界市政建设的决策，法租界1893年颁布的《市政组织临时章程》中规定，法租界董事会的议题包括"开辟道路、公共广场，建设码头、堤岸、桥梁、运河等项目，确定市政厅、市场、屠宰场、墓地的位置"，以及"市政工程清理与维护"。俄租界1912年颁布的《俄租界工部局市政章程及条例》中规定，俄租界董事会有权决定租界道路、堤岸及装卸场地的建设事宜。关于市政建设的管理实施，英租界1898年《天津英租界扩充界土地章程》中第3条中规定，英租界市政当局"有权建设煤气、自来水、电力等供应设施，电车轨道或其他便于行人、货物运输的设施，或特许他人如此经营"，并且"有权设立或资助设立学校、奖学金、市场、乐队、医院、泳池或其他洗浴场所、娱乐场地、图书馆或其他在西方国家被视为市政建设范畴或有益于公众利益的机构"。1936年英租界颁布的《工部局条例》中，第18条对英租界工部局的"公用敷设权"[①]作出了规定。

---

① 这里的"公用敷设权"是指敷设供水管道、排水管道、输电线缆、电话电报线缆等各类市政管网的权力。为完成公用敷设，英租界工部局在必要时可以"将前列管子或管沟之位置展入或穿过已经圈围之地亩或其他私有产业，惟须在14日前给有书面通知，声明展入或穿过此项四人地亩之意旨，倘可接受申诉之地产估价委员会认前列工程堪减损此项私有地亩之价值，则工部局不得自由进行任何敷设手续"，且"工部局得随时派遣负责工人进入此项私人产业，执行前列管子、沟管或线缆需要之修理及更改、扩展或其他改善工程手续"。参见天津市档案馆. 英租界档案［M］. 天津：南开大学出版社，2015：3896-3898.

通常情况下，各租界市政当局的工程部门在每年递交的部门报告中会总结当年的市政公共工程建设情况，并依据董事会的决策列出下一年的建设计划。市政工程计划确定之后，其具体的建设实施工作视情况由租界工部局工程部门雇员完成，或由工程部门委托、招标其他企业施工。值得一提的是，在法租界早期，由于租界财政收入有限，法租界内租地人须承担市政建设的责任。法租界1893颁布的《市政临时组织章程》规定，租界内所有租地人都要承担关于市政设施建设，诸如道路、下水道、给水工程、路灯，以及公共事业的实施、地籍图的绘制、市政收入的征收、起诉迟交捐税的纳税人等责任。为了调动租地人进行市政工程建设的积极性，该章程第4条规定"租地人可以自行开展诸如码头、道路等公共工程的建造工作，其花费可以稍后从市政预算中得到偿还。但租地人不可以拒绝执行大多数租地人所要求的工程，前提是大多数的租地人认为这种拒绝会对公共工程建设造成明显妨碍"。

市政设施建成之后，由市政当局进行监管与维护，对于破坏或妨碍市政设施的行为，租界市政当局有权进行管理处罚。如法租界1894年发布的《警务与路政章程》中规定"严禁损坏道路树木、步行道及其他公共设施及照明设备，严禁以任何形式毁坏公共道路、侵占道路宽度或损坏草坪、土地或石料"，违者将被处以罚款。1920年《俄租界工部局市政章程及条例》规定，任何人在没有工部局书面许可的情况下，若对工部局管辖的道路、装卸场地，堤岸的铺地、石板、材质进行置换、取用等行为，将受到处罚并须出资修复。

4.1.2 工程承包制度

当租界市政当局工务部门人力或技术有限时，通常会将市政公共工程交由专门的土地开发或施工企业进行建设。各租界建设法规中对公共工程招标与承包制度的规定，明确了工部局与承包商的权力与责任，保障了市政公共工程建设的顺利完成。

天津最早颁布工程承包相关法规的是日租界。日租界专管居留地营造事务所制定租界总体规划文件后，于1901年发布了《日本专管居留地工程承包规则》（《日本专管居留地工事请负规则》），该规则一共25项条款，主要包含以下八方面内容：

（1）投标人资质。要求身份来历明确，从事土木建筑事业两年以上，且经事务所长认同有能力承包工程者。

（2）投标前告知投标人的事项。事务所长应在指名投标实行日前，告知投标人工程种类、投标及开标日、履约保证金额（必须在合同额的10%以上）。

（3）投标要求。包括签署合同、撰写标书、缴纳保证金及取消投标事宜等。

（4）中标方式。通常情况下，报价最低之投标者中标。若其报价与事务所长所定预算相差过远，明显不当时，则取消此次投标，或令投标人日后再次进行投标，或重新选定投标人进行投标。同时有两人或以上投标报价相同且为最低报价，立刻抽签以决定最终得标者。

（5）承包人应履行之义务及违约处罚方式。

（6）工程监理。监督官[①]负责每月检视工程进度计算当月工程费用、检视建材及指挥施工、判定某职工或杂工品行不正或技术拙劣。

（7）工程变更。专管居留地经营事务所所长有权依据实际情况可以要求变更工程、暂时停止施工或废止工程项目，承包人不得提出异议。

（8）一切有关施工纠纷的最终裁判权在于专管居留地营造事务所所长。

从内容上看，《日本专管居留地工程承包规则》已经相当成熟完备，明确了工程招标投标的要求、方式以及工程承包过程中可能出现问题的解决方法。依据这一规则，日租界专管居留地营造事务所对租界内土地填埋、道路铺设、沟渠开挖、河坝护岸、栈桥建设等工程进行招标（图4-1）。

投标完成后，得标人须与专管居留地营造事务所所长签订《工程承包合同》(《工事请负契约书》，附工费明细表），并签署由专管居留地营造事务所出具的《投标人须知》《承包人须知》以及《工程设计书》。《承包人须知》旨在明确工程区域、施工

图4-1 日租界市政工程投标人登记，1901

图片来源：経営工事二関スル件/分割1[A]．日本外务省史料馆，B12082546400．

---

① 监督官为日租界专管居留地经营事务所指派，属于专管居留地经营事务所职员。

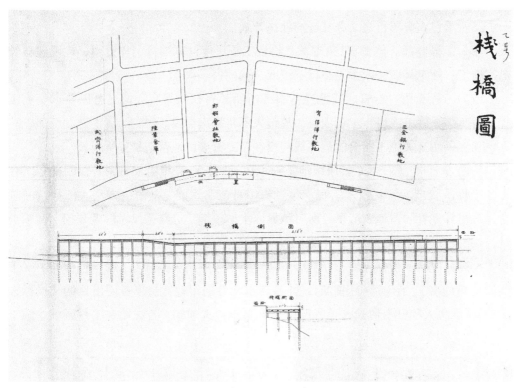

图4-2 日租界栈桥工程《工程设计书》所附设计图纸，1903
图片来源：経営工事ニ関スル件/分割2［A］. 日本外务省史料馆，B12082546400.

计划、施工工具与材料、工程交接以及施工过程中可能面临的诸项问题；在《工程设计书》中，由日本专管居留地营造事务所拟定相关市政工程的详细施工方案与要求，包括各项尺寸、材料、施工工艺等，并附设计说明图纸（图4-2）。承包人须签字承诺严格遵守以上要求。[①]

在法租界，1912年颁布的《天津法租界工部局行政章程》对租界内公共工程招标方式与流程进行了规定：秘书和相关行政机构的负责人按照董事会的要求起草工程的投标说明，投标邀请由秘书直接向企业或通过新闻界发出。投标完成后，工程合同经过相关委员会批准，由相关行政机构负责人、承包商、秘书和董事会主席签署，一式三份，分别交由承包商、相关行政机构和秘书处存留。秘书将合同副本交由巡警处负责人，以便遵照合同内容监督工程的实际执行情况。[②]

---

① 経営工事ニ関スル件/分割2［A］. 日本外务省史料馆，B12082546400.
② Conseil d'Administration Municipale de la Concession Française de Tientsin, Reglement Administratif［M］. Tientsin: Imprimerie Hsie-Ho, 1912. 法国南特外交部档案馆，961PO/1-7.

1922年，英租界工部局发布的《英租界市政信息手册》中对英租界内的公共工程投标制度进行了如下规定：

（1）工部局有权接受全部或部分投标。

（2）工部局并非必须接受出价最低的投标，或某一投标，或支付投标者在投标过程中的花费。

（3）中标者须确保完成合同内容。

（4）工部局决定是否在市政公报上公布投标者姓名与报价。

（5）为了得到有诚意的投标，投标说明书可收取费用。

（6）标书须密封，外部标记，交由天津英租界工部局总务处。

从这一规定可以看出，英租界工部局在公共工程投标中享有较大的权力，可以自行决定由谁中标、是否公布投标情况、是否收取投标说明书费用等。

除以招标方式将市政工程承包给营造商外，英租界工程处亦有自备工人进行租界市政工程的建设工作。英租界工部局工程处在1929年报告中提到："本年建设工程强半，采用自备工力办理成绩更形显著，除推广界水力机填土地段挖掘土坝工程暨房屋建筑工程外，所有其他工程概由自备工筑造，工作状况较为精细，与夫工费节省概堪称意。"[①]至1930年，工程处各项市政建设工程及新房屋建筑"概由自雇工办理，其工作成绩与工资节省概堪称意，比之往年包工建筑精美过之"。[②]可见，由于用工程处自己的工人进行建设比承包给营造商更为经济、工程完成质量更高，20世纪20年代末，英租界的市政工程建设逐步交由工程处自雇工人完成，以雇工制代替包工制。

4.2 近代天津租界的道路交通建设

道路系统是城市规划的重要组成部分，也是租界城市市政工程建设的重点。道路空间是租界发展初期最重要的租界公共活动空间，因而关于道路管理的法规往往出现较早，如天津法租界最早的市政章程即为1877年的《警务路政章程》。随着租界建设的发展完善，租界道路体系的规划更加复杂，道路建设与管理法规也不断地发展调整以适应新的道路建设与交通等问题。本节从道路的建设管理、规划与交通三个方面探讨天津各租界道路管理制度的法制化。

---

① 天津英工部局. 1929年董事会报告暨1930年预算[M]//天津市档案馆. 英租界档案. 天津：南开大学出版社，2015：4015.

② 天津英工部局. 1930年董事会报告暨1931年预算[M]//天津市档案馆. 英租界档案. 天津：南开大学出版社，2015：4121.

4.2.1 道路建设管理

道路建设管理的第一步是道路建设用地的划定与获取，这是租界开辟后市政当局最先计划和开展的租界建设活动，也是通常会在租界条款中进行明确的内容。法租界早在1861年的《天津紫竹林法国租地条款》中就出现了关于道路用地的条文，其第8条规定"法国商人愿租之地办妥后，所界定墙外，前面去河沿应留地三丈，后面留地二丈五尺，以为公共道路，不得稍有逾越"。关于这一条款的原中文表述易产生歧义，笔者对比了相应法文条款，其准确含义为：法国公民或受法国保护者，在天津法租界租用土地后，如果所得土地沿海河岸边，相应房屋需距河岸预留三丈空地以用来建设码头；如果所得土地位于海河沿岸以外的其他位置，只需在房屋前预留二丈五尺的空地用以形成公共道路。[①]由此可以推测，天津法租界在成立之初划分地块时，并没有预留出道路用地，而是照此规定由租地人在建筑房屋时退让土地边界线以形成道路。

英租界在1897年与1903年进行租界扩张时，首先对扩张租界内的道路用地问题进行了规定，以便于日后开发建设。1897年《新议英拓租界章程》《拿犯章程》中规定："所有界内拟开马路地位方向，将来一一标明绘具图说，送交华官会商办理，出示晓谕。自示之后，此项马路上不准建造房屋。将来租地造路如必须两国官员会同定价者，仍按照附近地亩时价给付业主。"1903年《津海关道与英领事为推广租界会衔告示》中规定，"界内所有拟开道路，其地位方向绘有全图显示，工部局自示之后，此项道路上不准起造房屋或别项工作，以免有碍修道等事。倘工部局欲买地产为筑道路之用，该业主务须遵卖，概照市价发给，倘价值不满其意，准该业主禀请地方官转商总领事妥议施行"。[②]

在法租界，道路规划完成后，租界当局会派专业的测量人员划定道路边界红线。法租界1912年的工部局市政章程规定，当租界内道路红线的测量工作（包括公共道路的建设和拓宽等）结束时，测量结果会向公共公示，且可以在路政部门办公室查阅。任何工程项目都不能超出现有道路及预定拓宽的道路红线范围，或在道路红线穿过的地块上进行建设。违者将受到罚款并自费拆除违章工程。此外，在划定新修道路或者新延长道路的红线时，市政部门将对红线内道路占用的业主的土地、房屋进行估价赔偿，赔偿采取直接赔款或者交换其他租界内市政当局土地的方法，赔偿的具体内容可以通过协商或仲裁的方式确定。在此规定基础上，1930年法租界市政章程修订时，增加了公共道路测量与赔偿工作执行时相关土地的估价方式与条件。

---

① Reglement Relatif a l'Affermage a Perpetuite des Terrains dans les Limites de la Concession Française a Tienn-Tsinn 1861 [A]. 德国联邦档案馆.
② 天津档案馆. 天津租界档案选编[M]. 天津：天津人民出版社，1992：19.

租界道路的建设施工由各租界工部局的工程部门负责管理。如英租界1902年拟定的合并计划草案中第24条规定，工部局或公共工程委员会可以按照自身需要在租界内开辟新的道路，对租界内或市政当局所拥有的土地上现有或将有的公共道路进行修理、维护、铺设；并且可以在不影响人们出入其住所的情况下封闭道路，进行道路或排水系统的施工。1918年《驻津英国工部局所辖区域地亩章程》中规定，为了公共利益，工部局可酌情开辟新道路或改造已有道路，随时铺砌、修理、维护所辖区域内的道路，所有铺砌产业及筑路材料应由工部局管理。

私人在公共道路上的建设活动同样受到工部局的管理。法租界1894年的《警务路政章程》第19条明确规定任何居民不得在公共路段开挖壕沟。1912年《天津法租界工部局市政章程集》的工程业务章程部分对侵占公共道路的工程施工许可进行了具体规定："一切公共道路设备安装，或侵占公共道路的工程，包括所有电力线路、电报线路、管道以及建筑物等任何维修、改建或拆除现有安装的工程，不得在未经工部局许可的情况下进行。申请施工许可时应提交所有必要图纸。"这里的"必要图纸"依据新建、改建或拆除需求，与新建建筑、建筑的改建及拆除许可所需的图纸要求相同，并且需在申请许可时注明土地所有情形。1930年时，此条款内容增加了对电线、电缆穿过公共道路方式的规定："禁止任何电线、电缆及电话线路斜向穿过公共道路。只允许电线、电缆垂直与道路轴线穿过，且相邻穿过道路的电线、电缆间隔须超过三十米。"与法租界类似，意租界1924年颁布的《天津意国租界章程》的建筑章程部分第21条规定：所有在道路上进行的私人工程，如掘地安置电线、水管、燃气管，或电车轨道、电车杆、电话杆、电报杆及输送电力的电杆镶板改建等，须得到工部局许可后方可开工。

4.2.2 道路分级规划

道路分级规划是指依据道路功能、性质的不同，将道路分为不同等级，每一等级有各自的设计标准。天津的英、日、意租界都进行过道路分级规划。

英租界代理工程师安德森1918年向工部局递交的英租界规划方案，目标之一就是进行道路分级规划，按照交通需求调整道路宽度。安德森明确指出进行道路分级的理由是"从经济的角度进行仔细考量"，他认为租界内的主要道路需要足够宽阔，而居住区内道路则无须如此，否则将造成资源浪费，增加铺设与维护道路市政花费，导致房地产租金增加却没有相应收益，进而阻碍租界开发建设。在这一规划方案中，安德森详细设计了英租界推广界内的主要道路、次要道路、非交通道路等的宽度、铺设方式及行道树系统，并绘制了相应的道路断面图[1]（表4-1、图4-3）。

---

[1] British Municipal Extension Council, Tientsin, Report of the Council for the year ended 31 December, 1917 and Budget for the year ending 31 December, 1918. 天津市档案馆. 英租界档案[M]. 天津：南开大学出版社，2015：1459-1471.

1918年安德森英租界规划方案中的道路规划部分内容　　表4-1

道路类型	道路设计	道路断面图
主要道路	道路宽67英尺,其中只有24英尺宽的路面需用碎石铺设(电车线路为林荫道上的灰渣轨道),两侧路缘间的宽度为51英尺	
主要道路	对于连接两条干道至海光寺路的林荫道,总宽度为72英尺,中间为灰渣铺设的林荫道,两侧各有16英尺宽碎石铺设的道路	
海光寺道	从林荫道尽头至马场道二道桥,道路总宽度为82英寸。其中有32英寸宽碎石铺设的道路。以行道树分隔,余下一条26英尺宽、独立的、未用碎石铺设的马车道,可以将中国人从海光寺路引至租界北边界,这一部分道路总宽度为43英尺。建议保持海光寺路现有位置,保留道路西侧的边界地带,以使得工部局可以控制两侧朝向道路的房产建设	
马场道	道路宽60英尺,可设24英尺宽碎石铺设的马车道,南侧保留14英尺宽骑马道,北侧保留10英尺宽步行林荫道以留充足空间供树木生长。这一空间用灰渣铺设路面足矣,至多于林荫道中央铺设4英尺宽沥青路面	
次要道路	承担一定本地交通的道路可被称为次要道路。道路宽度为43英尺,其中有24英尺宽碎石铺设道路	
非交通道路	只服务于临路住宅的居住区内道路,道路宽度为33英尺,需满足对其需求,并设16英尺宽马车道	

资料来源:笔者整理绘制,参见British Municipal Extension Council, Tientsin, Report of the Council for the year ended 31 December, 1917 and Budget for the year ending 31 December, 1918. 部分翻译参考陈国栋. 天津英租界(1860—1943)城市建筑史比较研究[D]. 天津:天津大学,2017:515-521.

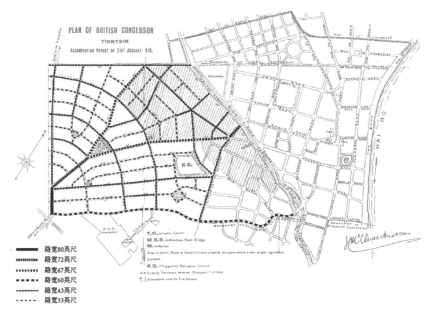

图 4-3　英租界安德森规划中推广界道路分级示意图，1918

图片来源：笔者摹绘，底图源自British Municipal Extension Council, Tientsin, Report of the Council for the year ended 31 December, 1917 and Budget for the year ending 31 December, 1918. 收录于天津市档案馆. 英租界档案［M］. 天津：南开大学出版社，2015：1725.

日租界的早期规划中已经出现了对道路分级的考虑。1899年的《天津日本居留地要志》首次规划了日租界的路网系统，包括七条横向道路与五条纵向道路，分为"大路"与"小路"两种道路级别，"大路"宽40尺，"小路"宽30尺（图4-4）。[①]虽然这一规划方案最终并没有能够实施，但确立了日租界道路的分级建设思想，也为日后日租界的道路分级规划奠定了基础。

1901年，日租界专管居留地营造事务所向日本外务省递交了日租界总体规划《天津日本专管居留地设计要志》，[②]其中进行了更为具体的道路分级规划。日租界道路被规划为三个等级，各等级的道路分别由不同的宽度、铺设材料、人行与车行设计规定（表4-2、图4-5）。在后续的日租界道路实际建设中，部分道路宽度有所调整[③]，最终形

[①] 居留地所払下ニ関スル件/分割1［A］. 日本外务省史料馆，B12082546400.

[②] 《天津日本专管居留地设计要志》的主要规划内容包括区域位置、市街区划、市街地埋筑、道路、下水沟、土地、家屋、测量费、工程、居留地经营收支、附言。参见居留地所払下ニ関スル件/分割1［A］. 日本外务省史料馆，B12082546400.

[③] 在日租界第一期道路建设中，"第四号道路（现福岛街）最初虽定为幅宽十间的道路，但因并无设为十间幅宽的必要，为了增加住宅基地面积，改为七间道路"。参见王康. 天津原日租界规划沿革初探［D］. 天津：天津大学，2010：56.

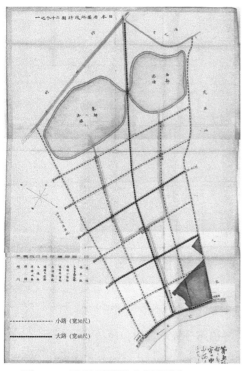

图 4-4 日租界道路分级规划，1899

图片来源：笔者摹绘，底图源自日本外务省史料馆。

图 4-5 日租界道路分级规划，1901

图片来源：笔者摹绘，底图源自日本外务省史料馆。

成等级分明的日租界道路体系。

与英租界、日租界类似，天津意租界也进行了明确的道路分级规划。1924年的《天津意国租界章程》中明确了租界内道路分级情况：意租界内共有主要道路5条，次等道路11条（表4-3）。

天津日租界1901年规划方案中的道路分级规划　　表4-2

道路等级	道路位置	道路设计
一	白河沿岸道路	道路幅宽十间，只在一侧设置幅宽十二尺的人行道，其余作为车道。在其间设一尺宽的沟渠，车道底层敷设厚六寸的碎砖，其上再敷设厚四寸的碎石。人行道底层敷设厚四寸的碎砖，其上再敷设厚三寸的碎石。在路面敷设厚一寸的灰土，沟渠以五寸厚的灰土为底，两侧由砖砌筑
二	海大道及西北边界道路	道路幅宽十间，在两侧各设九尺宽的人行道，中央为车道，人行道与车道之间各有幅宽一尺的沟渠，构造同前
三	其他道路	道路幅宽五间，不区分人行与车行，两侧各设幅宽一尺的沟渠，构造与前述的人行道相同

资料来源：笔者整理绘制，参见王康. 天津原日租界规划沿革初探[D]. 天津：天津大学，2010：48. 原日文档案为"机密第三十二号"，日本外务省史料馆，B12082544800.

意租界道路分级 表 4-3

	意文名称	中文名称
主要道路	Corso Vittorio Emanuele III	大马路
	Via Ermanno Carlotto	三马路
	Banchina d'Italia	意租界河坝路
	Via Principe di Udine	东马路
	Via Marco Polo da Corso Vittorio Emanuele III a Via Flume	西马路由大马路至中交界路之间
次要道路	Via Vettor Pisani	二马路
	Via Firenze	南东马路
	Via Marchese di St. Giuliano	六马路
	Via Torino	南西马路
	Via Roma comprese le Piazza Regina Elena e Piazza Dante	五马路其东圆圈及西圆圈均在内
	Via Trieste	意奥交界路
	Via Conte Galiina	四马路
	Via Tripoli	小马路
	Via Salvago Raggi	医院小马路
	Via Matteo Ricci	工部局对过小马路
	Via Zara	西南交界路

资料来源：笔者绘制整理，参考自Municipio della Concessione Italiana Tientsin Regolamenti 1924 [A]. 日本外务省史料馆.

租界的道路分级规划主要是从经济的角度出发，通过按照道路交通需求合理设计道路宽度、铺设材料等，减少不必要的财政开支，同时可以留出更多的土地面积用以修建住房，或作为宅前开放空间以提高居住区环境。

4.2.3 道路交通法规

城市的道路交通能力是城市发展的重要影响因素。对近代天津各租界而言，租界道路是租界内公共建设与治安管理的重点区域，道路交通高效有序往往能够吸引土地投资，提高道路两侧土地价值，进而推动租界房地产业与租界建设的发展。因此，道路交通管理通常是各租界当局进行租界管理的重要方面，由租界的警务部门负责管理维持交通秩序。近代天津各租界当局均针对租界内道路交通问题制定有专门交通法规或条款，法规内容大致可分为交通工具管理与交通秩序管理两类。

4.2.3.1 交通工具管理

19世纪的天津，新型交通工具的传入与数目的激增催生了租界交通法规的制定。19世纪80年代，人力车由上海传入天津；1895年左右，全城的人力车数量已经多达四五千辆。[1]人力车的出现带来了新的税收来源，"中外国之官，每月收捐钱500文给执照"，[2]租界当局对人力车进行管理成为必然。1894年，法租界当局最先颁布了《人力车章程》，规定所有法租界内行驶的人力车均须在法租界工部局登记获取执照，在警务部门管理下须保持车辆卫生，禁运煤炭、鱼类、酒精等货品。[3]

20世纪后，随着汽车、电车等现代交通工具在天津出现，各租界陆续颁布相应管理法规，均要求在各自租界内行驶的各类车辆向工部局申领执照，方便管理的同时亦可充盈租界财政收入。如英租界1913年出版的《工部局市政章程手册》中规定了汽车、摩托车、自行车、马车、私人人力车及公共人力车等交通工具的执照申请与行驶要求；[4]日租界在20世纪初颁布《人力车与运输车辆执照收费规则》(《人力車運搬車鑑札料規則》)[5]，20年代颁布《车辆管理规则》(《荷車取締規則》)，[6]作为日租界内道路行驶车辆的管理法规；比租界1923年颁布的《天津比租界临时董事会市政章程集》中对人力车、马车、手推车、汽车、摩托车等的执照管理与行驶规范提出了要求；[7]意租界1924年的《天津意国租界章程》中收录有《汽车章程》与《胶皮车[8]章程》，分别对意租界内汽车与人力车的管理进行了规定。

4.2.3.2 交通秩序管理

租界道路的交通秩序一直是租界治安管理的重点。天津的租界在设立初期，马匹是道路交通主力，各租界进行交通秩序管理亦主要是为了避免马匹冲撞行人。在1863年英国驻津领事颁布的《天津埠地方章程》中，规定禁止马夫在英租界内遛马。1894年天津法租界颁布的《警务路政章程》对车辆与骑马的行驶速度、马匹穿行道路方式、马匹停靠的位置与时间等进行了规定。与法租界类似，德租界1899年颁布的《天

---

① 刘海岩. 电车、公共交通与近代天津城市发展［J］. 史林，2006（3）：20.
② 储仁逊. 闻见录［Z］. 第1册，未刊稿.
③ Reglements Municipaux. Concession Française de Tienn-Tsinn 1894［M］. Peking: Typographie du Pe-T'ang, 1894. 德国联邦档案馆.
④ Hand Book of Bye-laws and Municipal Information［M］. Tientsin: Tientsin Press, Limited. 1913: 9-15.
⑤ 参见天津居留民团1908—1913年通常民会议事录，藏于天津市图书馆.
⑥ 外务省亚细亚局第三课. 领事馆令集追录［M］.（出版地不详）1924：308.
⑦ Conseil Provisoire de la Concession Belge de Tientsin Recueil des Reglements Municipaux 1923［M］. Tientsin: Tientsin Press, Ltd., 1923. 法国南特外交部档案馆.
⑧ 即人力车。

津德租界警务章程》要求马匹、车辆均应靠左侧行驶，出于公共安全考虑禁止在道路上骑马奔驰或驯马、试马。

20世纪后，天津租界的交通情况日渐复杂。随着各租界的建设发展，部分租界开通了电车，租界道路上机动车辆与行人数量逐渐增多，交通拥堵以及交通事故时有发生，尤以人口密集、商业繁华的英、法租界为甚，对新的交通秩序规章的需求日益迫切。在此背景下，法租界1912年出版的《法租界市政章程集》收录了新的交通路政规则共27条，除关于马匹、车辆管理规则外，对道路行车规则进行了详细规定，其内容与现代交通规则已经颇为类似，如规定"所有车辆或骑行者应当靠左行驶。如果想要超车，必须从同向前方车辆的右边超车并提前警示前方车辆"，"驾驶员在十字路口必须减速，并随时注意交警的指挥信号，如有必要即刻停车"，"如果要变换道路，左转必须以尽可能低速转小弯，如果需要右转必须转大弯，在转弯行动之前，驾驶员必须用手示意相邻车道的其他车辆其转弯方向"，"所有用橡胶轮胎的车辆必须配备小钟、铃铛或喇叭用以警示靠近的车辆（50米以内）"等。① 这一规则分别在1916、1925、1930年由法租界当局修订出版，增加了关于交通事故处理、车辆夜间照明方式等规定。

天津英租界关于交通秩序的法规出现较法租界略晚。1919年英租界工部局公布的市政条例中新制定了交通规则共23条，后在此基础上于1931修订颁布《英工部局交通条例》（British Municipal Council Traffic By-law），是关于英租界道路交通的专门法规。这一交通条例共有61项条款，内容包括名词释义、行人在道路上行进及上下车辆时的行为、车辆行进与停放、车灯设置、驾驶人资格等，并对道路中间植有树木的马场道的交通规则进行了特殊规定，将狭窄的"十二座房"（Victoria Terrace）巷地设为单行道。此外，该条例附有平安电影院前汽车、人力车等停放规定（图4-6）。②

除英、法租界外，德租界1908、1911、1912、1915年等年份颁布的《天津德租界警务章程》，奥租界1908年颁布的《大奥斯马加国管理天津租界章程正要》后所附《巡捕处章程》，俄租界1920年颁布的《市政章程与条例》，意租界1913年颁布的《天津意大利国租界章程及条例》中"卫生及警律"部分，以及1924年颁布的《天津意国租界章程》等租界法规中，均有条款对租界内道路交通秩序作出规定。

---

① Conseil d'Administration Municipale de la Concession Française de Tientsin, Recueil des Reglements Municipaux 1912［M］. Tientsin: Imprimerie Hsie-Ho, 1912. 法国南特外交部档案馆，961PO/1-7.

② British Municipal Council Tientsin. Traffic By-law［M］. Tientsin: Tientsin Press, Limited. 1931.

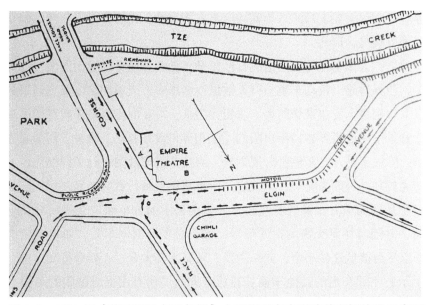

图 4-6　1931年《英工部局交通条例》中所附平安电影院前车辆停放示意图

图片来源：British Municipal Council Tientsin. Traffic By-law [M]. Tientsin: Tientsin Press, Limited. 1931.

4.2.3.3 电车建设与电车交通法规

电车的出现是近代天津道路交通建设发展史上的里程碑事件，电车的运营带动了天津租界与华界公共交通网络的形成，促进了电车沿线的土地房屋建设，最终推动了近代天津城市空间的形成。

庚子事变后，由比商投资的"天津电车电灯公司"[①]向都统衙门申请电车与供电的经营权，1901年6月都统衙门同意向其授出除租界外所辖城区的经营权。[②]1902年都统衙门将天津政权移交清政府代表袁世凯。经重新谈判，1904年4月，清政府代表与电车电灯公司代理经营商世昌洋行签订《天津电车电灯公司合同》，该合同授予了电车电灯公司"以城内鼓楼为规心其半径线至边界不得过六里之外"范围内电车、电灯的五十年垄断经营权。[③]1905年，电车轨道铺设工程开工，至1928年红牌、蓝牌、黄牌、白牌、绿牌、蓝黄牌六条电车线路先后通车（图4-7、表4-4），覆盖华界、日租界、法租界、奥租界、意租界、俄租界，电车轨道总长13495315米。[④]

---

① 该公司最初名为"天津电灯车路公司"，后改为"天津电车电灯公司"，由世昌洋行代理经营。参见刘海岩. 电车、公共交通与近代天津城市发展[J]. 史林，2006（3）：22.
② 倪瑞英，赵克立，赵善继. 八国联军占领实录（上）[M]. 天津：天津社会科学院出版社，2004：315.
③ 天津电车电灯公司合同[A]. 比利时国家档案馆，COMPAGNIE DE TRAMWAYS ET D'ECLAIRGE DE IENTSIN S.A. 560.
④ 吴蔼宸. 华北国际五大问题[M]. 上海：商务印书馆，1929：407.

近代天津电车线路建设情况 表 4-4

线路名称	线路起止	通车年份
红牌	由北大关经金汤桥特别二区意租界至老车站	1906
蓝牌	由北大关经日租界经万国桥至老车站	1908
黄牌	由北大关经日租界法租界至海关河沿	1908
白牌	环绕天津旧城	1906
绿牌	由法租界天增里至老西开教堂河沿	1918
蓝黄牌	由东北城角官银号日租界至法租界之大沽道	1928

资料来源：笔者自制，数据整理自吴蔼宸. 华北国际五大问题 [M]. 上海：商务印书馆，1929：407-408.

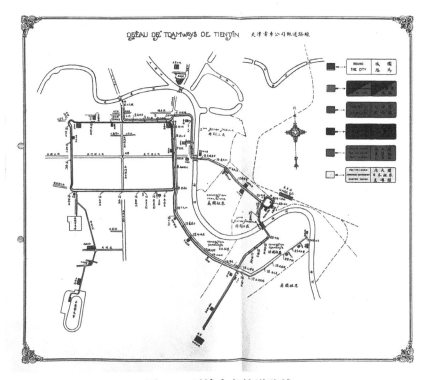

图 4-7 天津电车轨道路线

图片来源：比利时国家档案馆，COMPAGNIE DE TRAMWAYS ET D'ECLAIRGE DE IENTSIN S.A. 365.

近代天津电车轨道的铺设带动了道路建设的发展。天津电车轨道仿照当时欧美城市，电车轨道设为1米宽，设双向车道。①电车轨道的铺设使得原有道路的宽度需求

---

① Banque D'outremer [A]. 比利时国家档案馆，1920.4.4.

增加，1906年法租界的电车线路规划后，为满足电车行驶需要，法租界工部局将电车经过的葛公使路与杜总领事路由9米拓宽至16米，按照道路拓宽要求对道路两侧建筑物实施拆除或改建。①电车的引进亦推动了道路铺面材料的发展。20世纪初天津租界道路路面以灰渣或碎石为主，因电车行驶的稳固与安全需要，电车轨道下路面须铺设烧结砖（Brique Klinker）（图4-8），20年代法租界道路普遍铺设沥青，法租界内电车轨道改为铺设于沥青路面上（图4-9）。

电车的通行带来了沿车线路街道的繁华，也带来了道路交通治安管理压力。随着连接天津老城与租界的电车交通网络的形成，商业投资大量向电车轨道沿线转移，以黄牌、蓝牌电车经过的日、法租界电车沿线成为商业投资的主要聚集地。②为确保电车运行沿线人员安全，维护交通秩序，法租界工部局于1916年首次颁布了《有轨电车交通规则》共16条，内容包括电车公司、电车司机、乘客的相应职责，事故处理方

图4-8 天津日租界电车轨道与路面，1930
图片来源：比利时国家档案馆，COMPAGNIE DE TRAMWAYS ET D'ECLAIRGE DE IENTSIN S.A. 450.

图4-9 天津法租界电车轨道与路面，1930
图片来源：比利时国家档案馆，COMPAGNIE DE TRAMWAYS ET D'ECLAIRGE DE IENTSIN S.A. 450.

---

① Conseil d'Administration Municipale de la Concession Française de Tientsin, Ordonnances, Rapports et Documents. Dépense de l'exercice 1906. Budget 1907［A］. 法国南特外交部档案馆. 转引自李天. 天津法租界城市发展研究（1861—1943）［D］. 天津：天津大学，2015：45.
② 刘海岩. 电车、公共交通与近代天津城市发展［J］. 史林. 2006（3）：25.

式，月台设计要求，车灯设置要求以及处罚措施。①这一规则后经修订，在1930年发布的版本中增加了关于电车靠站与启动时的安全规定。②

4.3 近代天津租界的市政管网建设

4.3.1 排水设施建设

城市排水系统的建设情况是其现代化程度的重要标志。近代天津租界的市政排水设施几乎是与道路建设同步进行的，其类型可以分为排水沟渠与下水道。至1937年，天津各租界内共修建了钢筋混凝土下水道约152公里，建设排水泵站6座。③近代天津各租界排水设施的建设首先出于租界卫生要求的考虑，将其作为市政设施建设的重要部分在租界建设法规中予以规定。租界排水设施的完善提高了租界的卫生环境与城市面貌，进而推动了租界房地产价值的提升，带动了租界发展。

4.3.1.1 英租界

天津英租界在19世纪已经开始了市政排水设施的建设，早期的排水设施主要是排水沟渠。英租界建设法规中最早关于排水设施建设的规定出现在工部局1902年拟定的《英租界合并计划草案》，该草案第30条规定，为提高英租界内排水效率，英租界工部局或公共工程委员会可以随时在公共道路下建设下水道或排水沟渠、设水泵等对下水道或排水沟渠进行清理。只要不造成干扰，工部局或公共工程委员会可替换、改进或废弃此类排水设施。此外，工部局可以按照其需求制定相关排水条例，亦可要求房地产私人业主修建排水沟与公共排水沟相连。④这一规定明确了英租界工部局对租界内排水设施的建设与管理权力。

1918年英租界三界正式合并管理，当年颁布的《驻津英国工部局所辖区域地亩章程》第36条"马路与沟渠"在1902年草案的基础上进一步说明了工部局对租界内的排水设施建设管理的具体内容：

（1）工部局可以随时在道路下安置输水管、下水道或建设暗沟。使得工部局所辖区域或设置产业处所均有良好的沟渠，并按需要设置贮水池、水闸及其他工程。

---

① Conceseil d'Administration Municipale de la Concession Française de Tientsin. Recueil des Reglements Municipaux 1916［A］. 法国南特外交部档案馆，861PO/1-17.

② Conseil d'Administration Municipal de la Concession Française de Tientsin. Reglement General de la Concession Française［M］. Tientsin: Peiyang Press. 1930.

③ 任云兰. 天津市政设施的近代化［J］. 天津经济，2003（10）：61-62.

④ Draft Scheme for Amalgamation of the Four British Municipal Areas（Drawn up in 1902）［A］. 1902. 英国国家档案馆，FO674/350.

（2）工部局在必要时准许排水沟渠与下水道横穿公共道路，若有损私人利益，以减少至最低限度为旨。若完成此项工程须经过私人房地产，董事会应递送通知后再行办理。

（3）工部局可随时加粗、更改或改良此类排水沟渠或下水道，并于其不适用时拆毁或阻断。

（4）工部局可在需要时制定关于排水系统的条例，并可以要求地主或住户于其地产及公共排水沟渠或下水道间敷设水管关联公共沟渠，用以疏泄。

（5）对马路、排水沟渠或下水道进行施工时，工部局可以将全部或部分路段封闭禁止通行，但仍不会限制该处住户居民徒步出行及行人往来。

（6）关于道路、下水道及排水沟渠用途，工部局随时制定惩罚条例，取缔阻碍或滥用的情况。

（7）凡工部局所辖区域内的道路只可由工部局测量，其一切权利与英国的道路测量员相等。

在这一条款的规定下，英租界工部局迅速在以推广界为主的英租界地区开展了市政排水设施的规划建设（图4-10），其墙外推广界内的下水道规划"还包括一项逐渐加粗的干管系统，从海光寺附近的最远端开始，直径为12英寸，逐渐增加到18英寸、

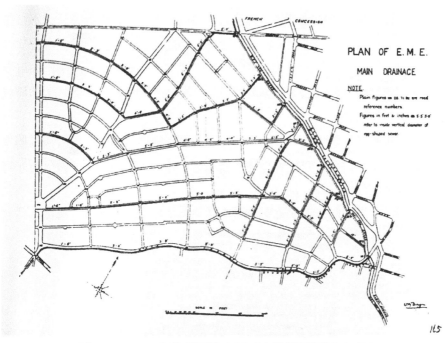

图 4-10　1919 年英租界推广界下水道管网规划平面图

图片来源：British Municipal Council Tientsin. Report of the Council for the year ended 31st December, 1919. And budget for the year ending 31st December, 1920［M］. Tientsin: Tientsin Press, Limited. 1920.

27英寸等,到墙子河的排水出口处时直径已达五六英尺。化粪池中的污水以及道路上的雨水都会从与房屋相连的排水管和道路的排水沟流入排水干管。流入墙子河的污水,很快就会被排入海河。这个地区排水管道的高度比周围地区的正常地平面还要高一些,这就使污水很顺畅地流入总管"。① 英租界下水道管道的设计采用的是发明于19世纪末英国的卵形管道,造型下窄上宽,可以加快管道内污水流速。

相较于封闭的下水道,排水沟更易影响租界的空气与卫生状况,随着下水道的大量铺设及其排污能力的增强,英租界当局从租界卫生的角度出发对排水沟的使用进行了限定。1913年英租界工部局颁布的《条例与市政章程手册》中规定市政排水沟只能用于处理雨水、融化的雪水等地表水,而不适用于处理泔水、洗澡水、污水及其他有害液体。20世纪20年代,随着英租界市政排水排污设施的建设完善,手推粪车也逐渐被取代。1922年颁布的《天津英租界市政信息手册》中规定,1923年12月31日以后,运送生活废水的车辆将彻底在英租界内取缔,所有房屋均须建造化粪池,设置卫生设施连接下水道系统。英租界通过法律规定强制实施卫生排水设施的安装计划,实现了界内房屋新式卫生设备及排水设施的普及,结束了"粪车时代"。

4.3.1.2 法租界

天津法租界早期的排水设施同英租界一样,主要是沿道路挖筑的排水沟渠。20世纪初,随着法租界内道路拓宽工程的开展,下水道同时开始铺设。1908年,法租界当局制定了详细的下水道工程规范,包括规定下水管道的高度不能低于0.75米,以便于管道内部的清扫工作。同一年法租界工部局从巴黎聘请了下水道工程师菲利贝尔(Philibert)担任咨询员,仿照当时巴黎的城市下水道对天津法租界的下水管道系统进行了整体规划设计。②

法租界的下水道系统从租界西侧边缘的墙子河一直铺到河坝,管道的直径逐渐加大,到向海河排放的出口处直径已达6英尺。排污系统采取从房屋直接排放到下水道干管,省去了中间的化粪池。下水道管网的设计有助于使墙子河水位高时,河水可以从墙子河流入下水道,加大管道内的冲刷水量,再经过下水管道流入海河。这样的设计是为了使污水中的废弃物及时而彻底地被冲走,以保证经常处于最卫生的状态。③

随着法租界下水道大规模建设的开启,1909年,法租界工部局制定了针对私人建筑的下水道申请使用条款,与铺设有下水道的公共道路相邻的土地业主可以申请将自己土地建筑收集产生的雨水与污水排入公共下水道,其中道路之下的下水道工程费用

---

① 雷穆森. 天津租界史(插图本)[M]. 许逸凡,赵地,译. 天津:天津人民出版社,2009:291.

② Conseil d'Administration Municipale de la Concession Française de Tientsin, Ordonnances, Rapports et Documents. Dépense de l'exercice 1907. Budget 1908. 法国南特外交部档案馆. 转引自李天. 天津法租界城市发展研究(1861—1943)[D]. 天津大学,2015:43.

③ 雷穆森. 天津租界史(插图本)[M]. 许逸凡,赵地,译. 天津:天津人民出版社,2009:301.

由工部局承担，与道路之下下水道相连的管道工程费用由业主承担。1912年的《天津法租界工部局行政章程》中工程业务章程部分对租界内下水道的使用进行了详细的规定，内容包括市政下水道的使用申请、修建条件、管道规格与设计要点、市政当局的检查与维修管理权力、业主的责任与义务、废弃化粪池与边沟等的填埋处理、违反规定的处罚等。这一法规要求法租界内的所有房屋建筑须配备设备与市政下水道相接，推动了法租界城市卫生面貌的发展。

4.3.1.3 日租界

天津日租界的早期规划即已考虑到了对市政排水设施的规划设计。在1901年天津日租界专管居留地营造事务所制定的《天津日本专管居留地设计要志》中，下水道分为两种，第一种是沿道路中央地下埋筑的宽两尺高两尺五寸的下水道（暗渠），总长1311间；第二种是沿道路两侧挖筑的宽一尺的排水沟渠（明渠），与地下的下水道相通，总长231间，该规划方案中三个等级的道路均设计有此种排水沟渠。

依据这一规划方案，日租界在开始第一期道路建设时，同时沿道路建筑排水沟渠，并铺设了现代混凝土下水管道。"在主要交通干道旭街以东地区，借助于一架小型增压水泵，把污水排入海河；在旭街以西地区，则安装了一台较大的增压水泵，将污水排入墙子河。所有这些公用设施都经过极为精心的设计，并考虑到未来发展的需要……租界强制执行的卫生制度要求利用化粪池处理家庭污水，不得直接排入下水道内。下水道的排放能力与其他租界相同，通往海河与墙子河的排泄管道直径均从5英尺到5.5英尺。"[1]

1919年，天津日租界居留民团颁布了关于市政排水设施建设管理的专项法规——《下水道条例》，对日租界内供污水疏通使用的排水沟渠、下水道及附属建造物进行了规定。日租界的下水道系统包括公共下水道（下水道系统中的干管、支管及其附属建造物）与私人下水道（从污水发生场所连接到公共下水道的部分设备）两类。公共下水道由居留民团经费建造，私人下水道由土地上建筑物所有者或管理者自费建造。私人下水道须设置截流沉泥井，以便与公共下水道相连接。对于因地形等原因难以修建下水道的，须设置污水坑等进行污水处理。《下水道条例》明确了土地所有者、建筑物所有者或者其管理者有义务构筑、修缮私人下水道，以及在其废弃时对其予以撤废。该条例具体规定私人下水道的建设申请许可、检查程序、建造形式、建造材料以及向公共下水道排水的收费标准等，如要求："私设下水道应采用石材、砖头，施以釉药处理的陶管'水泥砂浆''水泥混凝土'及其他不渗透的材料，排水渠的横截面底部可采用圆形或者卵形构造。"[2]

---

① 雷穆森. 天津租界史（插图本）[M]. 许逸凡, 赵地, 译. 天津：天津人民出版社, 2009：315.
② 天津日本居留民团. 天津居留民团大正八年通常民会议记事录[M]. 1919：33-36. 天津图书馆藏.

4.3.1.4 其他租界

在英、法、日租界之后，近代天津俄、意租界也开启了排水设施建设工程，并出台了相关的建设与管理法规。

1912年《俄租界工部局市政章程及条例》中条例部分的第1~6条是对俄租界市政排水设施建设管理的规定，明确了工部局在排水设施建设许可、监督、花费、设计要求等方面的权力与职责。

1914年，俄租界当局发布卫生条例修正案，为进一步提升俄租界的卫生环境，禁止租界内居民使用排水沟渠排放生活污水。至1924年，俄租界已经建成了6000多米长的新式混凝土下水道。"下水道系统与道路的排水沟相连以排泄雨水和洪水，与化粪池的外流管道相连以排泄污水。已开发地区下水道排水干管经过乌拉路直通到海河，乌拉路横穿南北，大约位于租界的中心，而且几乎就是已开发地区与未开发地区的分界线。"①

在意租界，1913年的《天津意大利国租界章程及条例》规定，所有大马路沿线的房屋建筑均须设化粪池与建筑相连，将建筑内污水排入池中，建筑外墙须设雨水管，雨水与生活污水最终均由业主出资接入公共下水道。1924年的《天津意国租界章程》进一步对房屋建筑内卫生设备接入公共下水道的许可申请、设计规范、监督管理等进行了详细规定。

此外，德租界虽然在其建筑章程中明确提出新建建筑应将土地垫高以方便下水管道排水，②但是德租界当局始终未实际进行下水道的规划与建设。比、奥租界亦没有铺设下水道，粪车与粪桶仍然是这三个租界主要的卫生设备。

4.3.2 供水设施建设

天津地势低洼，地下水盐碱度高，井水多苦涩难饮，因而旧时天津居民的饮用水主要靠水夫运送河水。随着天津城市发展，人口增多，饮水需求的增加使得供水矛盾日益凸显。"今郡城斥卤，无甜水井可食，小车负汲数里外，罂缶压道，余滴浸街，即久晴亦愁泥滑。水一担不过三斗，非钱五文不可得。计人日食米大约以六、七合为率，乃以三斗水之资，去日食之半，其困实甚。"③此外，饮用水的处理也只是简单的去除泥沙杂质，存在很大的卫生安全隐患。近代天津租界的开辟使先进的饮用水处理技术和市政供水系统得以传入天津。虽然近代天津的自来水公司最初多由私人创办，

---

① 雷穆森. 天津租界史（插图本）[M]. 许逸凡，赵地，译. 天津：天津人民出版社，2009：311.
② Baupolizeiordnung fur das Gebiet der Deutschen Niederlassung in Tientsin 1899 [A]. 德国联邦档案馆，R901-30907.
③ 沈家本，榮銓（修），徐宗亮，蔡啓盛（纂）. 光绪重修天津府志（卷20，舆地二）[M]. 上海：上海书店出版社，2004.

但其在租界内的水井开凿及供水管网铺设工程均须遵照租界市政法规，在当局管理下进行。

4.3.2.1 天津自来水公司

近代天津自来水公司开办始于英租界。自19世纪80年代上海出现了自来水后，天津英租界的居民也开始关注水供给问题。当时租界居民同华界居民一样直接取用海河水，但由于租界位于天津老城下游，界内居民普遍担心海河水遭到老城居民的污染，成为传播疾病的媒介。1895年天津暴发霍乱，租界供水问题亟待解决，英租界部分有名望的商人联名向工部局提出建立自来水公司。1896年1月召开的英租界租地人大会就"天津自来水公司（Tientsin Water Works）"的成立事宜，及其与工部局的合同草案进行了讨论。关于供水设施的建设，该合同草案中规定"所有因铺设供水管网破坏的大路均须由自来水公司出资修缮完好，所有工程均在工部局工程师的管理下进行"，"天津自来水公司厂房所建地点须得到工部局认可"。①

1898年，由仁记洋行牵头、多个洋行参与投资，天津第一家自来水公司——"天津自来水公司"正式成立，采用海河水作为水源，按照上海的标准进行过滤，向租界提供私人与公共用水。英租界工部局给予天津自来水公司25年的免税特许经营权。1898年11月，该公司管道铺设完成，次年1月水厂建成，正式向英租界供水。

1923年，天津自来水公司特许经营权到期后，英租界工部局收购该公司自来水厂自行经营，成立水道处负责租界自来水事业的管理，并出于水质的卫生安全考虑将供水水源由海河水改为深水井（Artesian well，即自流井）。②

英租界工部局接管供水事业后，工部局工程处也承担了自流井开凿和供水管网的铺设工作，至20世纪30年代末，英租界供水管网已覆盖全界范围，工部局水道处共有三处自来水厂（巴克斯道机厂、达克拉道机厂、伦敦道机厂），另在海河坝上有抽水机房一处（图4-11～图4-13）。③1940年，工部局又于海光寺道设计建造了水道处新机厂（图4-14）。在英租界推广界的建设过程中，均在道路铺设前埋设供水管道、设置消火栓，做到了基础设施的提前施工。

为加强供水管理，英租界当局规定租界内井的开挖需要得到工部局许可。1936年英租界新修订的《工部局条例》中第32条规定，"无论何人在未曾请得工部局准照前不得在英租界内开凿井眼或致使他人开井"。

---

① Minutes of the Annual General Meeting of Land Renters in the British Concession, Tientsin, held in Gordon Hall, on 21st January, 1896［A］. 英国国家档案馆，FO228/1228.
② 刘海岩. 20世纪前期天津水供给与城市生活的变迁［J］. 近代史研究，2008（1）：52-67.
③ 董宝桢，翁开庆. 天津市自来水厂概况［J］. 卫生工程，1947（1）：41-46.

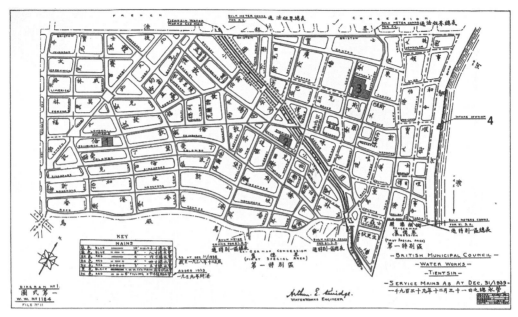

图 4-11　英租界总水管图与水道处机厂分布情况，1939

图片来源：天津英工部局. 1939年董事会报告暨1940年预算［M］//天津市档案馆. 英租界档案. 天津：南开大学出版社，2015：5198.

附注：图中1为伦敦道机厂；2为达克拉道机厂；3为巴克斯道机厂；4为河坝抽水机房。笔者标注。

图4-12　英租界达克拉道机厂内的水表

图片来源：British Municipal Council Tientsin. Report of the Council for the year ended December 31, 1940. And budget for the year ending December 31, 1941［M］. Tientsin: Tientsin Press. Ltd., 1941. 法国南特外交部档案馆，961PO/1-45.

图4-13　英租界水井产水情形

图片来源：British Municipal Council Tientsin. Report of the Council for the year ended December 31, 1940. And budget for the year ending December 31, 1941［M］. Tientsin: Tientsin Press. Ltd., 1941. 法国南特外交部档案馆，961PO/1-45.

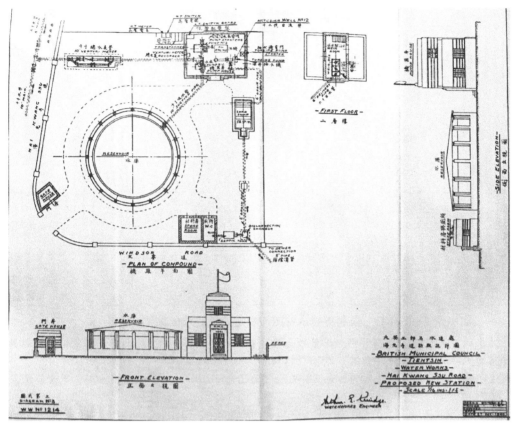

图 4-14 英租界工部局水道处海光寺新机厂设计图,1940

图片来源:British Municipal Council Tientsin. Report of the Council for the year ended December 31, 1940. And budget for the year ending December 31, 1941. 法国南特外交部档案馆,961PO/1-45.

除英租界外,与英租界毗邻的法租界与德租界也曾由天津自来水公司供应自来水。在德租界,最初由天津自来水公司直接向德租界用户输送自来水,自1922年10月起,改为整体供水,将通往德租界的三条供水干管切断,安装上水阀门和水表,自来水直接供给德租界工部局,再由工部局转供给每个用户。[①]1923年英租界工部局收购天津自来水公司后,仍然向德租界供水,但法租界自此改由"天津济安自来水有限公司"(Tientsin Native City Water Works Co., Ltd)供应自来水。1934年,德租界改由中国政府成立的水厂供水,[②]后因该水厂经营不善,德租界自来水供应事业于1937年由天津济安自来水公司接管。[③]

---

① 雷穆森. 天津租界史(插图本)[M]. 许逸凡,赵地,译. 天津:天津人民出版社,2009:297.
② 德租界于1917年收回,1934年时已经划为"特一区"。
③ 刘海岩. 20世纪前期天津水供给与城市生活的变迁[J]. 近代史研究,2008(1):52-67.

4.3.2.2 天津济安自来水公司

天津济安自来水有限公司成立于1902年,由三名中国商人芮玉堃、马玉清、陈济易联合创办,瑞记洋行代理。公司水厂位于南运河芥园(图4-15),于1903年建成,逐步向天津老城区及各租界区供水。水厂甫一落成,济安自来水公司就积极与俄、奥、意租界签订供水合同,后又先后与日、法租界签订合同,由该公司为这些租界铺设供水管道并供应自来水①。在各租界当局的授权下,济安自来水公司得以跨越租界铺设地下供水管网。关于供水管道建设工程,按照合同规定,济安自来水公司在"完成管道铺设后,应将道路恢复原始面貌,至市政工程师满意为止","管道铺设与道路恢复工作需快速进行,并以对交通影响最小为原则"。②此外,济安自来水公司直接向比租界内居民供应自来水。

依据与各租界当局的合同,除居民生活用水外,济安自来水公司还需向租界市政当局提供道路洒扫、消防、绿化浇灌等公共用水。例如,在1903年意租界工部局与天津济安自来水公司签订的协议中,第9条规定"当消防或警务部门发出通知后,应立即供应不少于两个消火栓每秒250加仑的灭火用水",第11条规定"该公司应向工部

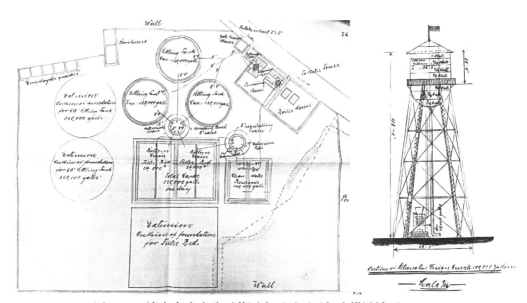

图 4-15　济安自来水公司芥园水厂平面图与水塔设计图,1902
图片来源:德国政治档案馆,R9208/1046.

---

① 济安自来水公司于1903年分别与俄、奥、意租界当局签订供水协议,于1915年与日租界日本居留民团签订供水协议。参见Supplementary Agreement [A]. 英国国家档案馆,FO678/1623.
② 在济安自来水公司与俄、奥、意、日租界的协议中均有这一规定。参见英国国家档案馆档案,FO678/1623, FO678/1624.

局供应充足用水，用以冲刷道路以及浇灌工部局设立的公园、花园、行道树与灌木丛"。①因此，供水管网的铺设通常伴随着消火栓的设置。

关于租界内建筑与供水管网的连接工程，以及自流井的开挖，各租界亦有相关法规进行规范。1920年《俄租界工部局市政章程及条例》规定：根据俄租界当局与济安自来水公司签署的协议，租界内所有每月房屋租税为15两及以上，且位于铺设了供水管网的街道上的房屋，可以与供水管网相接。济安自来水公司负责将供水管网接至房屋场地边界线或建筑外墙线附近，距离边界至多5英尺，房屋所有者承担剩余在房屋内铺设的费用。

1930年《天津法租界工部局法租界法规总集》中的工程业务章程部分对租界内水井的开挖进行了规定，所有自流井的开挖都要提前向工部局提出申请，附上井的支撑结构图以及与周边建筑的距离，并说明井的尺寸深度、预计产出量、升高自流井水位方法以及井水用途等。在井的使用过程中，自流井管网必须随时接受工部局和自来水公司技术服务部门的管理和监督。此外，原则上，在建筑施工过程中禁止以暂时使用为目的开挖任何普通井。

4.3.3 电力与照明设施建设

在煤气引入之前，近代天津的照明多采用菜油灯、煤油灯和蜡烛。1888年，天津英租界率先采用煤气为租界内居民提供炊事与照明之用。同一年，天津出现了电力照明，世昌洋行（Eduard Meyer and Co.）在他们的压羊毛机上加装了一台发电机，并在荷兰领事馆内装了一盏1000烛光的电灯。②20世纪初，天津租界开始普遍使用电力照明。1901年，法租界建设了天津最早的发电厂。1906年，比商电灯电车公司（Compagnie de Tramways et D'eclairage de Tientsin）成立，供应华界和意、奥、俄、比四国租界用电。此后，英、日、德三国租界也先后建立了各自的发电厂供应租界电力。③随着电力设施的发展建设，各租界当局出台了相应的电力建设与管理法规。

4.3.3.1 法租界

1901年，法国工部局率先在海河西岸的法国桥（今解放桥）旁建成了天津第一座直流发电厂。1902年，在法国领事馆旁（今哈尔滨道与吉林路交口）正式成立了法国电灯公司，老天津人称之为法国电灯房。随着法租界的发展，电力逐渐变得供不应求。1910年，在法国驻津领事兼工部局董事长甘司东的主张下，法租界当局将法国电灯公司让渡给该公司的工程师克利孟·布吉瑞（Mr. C. Boungery）继续经营，专利期限50年。在布吉瑞的经营下，1912年该公司在贝拉扣路与葛公使路之间（今哈尔滨道

---

① Agreement made this 7th day of March, 1903［A］. 英国国家档案馆，FO678/1623.
② 雷穆森. 天津租界史（插图本）［M］. 许逸凡，赵地，译. 天津：天津人民出版社，2009：79.
③ 任云兰. 天津市政设施的近代化［J］. 天津经济，2003（10）：61-62.

和滨江道之间）建成新电厂，所发电力可以供应整个法租界使用，同时旧电厂被工部局收回改建为变电所。1916年，在征得工部局同意后，布吉瑞将法国电灯公司改组为法商电力股份有限公司。在其经营下，法商电力股份有限公司规模不断扩大，1946年时，公司已由最初的两台50千瓦小型发电机发展到总发电容量达到8000千瓦。[1]

虽然法租界的电力公司转由私人企业经营，但租界内的市政照明设施仍然由工部局负责管理建设。1912年《天津法租界工部局行政章程》对法租界内公共照明事业的管理进行了规定。法租界工部局道路测量师负责监督租界内的公共照明事业，并于每月月底将相关报告递交给工部局秘书。在室外照明方面，道路测量师保管有租界室外照明系统的规划平面图，附有各街道的灯具数量、类型和尺寸。此外，道路测量师每天需要在照明时间段巡视租界街道，并将巡视情况汇报给秘书。巡警处负责人则负责记录每天室外照明开启和关闭的时间，并于月底向工部局秘书提交报告。至1940年，法租界全界范围内的室外照明电灯数量为40瓦电灯16盏，75瓦电灯283盏，100瓦电灯213盏，[2]其中功率较高的电灯主要位于界内交通最为繁忙的葛公使路、福巨路、大法国路和杜总领事路。

随着电气设施在法租界的普及，1930年法租界颁布的工程业务章程中对私人电气设备的建设进行了规定。需要安装电气设备的业主需要向法租界工部局递交申请并附电路线网示意图，电气设施的建造安装须严格遵守相关条款。[3]

4.3.3.2 英租界

在普遍使用电灯照明之前，天津英租界曾使用煤气灯照明。1888年，英国工部局与濮尔生（Poulsen）和林德代表的天津煤气公司（The Tientsin Oil-gas Company）签订合同，该公司将以每1000立方英尺不超过10元的价格为消费者供气，而租界道路的路灯从日落到日出，每盏10烛光灯每月收费1.5元，7.5烛光灯收费1.12元。煤气管道随即开始铺设，英租界于1889—1890年冬季开始使用煤气照明。但与英租界当局的预期不符，煤气照明比煤油灯花费更高。直至1904年，经营者改为"天津煤气电灯公司"（Tientsin Gas and Electric Light Company），英租界逐渐改为电灯照明。[4]

天津煤气电灯公司是英工部局委托仁记洋行（William Forbes & Co.）等集资建立，[5]地址位于英租界伦敦路（今成都道），供给整个英租界用电。1920年，英租界工

---

[1] 夏秀丽. 发源于租界的天津电力事业［J］. 天津档案，2017（4）：43-45.

[2] Conseil d'Administration Municipal de la Concession Française de Tientsin. Ordonnances, Rapports et Documents. Gestion Financiere de l'Erecice 1940. Budget de 1941［M］. Tientsin: Chili Press. 法国南特外交部档案馆.

[3] Conseil d'Administration Municipal de la Concession Française de Tientsin. Reglement General de la Concession Française［M］. Tientsin: Peiyang Press. 1930.

[4] 雷穆森. 天津租界史（插图本）［M］. 许逸凡，赵地，译. 天津：天津人民出版社，2009：79.

[5] 1903年，英工部局曾在英商仁记洋行内建立"天津使馆发电所"，给英国领事馆供电。参见夏秀丽. 发源于租界的天津电力事业［J］. 天津档案，2017（4）：43-45.

部局收购了天津煤气电灯公司的输电网（House Mains），由工部局工程处筹划建设新的发电厂。由此，英租界工部局将英租界的电力事业全部纳入其管理之下。

1919年，英工部局制定了电力管理的相关条例，条例内容包括接线服务、房屋地块内电线铺设、电压与电流、电表租赁与设置、用户责任与工部局职责等。英租界内的一切个人、企业的电力接线事宜均须向工部局递交申请（图4-16）且只能由工部局提供该项服务。1922年发布的《天津英租界工部局市政信息手册》对英租界的电力建设情况进行了介绍。英租界工部局的新建市政发电站（Municipal Power Station）（图4-17）位于Wellington路与Creek路交口，该发电站拥有两台由格拉斯哥的詹姆斯豪顿（James Howden）[①]先生提供的1000千瓦的涡轮发电机，高压开关板由Johnson & Phillips公司提供，低压开关板及相关设备由工部局电务处设计制造。此外，该条款对电价、私人路灯架设与修理维护费用、保证金、电表租价等进行了规定。[②]

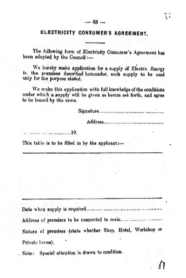

图4-16 英租界工部局电力用户合同

图片来源：British Municipal Council, Tientsin. Report of the Council for the year ended 31st December, 1919. And budget for the year ending 31st December, 1920 [M]. Tientsin: Tientsin Press, Limited. 1920: 67.

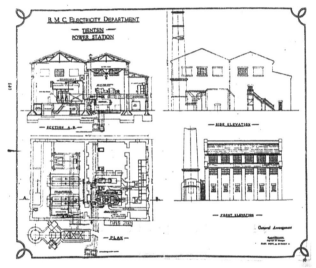

图4-17 英租界发电站设计图，1922

图片来源：British Municipal Council, Tientsin. Report of the Council for the year ended 31st December, 1922. And budget for the year ending 31st December, 1923 [M]. Tientsin: Tientsin Press, Limited. 1923.

---

① 詹姆斯豪顿（James Howden）(1832—1913)是一位苏格兰的工程师和发明家，于1862年成立公司James Howden & Co，最初生产船用发动机和锅炉，20世纪初开始生产用于电力供应的高速发动机和涡轮机。参见：https://www.theglasgowstory.com/image/?inum=TGSA05077.

② British Municipal Council Tientsin. Handbook of Municipal Information [M]. Tientsin: Tientsin Press, Ltd., 1922: 44.

1920年英租界工部局收回租界电力事业管理权后，设立电务处专门负责管理英租界的市政电力建设事业。电务处的工程师随时可为租界内工厂建造的动力设备或家庭安装的照明石碑提供有针对性的咨询服务。英租界内的电力主要供应照明和取暖。随着英租界扩张界和推广界的建设以及工业的发展，20世纪20年代英租界电力消耗显著增长，电力事业取得了迅猛发展。1920年10月份，总耗电量为61000码，而在1923年10月份则为224000码，增加量近300%。①

4.3.3.3 日租界

1902—1903年，天津的日军驻地内（后为日租界本愿寺，今和平区宁夏路16号大觉兴善寺）建起了一座小型发电所，供给日租界主要街道照明，这是日租界最早的市政电力事业。②1906年，日租界当局将办电特权交于天津创业公会（天津起业组合）。次年6月，东京建筑公司承建发电所与输电设备，于10月正式建成发电。1921年，该发电所因经营不善停止营业。继而日租界的电力供应由日本居留民团负责，向位于法租界的法国电灯公司购买电力。③1926年，日本居留民团筹划于日租界住吉街建设新发电所④，次年10月建成发电（图4-18）。⑤

为规范租界内电气安装与使用，日租界当局于1922年发布了《电气使用规程》，该项规则分为"总则""价格""电气仪表"与"附则"四部分，共22项条款，具体对日租界的供电标准（220V，50Hz，单相二线式或三相三线式，特殊场合除外）、新增与改变电气设备的许可、电气设备检查、电气收费标准、电气仪表的设置与管理、违规处罚措施等进行了规定。在这一法规的规范下，日租界电气事业快速发展。1923—1937年，日租界发电机台数由75台增加到276台，电气供给量亦显著增长（图4-19）。⑥

图 4-18　日租界发电所

图片来源：天津居留民团. 天津居留民团二十周年纪念志［M］. 天津：东华石印局，1927.

---

① 雷穆森. 天津租界史（插图本）［M］. 许逸凡，赵地，译. 天津：天津人民出版社，2009：288.
② 天津居留民团. 天津居留民团二十周年纪念志［M］. 天津：东华石印局，1927：512.
③ 夏秀丽. 发源于租界的天津电力事业［J］. 天津档案，2017（4）：43-45.
④ 发电所位于今南京路鞍山道交口处.
⑤ 天津居留民团. 天津居留民团二十周年纪念志［M］. 天津：东华石印局，1927：527.
⑥ 天津居留民团. 天津居留民团三十周年纪念志［M］. 天津：凸版印刷会社，1941：465.

图 4-19　1923—1937 年天津日租界电气供给量变化折线图

资料来源：笔者自绘，数据参见天津居留民团. 天津居留民团三十周年纪念志[M]. 天津：凸版印刷会社，1941：463.

4.3.3.4　德租界

天津德租界地区由天津建设公司（Tientsin Baugesellschaft）供应电力，租界最早的发电厂建于1908年。1915年底，天津建设公司的特许经营权到期，德租界工部局花费55000两收购天津建设公司的整个发电厂，此后德租界电力事业由工部局经营。①

在德租界工部局1916年颁布的《天津德租界建筑章程》中，专门订立了"接电条件及规章制度"，对德租界内的电力供给申请、供电方式、设备管理等进行了规定。

1917年德租界收回后，德租界发电厂交由天津特别市第一区政府经营。后因电力供不应求，1923年6月，德租界发电厂停业，德租界电力改由英租界工部局经营发电厂供应。②

4.3.3.5　比商电灯电车公司与俄、意、奥、比租界

除英、法、日、德租界各自在租界内设有发电厂供电，近代天津的俄、意、奥、比租界与华界均由比商电灯电车公司供电。为供应电车及辖区内公用、民用及工商业用电，比商电灯电车公司的发电设备由最初的两台1500瓦发电机，发展到1941年的两台3000瓦发电机、一台6800瓦发电机，成为当时天津最大的发电厂。③

比商电灯电车公司对俄、意、奥三国租界的电力供应以电车线路的铺设为契机。1905年，公司经理与俄罗斯驻津领事N. Laptew、意大利驻津领事G. Ciostri、奥匈帝国代理驻津领事E. Ludwig共同订立合同，获得了在三个租界开设电车及进行电力供应的50年特许经营权。该合同共36项条款，其内容明确了比商电灯电车公司在三个租

---

① Deutsche Niederlassungs Gemeide in Tientsin. Abschluss Tahresbericht 1915 Voranschlag 1916 [M]. Tientsin: Buchdruckerei E. LEE, 1916.
② 雷穆森. 天津租界史（插图本）[M]. 许逸凡，赵地，译. 天津：天津人民出版社，2009：321.
③ 夏秀丽. 发源于租界的天津电力事业[J]. 天津档案，2017（4）：43-45.

界进行市政及私人电气设施的建设权力与建设要求，以及各租界市政当局对其电气设施建设的管理权力，实际上相当于三个租界的电气设施建设与管理法规。例如，对于室外公共照明设备，该公司须"在租界内所有的生活区域建设电灯"，"路灯布置方案须递交租界市政当局审批"，"所有的电灯与电车轨道建设工程均须得到领事的书面许可后方可进行"。①

在比租界临时董事会的准许下，比商电灯电车公司在比租界的电气经营活动主要包括用电线杆架设高压与低压线路（图4-20），为私人业主连通电线、安装仪表等。1931年比租界收回后，该公司获准继续在此经营电气事业。②

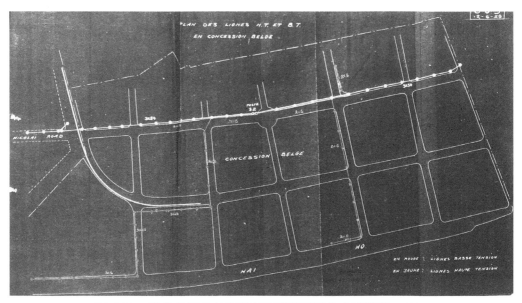

图4-20 比商电灯电车公司在比租界架设的电线线路，1929
图片来源：比利时国家档案馆，COMPAGINE DE TRAMWAYS ET D'ECLAIRIGE DE TIENTSIN S.A., 560.

4.4 本章小结

近代天津各租界的市政建设相关法规首先明确了租界市政当局对市政建设的管理权力，即租界内各项市政工程的计划、建设及维护均处于租界市政当局的严格监管之下。在此基础上，各租界的市政设施建设过程中引入了市场化的运营方式，部分道

---

① Contracts concessions rive gauche [A]. 比利时国家档案馆，COMPAGINE DE TRAMWAYS ET D'ECLAIRIGE DE TIENTSIN S.A., 560.
② Agreement between Belgium and China for the rendition of the Belgian Concession in Tientsin [A]. 比利时国家档案馆，COMPAGINE DE TRAMWAYS ET D'ECLAIRIGE DE TIENTSIN S.A., 560.

路、下水管道等市政设施采取招标承包的办法交由营造商建造，通过相关法规明确承包制度，充分保证其公正性。此外，部分租界当局将自来水、电车、电力等市政公用事业交由私营企业实施经营，通过订立合同规范设施建设与经营的具体办法。

将天津各租界的市政建设法规比较来看，一方面，各租界市政建设管理的法制化发展具有差异性与不均衡性。近代天津各租界市政建设管理法制化的程度往往反映了租界市政建设的实际发展程度。英租界、法租界、日租界等设立较早、人口众多的租界，在市政设施的规划建设上开始的时间较早、发展较快，相应的建设管理法规也更为完善。其他租界的市政设施建设及其法制化进程则相对迟缓，如德租界、比租界、奥租界在存续期间均未能建设市政下水道设施，自然也未制定相关的建设法规。天津各租界的市政建设法规是由各租界的立法机构独立制定，因而亦会造成租界之间市政建设法规内容上的差异。如英租界与法租界的下水道系统设计，分别参考自当时英国与法国巴黎的下水道设计，因此在具体的下水管道设计规范上有所不同。

另一方面，天津多个租界的自来水供应、道路交通等市政设施建设管理法规在内容上呈现出统一性与整体性。虽然近代天津各租界拥有独立的市政建设管理机构，但作为城市中相互毗邻的区域，各租界在市政设施规划与建设上难免会产生相互联系。各租界市政建设法规内容上的这种统一性，首先由于多个租界的某项市政事业是由同一家企业建设经营。如天津济安自来水公司拥有法、日、俄、奥、意五国租界的自来水特许经营权，其与各个租界签订的合同中关于供水设施建设与管理的条款基本一致。又如比商电灯电车公司向海河东岸的俄、意、奥、比四国租界供应电力，并同时与俄、意、奥租界当局签订了建设经营合同。该公司经营的电车线路途经日、法、奥、意、俄五国租界，电车轨道与供电线路由该公司统一规划建设。其次，各租界市政当局为了居民日常生活出行顺利、维护租界秩序，在确定交通法规内容（如行使规则、停车规则、交通灯信号设置等）时，会有意与其他租界保持统一；在制定道路规划时，亦会重点考虑通往相邻租界的道路及租界间共同道路的规划建设问题。在各租界市政建设相关法律文件的规范下，道路交通、供水、电力等市政设施网络的建设将天津的各个租界连结成一个整体。

第 5 章 近代天津租界建设法规对建筑的控制

5.1 近代天津租界的建筑形式控制

在多个专管租界并存的天津，各租界的城市形象是租界所属国家的名片，往往是租界所属国家社会文化理念及经济实力的展现。建筑物的面貌是城市形象的重要组成部分，因而对建筑形式风格的控制往往是各国租界建筑控制的重要内容。

5.1.1 建筑物的美观要求

为了提升租界的城市形象，近代天津各租界通常对建筑物的美观有一定要求。英、日、德、意、奥、俄等租界在其租界建设法规中所使用过的形容建筑物美观程度的词语包括"attractiveness"（令人愉悦）、"amenity"（舒适）、"good taste"（品位良好）、"guten geschmack"（品位良好）、"pleasing"（悦目）、"quiet"（简洁）、"objectionable"（令人不悦的）等。虽然这些租界在建设法规中提出了对建筑的美观要求，但这种要求更多的是一种主观感受的表达，很少给出具体的建设标准，需要依靠租界市政当局工程部门在审核建筑设计时进行判断。

英租界当局对建筑物美观的要求，自始至终贯穿于租界的建设法规中，最早对建筑美观的要求出现在工部局1902年起草的《英租界合并计划草案》中。该草案中第26条规定："工部局可以自行决定要求新建建筑物的外部设计满足工部局对建筑令人愉悦的要求，并可以驳回那些没有满足该要求的建设方案。工部局可以自行决定拒绝批准任何等级的建筑建设申请，只要他们认为这些建筑不适宜周围的邻里环境。"在这里，所谓建筑"令人愉悦"的要求并无具体标准。

1918年《驻津英国工部局所辖区域地亩章程》中提出了对"保持舒适景象"（a view to conserving amennity）的建筑控制要素。其规定，为了保持某一区域或街道的舒适景象，工部局会与业主订立协定或颁布特殊条例，内容包括：

（1）允许建设的房屋种类；

(2）每亩可容纳的建筑房屋数目；

(3）按照楼房层数，每所房屋可以占用土地面积比例；

(4）楼房层数最高限度；

(5）屋顶、屋檐高度，以及房屋与公路边界的距离；

(6）沿公共道路的围墙与栅栏类别；

(7）住房内最大房间的最小尺寸。

此外，这一章程也中体现了安德森在1918年制定的英租界规划中"避免建筑设计重复"的思想。其中规定："若工部局认为某一新建建筑在设计上令人不悦或者在设计或材料的使用上过于重复，可以要求其进行合理的改变。"由此可见，建筑物的"美观"及"避免建筑设计重复"是英租界当局这一时期对建筑形式的控制重点。

1922年英租界工部局发布《天津英租界工部局市政信息手册》，其中的建筑条例部分对新建建筑美观要求作出了描述："建筑的外立面及普遍状况必须与周围环境特点相协调，如若工部局认为其建筑设计图纸所展现的建筑风格不具良好品位，可以驳回建筑申请。因此，在进行建筑设计时必须注意确保整个建筑物能够展现悦目、简洁的立面（pleasing and quiet elevation）。"同样的条款也沿用于英租界1925年及1936年颁布的营造条例及卫生附则中。

日租界在城市建设过程中一直看重租界形象的"体面"。1902年，东京建筑公司代表与日本外务大臣签订的承建日租界一至九区的承诺书，其中第1条即规定"东京建物公司在所接收土地上建造的建筑，不得有损帝国的品位及体面"，[①]暗含了对建筑物的外在美观要求。日租界当局1923年颁布的《建筑管理规则》中第2条规定，建筑物应满足城市面貌、卫生、公共安全及构造上的要求，且"日本驻天津帝国领事馆认为有必要时，应责令其添置特殊构造的设施，或者指定其建筑区划"。而对于"有可能对城市面貌造成损害"的建筑，租界市政当局责令其拆除、改建、修缮、禁止或停止使用，或采取其他必要的措施。[②]

德租界市政当局对建筑形象的"美观"要求较其他租界更为具体，其建设法规对建筑物的轮廓、门窗洞口位置与比例、烟囱设计、涂层色彩等提出了美学上的要求。1916年颁布的《天津德租界建筑章程》规定："当涉及外部整体形象时，建筑需符合城市特点。有违和谐的建筑外观设计图将不予批准。在外观意义上，应重视整个建筑是否有让人满意的轮廓设计，特别是屋顶。对窗子和其他开口的合理分布和比例关系应给予足够重视。若不必要的高台建筑导致画面不和谐甚至突兀，应被移除。对于超出屋顶的烟囱设计和规划必须谨慎对待。在外观上，不允许在个别或全部部位涂抹花

---

① 关于在清国天津日本专管居留地土地转卖的命令书［A］. 1902. 日本外务省史料馆.

② 外务省亚细亚局第三课. 领事馆令集追录［M］.（出版商不详）1924：313.

哨的涂层。重视色彩上的和谐效果意义重大。在设计图中应包括对建筑的背立面和侧立面的考虑，其设计也须接受审核，同时必须要满足美学要求。同样的，仆人的房子楼梯设置也应如此考虑，以不使其在建筑外特别突显。"①

奥租界、俄租界与意租界的建设法规中也体现出对建筑美观的关注，内容较为简单。对奥租界而言，其设立之时租界境内已经生活有许多中国人，已建有诸多未经规划的草房与砖瓦房。为此，1908颁布的《大奥斯马加国管理天津租界正要章程》中规定，在宽大马路的两旁只允许建造砖瓦石房或灰房，对于宽大道路旁现有的草房，须于官员所定时限内一切改盖灰瓦砖房。此条款可视为奥租界当局对主要道路沿街建筑形象的控制。20世纪10年代，为保持租界城市面貌美观，俄租界当局取缔了租界内的土房。1912年俄租界工部局颁布的市政章程中，"建筑章程"部分第6条规定俄租界内不许建设土房。天津意租界1924年颁布的《天津意国租界章程》中规定，工部局可依据租界美观、治安、卫生等方面的需要，勒令既有建筑业主对建筑进行维修与重建。②建筑的美观与安全、卫生一起作为意租界的建筑控制原则。

5.1.2 建筑物的文化形象——"西式建筑"与"中式建筑"

在近代天津租界，外国的建筑师、工程师设计建造了大量具有西方特色的房屋建筑。在中外混居的租界，以砖石结构为主的"西式建筑"与传统的以木构为主的"中式建筑"共存，甚至碰撞交融产生了所谓"半西式建筑"。在租界的西方人看来，"西式建筑"在结构、安全、卫生、美观、舒适性等方面均优于"中式建筑"，这一"抑中扬西"的建筑控制理念极大地影响了租界的建成面貌。英、法、德、意、俄等租界对特定的区域和街道实行了建筑形式风格的控制，即划分了专门的"西式建筑区域"与"中式建筑区域"。其中法、德、意、俄租界在其各自的租界建设法规中对西式建筑与中式建筑在建筑结构、材料、空间设计等方面分别制定了设计规范。

5.1.2.1 法租界

法租界是近代天津最先提出中式建筑相关规则的租界。早在1881年4月11日，天津法租界当局就颁布了关于日后在法租界内建筑中式房屋的规则草案。③虽然这一草案的具体内容在现有档案资料中尚属空白，但可以推测当时的法租界当局已经有了对中式房屋进行建设控制的意识。1893年1月27日，天津法租界工部局董事会投票表决

---

① Baupolizeiordnung fur das Gebiet der Deutschen Niederlassung in Tientsin 1916 [M]. Tientsin: Tageblatt fur Nord-China, A.-G., 1916. 德国政治档案馆, 1051.

② Municipio della Concessione Italiana Tientsin Regolamenti 1924 [A]. 日本外务省史料馆.

③ 此草案在1894年《天津法租界市政章程》(Règlement Municipaux Concession Française de Tienn-Tsinn)的前言中有所提及。参见Reglements Municipaux. Concession Française de Tienn-Tsinn 1894 [M]. Peking: Typographie du Pe-T'ang, 1894. 德国联邦档案馆.

了一系列关于租界内房屋建设的决议，规定在法租界的新建房屋必须是欧式风格，[1]这也是法租界最早对于建筑形式风格控制的规定，体现了日后各西方国家租界在建筑形式风格控制上一致贯彻的"抑中扬西"思想。

然而，19世纪末法租界的规划建设刚刚起步，界内仍有中国本地人居住生活，难以做到界内全部建筑均为欧式建筑，为此法租界当局提出了中式与欧式建筑的分区建设理念。1894年颁布的《天津法租界市政章程》中的《中式建筑区章程》明确划定了法租界欧式建筑区和中式建筑区（图5-1）：位于法国河坝路（Quai de France）、大法国路（Rue de France）和圣路易斯路（Rue St. Louis）之间只允许欧洲居民居住，该区域的新建建筑必须为欧式风格，且应避免沿街修建厨房、洗衣房、水房及其他可能会散发不良气味的设施；位于大法国路、新源路（Sinn Yuan Road）、码头以及法租界边界之间的区域在持有法国领事的许可后允许兴建中国房屋并租给中国人居住。而对于法租界内任何未经允许私建的中式房屋，领事有权要求立即拆除。从这一分区规定可以看出，在法租界地理位置较好、土地道路规划建设已经较为完善的临海河区域被划分为欧式建筑区，而发展较为落后、土地不规整的法租界西侧边缘区域则被划为中式建筑区，可见法租界当局更认可以欧式建筑代表法租界的面貌。

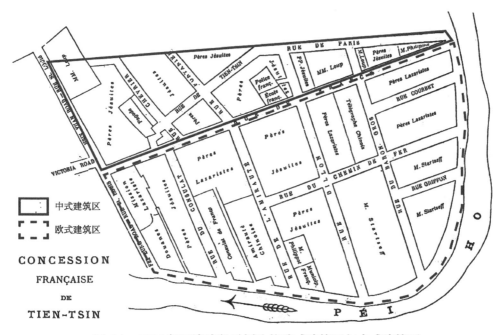

图 5-1　1894年天津法租界划分的欧式建筑区与中式建筑区

图片来源：笔者改绘，图底参见：Reglements Municipaux. Concession Française de Tienn-Tsinn 1894. 德国联邦档案馆。

---

[1] Reglements Municipaux. Concession Française de Tienn-Tsinn 1894 [M]. Peking: Typographie du Pe-T'ang, 1894. 德国联邦档案馆.

随着法租界的建设发展,"欧式建筑区"的范围也随之扩展。在1912年颁布的《天津法租界工部局市政章程集》中的"工程业务章程"部分,新划定了禁止建造中式房屋的区域:"在法租界原订租界及法租界扩充界区域内,范围包括大法国河坝,圣路易斯路,萨工程师路至丰领事路以西30米范围,以及三条平行道路分别是丰领事路、水师营路与巴黎路,最后到达河坝,至最后道路以西30米的范围,此部分只允许欧式建筑的建造和使用。"(图5-2)对于此项规定,临时性质的中式门房和买办居所可以除外,但是如果市政部门提出要求,这些建筑应立即拆除。这一新的"欧式建筑区"的范围在1904年的基础上向西南扩展了一倍多的面积,区域内包括法国花园、新工部局等法租界当局重点规划的地段,这一范围一直保留至1930年的《天津法租界工部局市政法规总集》。

除了划分中式建筑区与欧式建筑区,法租界当局还针对两种建筑区域制定了具体的建筑设计规范。对于中式建筑区,1921年《天津法租界工部局市政章程集》中"工程业务章程"规定,"在中式居住区,禁止建造小于3.1米乘3.3米的房间。每一组组成独立住房的房间必须配备一个3米宽的庭院和一个厕所。住房间的胡同宽度至少为3米。住房、庭院和胡同的铺地都必须使用水泥或其他防水且易消毒的材料。"其中关于住房间胡同宽度的规定在1930年的工程业务章程中进一步的修改,规定"两边有露天排水渠的胡同净宽度至少为4米,如果排水渠有石板覆盖,则胡同总宽度要求为4米"。可见对于中式建筑的规定重点在于环境卫生及建筑空间尺度。

在欧式建筑区,为保证租界城市形象的美观,法租界当局对位于主要的道路和区域的建筑提出了进一步的建筑设计要求。在1921年的《天津法租界工部局市政章程

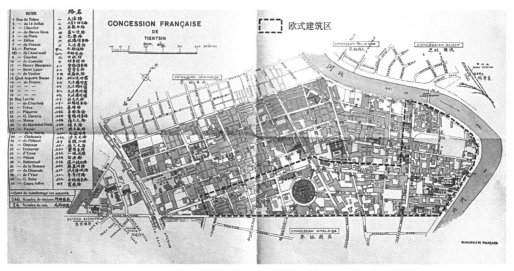

图 5-2 1912 年法租界工程业务章程划定的法租界欧式建筑区
图片来源:笔者摹绘,图底为1922年天津法租界图。

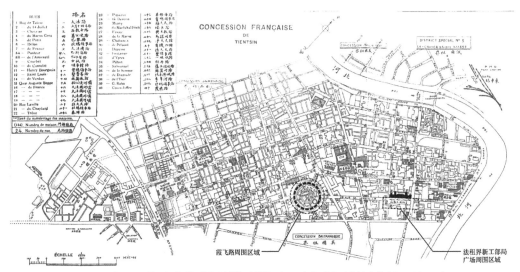

图 5-3　法租界特殊建筑法规所控制的霞飞路与新工部局广场区域示意图
图片来源：笔者摹绘，底图为20世纪30年代天津法租界图。

集》中的"特殊工程"部分规定，霞飞路（Joffre）沿线的建筑必须满足以下两项条件：①在霞飞路沿线业主必须在其建筑限度前保留至少深度为5米的没有建筑的空地，这块空地可以被改建为花园、小路或庭院。②霞飞路沿线的栅栏必须为建在高度为1米的墙基上的铁质栅栏，大门或栅栏门亦必须为铁质。

1930年法租界当局颁布的《天津法租界工部局市政法规总集》，增加了对法租界新工部局广场（图5-3）周围建筑的规定。该章程要求，对于建于法租界新工部局广场（place de l'Hotel Municipal）四周的建筑，业主与工部局之间必须提前协商签订关于建筑物外观和高度的协议。①

5.1.2.2 德租界

天津德租界在建设之初就区分了中式建筑区与欧式建筑区。在1899年颁布的《天津德租界建筑章程》中，规定的中式建筑范围区为：德租界内主要道路②与海大道之间、航道以南的区域（图5-4），并针对这一区域制定了专门的建筑条款。关于中式建筑区的条款共6条，对建筑密度、庭院与街道间通道空间尺寸、建筑墙体与屋顶材料、居住空间尺寸、建筑层数等作出了规定，关注重点在于建筑的防火及建筑的空间尺度与密度。1916年德租界工部局修订颁布了新的《天津德租界建筑章程》，对租界内的中式建筑区与欧式建筑区分别制定了建筑设计条款。

---

① Conseil d'Administration Minicipale de la Concession Française de Tientsin. Reglement General de la Concession Française 1930 [M]. Tientsin: Peiyang Press, 1930. 法国南特外交部档案馆.
② 此处德租界内的"主要道路"应为威廉街（Wilhelm Strasse，今解放南路）。

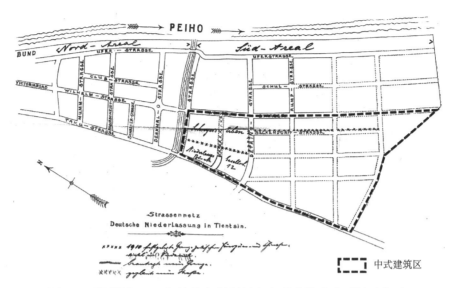

图 5-4 德租界 1899 年建筑章程所规定中式建筑准建区域示意图

图片来源：笔者摹绘，底图源自德1910年租界路网图（Strassennetz Deutsche Niederlassung in Tientsin），德国联邦档案馆，R901/30936。

从德租界的建筑章程对中式建筑区与欧式建筑区的区别规定可以看出，德租界当局更加重视欧式建筑区的建设。相比较而言，中式建筑区的区域位置较差，建筑章程中对中式建筑区的规定较为基础，关注于建筑的防火、卫生及建筑密度；对欧式建筑区的规定则更为细致和严格，体现出对建筑面貌及工程质量的高标准要求。

5.1.2.3 英租界

英租界的原订租界最初只允许外国人租用土地，不许中国人在界内租地。[①]直至19世纪末至20世纪初英租界经历三次扩张，中国人才被允许在英租界的扩充界及推广界内租地建房居住。

由于英租界当局在进行建筑许可审核时非常注重建筑品质及美观性，因而租界内一直以欧式建筑为主，鲜有中式与欧式建筑混杂产生的矛盾。相应的，英租界针对中式建筑与西式建筑的分区规划出现较晚。1918年英租界合并管理后，随着英租界推广界地区规划建设的开启，西式与中式建筑的分区问题被纳入推广界的规划之中。上文在探讨1918年安德森制定的英租界规划方案时曾提到，安德森的规划已经开始考虑在某些特定的区域建设特定等级的房屋。他在这一规划方案中提出了英租界推广界内的中式建筑限

---

① 天津英租界1866年颁布的《天津地方土地章程与通行章程》中第4条对租地人资格进行了规定，"凡英国臣民及已入英籍人士均可在界内租地；中国人一概不可；……"。参见Tianjin Local Land Regulations and General Regulations [M]. Hong Kong: Printed by D. Noronha, printer to the government, 1867. 英国国家档案馆，FO371/34。

定区域:"小型的中式房屋可以被准许建设在墙子河与咪哆士道之间延长到紧邻英国兵营南部的新月形区域,可以延伸到主干道与盛茂道延长线所形成的夹角区域,以及临主干道的某些区域。"①原则上,这一区域范围以外的租界地区只允许建设西式建筑。

1922年《天津英租界工部局市政信息手册》中,关于英租界推广界的建设计划,提到了"一等住宅区""半外国式(semi-foreign)住宅区"与"中式住宅区"的分区设置。其中一等住宅区只允许建设西式住宅。雷穆森在其1924年撰写的《天津的成长》一书中的描述也印证了这一点。书中提到,在推广界的西北面有一块工业区,"这是一块形状弯曲的狭长土地,大约有700亩,将主要用于建造中国式建筑。这一地区的其余地方严格规定必须建外国式的建筑,建造计划首先必须送交工部局批准"。②

虽然这一时期英租界对中式与西式建筑的分区已经逐渐明确,但始终没有出台关于中式建筑与西式建筑的具体设计规范的成文法规,而是由工部局工程部门在审核建筑图纸的时候进行把握。

5.1.2.4 俄租界

在天津俄租界,重要的路段与区域被要求必须修建欧式建筑。俄租界在1912年颁布的《俄租界工部局市政章程及条例》中"建筑章程"部分第5条规定,不允许在Petersburg路、Moscow路、Pokotliloff路、Laptew路与Nicolas路沿线修建中式建筑(图5-5)。在这些

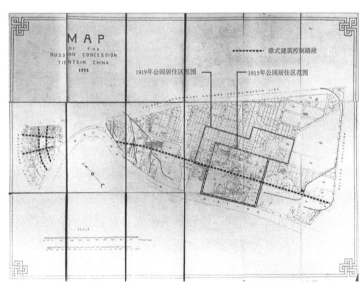

图 5-5 俄租界欧式建筑控制路段及公园建筑区
图片来源:作者摹绘,底图来自1922年俄租界图。

---

① British Municipal Extension Council, Tientsin, Report of the Council for the year ended 31 December, 1917 and Budget for the year ending 31 December, 1918. 天津市档案馆. 英租界档案[M]. 天津:南开大学出版社,2015: 515-521.

② 雷穆森. 天津租界史(插图本)[M]. 许逸凡,赵地,译. 天津:天津人民出版社,2009:290.

道路上已经存在的中式建筑，应于俄国领事馆规定的时间内被欧式建筑取代。此外，俄租界1915年与1919年划定的公园居住区内也要求只能修建现代设计风格住宅、办公建筑及秩序良好的欧式风格商业建筑。

5.1.2.5 意租界

意租界的法规亦对租界内欧式建筑与中式建筑的分区进行了规定。1908年的《天津意租界土地章程与通用规则》中所制定的分区建设规划，将意租界分为了只许建造欧式风格建筑的"欧式建筑区"、可以建造半西式建筑的"半西式建筑区"以及用以建造仓库的"仓库建筑区"。其中欧式建筑区的范围被限定于意租界的主要道路——大马路沿线。

意租界当局在1908年、1913年颁布的建筑章程，以及俄租界当局1920年颁布的《俄租界工部局市政章程及条例》中的"建筑条例"部分，都有针对中式建筑的特殊建筑条款。与德租界对中式建筑区的规定类似，意租界针对中式建筑的特殊条款普遍比对欧式建筑的设计条款要求更低。

5.2 近代天津租界的建筑设计规范

5.2.1 建筑细部与空间设计

5.2.1.1 英租界

英租界对于建筑细部与空间设计的法律规定一方面从公共利益与安全出发，通过对建筑的凸出物、雨水管设置、烟囱高度、与邻居产业距离等的控制，避免建筑物损害公众或邻居利益，或危害其安全；另一方面从建筑使用者自身的舒适与健康出发，对建筑物的采光、通风、高度等进行规定。

1919年颁布的《英租界工部局条例》中，第10~12条正是出于公共利益考虑进行建筑控制：[①]

第10条关于房屋滴水。各房产主人应严防各自房屋屋脊、楼板、水沟、阳台或类似凸出建筑物上的水管等流出之水滴沥或流浸于公共道路。

第11条关于烟囱高度。为防止焚烧烟灰妨害邻近房屋住户，凡属商业或制造厂所用锅炉相连的烟囱最低高度为100尺。

第12条关于商店招牌。对商店招牌的尺寸、悬挂高度、凸出程度等作出了规定。"凡各铺招牌至少须离地七尺六寸之高；街道之旁有人行便道者，一切招牌不得凸出边石界限之外；无行人便道之街道，即边界石与墙基齐者，各招牌不得凸出墙垣三

---

① British Municipal Area Municipal Bye-laws, 1919 [A]. 日本国立公史馆，B12082577500.

尺以外；所有招牌不准过四尺六寸长，一尺六寸宽；招牌悬挂之所在不准遮及公共电灯。"①

在《驻津英国工部局一九二五年公布营造条例及卫生附则》中，第17～27条为"限制房屋建筑占用地条例"，其中第17条指出业主应注意自己房屋建筑的采光、通风，在建筑自己房屋时不得影响邻居通行或邻居产业建筑，第18～27条为具体的规定：

第18～20条关于建筑的高度。第18条规定"房屋最高层地板距离马路弓形线凸出之高度不得过六十英尺"。第19条强调"建筑之高度应依其基础与下层泥土间之负荷力为标准"，规定建筑物最高处的高度不得超过"由该处量至马路中心之平线距离三倍"，"任何房屋非有本局特别准许其至多高度不得过八十四英尺"。第20条对位于房屋后部界线墙壁的高度进行了规定。

第21～26条关于住室（habitatable room）的通风与采光。第21条规定建筑后部与场地边界之间应留有空地用以采光与通风，并对空地面积、空地之上可设建筑物类别与所占面积等各类具体情况进行了限定。第22条对住室空间尺度进行规定，每一住室至少有五百立方尺的自由空间，地板距天花板高度须满足八英尺（若该住室位于房脊下，则至少住室一半面积高度达到八英尺），且住宅建筑内最大房间至少应有一千立方尺的自由空间或一百平方尺的地板面积。第23条关于住室的开窗采光设计，每间住室依据本条规则至少须有一扇窗户。第24条关于特殊房间窗口尺寸，浴室、厕所、伙食房及其他安装有污水槽或其他卫生设备的房间，其窗口尺寸可按照该条款的规定适量改小。第25条关于面向与邻居间界线的窗户，可假设界线上的障碍物高度为四十英尺，以此核定该窗户前应留空间大小。第26条关于非临马路房屋前所留空地，规定其应按照第23条所规定各窗口前要求的空间大小进行设计。

第27条为"凸出公共道路之建筑物"，对工部局允许建筑物凸出公共道路的建筑构件、须满足的条件及允许凸出的尺寸进行了规定，以避免建筑物对公共道路的影响。

该营造条例的第28～37条为"杂项"（Miscellaneous），内容涉及建筑辅助用房、屋顶、地基、地面的设计等：

第28条关于伙食房空气流通。规定储藏食物的房间或其他储备易腐败食物之处，若非冷室，并未备有通向外部的窗户，则应另装带格蔽的窗口，此项窗口总面积须满五平方尺，或用其他工部局核准的方式进行通风。

---

① 1936年公布的新英租界《工部局条例》中，对商店招牌悬挂的规定在此基础上增加了第6项"工部局得随时饬令任何招牌之迁移"。参见天津市档案馆. 英租界档案［M］. 天津：南开大学出版社，2015：4651-4665.

第29条关于屋顶架设。规定除临时修理或改造工程外，不许在任何屋顶上架设席棚木架或其他式样重复的顶盖。

第30条关于房屋建设前的土地填垫要求。

第31条关于"地基之面平"，即建筑的地基标高。该条款规定"凡拟兴造新建筑之地基，其面平应较已完成之便道里边高过三英寸"，若此处没有便道，则"地平高度应较最近马路弓形线凸出超过三英寸"，这一条款不适用于底层不做居住之用的房屋。

第32条关于房基地面的砌筑材料与方式。

第33条关于建筑最下层地板的高度。地板若为实体，须较周围地平最高处高出六英寸，若为空体，则须至少高出十二英寸。

第34条关于建筑最下层地板之下的空气流通设计。

第35条关于厨房、碗碟房、伙房、厕所、便所及与之相连的天井、后院等敞空处地面砌筑材料与方式，确保地面不透水且利于排水。

第36条关于佣人的厕所、便所设置。

第37条关于建筑摒除虫害的设计策略。

从以上条款中，可以看出英租界对建筑细部与空间设计的控制重点考虑了建筑对公共道路与邻居产业的影响，同时关注于建筑使用空间的舒适、卫生和健康。虽然"杂项"部分条款的内容较为琐碎，但也反映出英租界建筑设计法规内容的全面性，对各类型房屋、各部分构造都有所考量。

5.2.1.2 法租界

法租界的建筑细部与空间设计条款注重对公共利益的影响、建筑卫生及建筑形象，其条款可以分为关于"建筑凸出物与边线控制""落水与檐沟"及"建筑物高度"的规定。

（1）建筑凸出物与边线控制

1894年法租界颁布的《警务路政章程》中第19条规定，任何居民不得私自在其住所前修建凸出构筑物如护柱、台阶、雨棚或其他侵占公共空间的设施。1912年《天津法租界工部局市政章程集》"工程业务章程"部分中关于建筑凸出物的设计包含四项条款：

第1条关于建筑边界、台阶和阳台。这一条规定建筑的边界、台阶和阳台如若凸出道路红线将被处以罚金，但是按照巴黎城市建设的习惯，可以允许一定程度的凸出。

第2条关于建筑大门。严禁超公共道路开启，且不能凸出于道路红线。

第3条关于建筑的遮阳棚、帘子、雨棚和房檐。这一类凸出于建筑立面的结构工程需提交建设许可申请，申请内容需满足："任何工程部件不能凸出于便道边线，位于便道上方的部件与支撑结构不能低于2.5米。构筑物的骨架应为金属材质，覆盖材料应防火,禁止采用编织材料。建设许可申请需提交平面图与两个方向的剖面图,以及有所有部件以及覆盖物的材料。"

第4条关于建筑的基础。除非有特殊的许可,公共道路水平面以下允许墙基凸出的距离为0.16米。

在1930年法租界当局修订的《天津法租界工部局市政法规总集》中,上述第4条有了更具体的规定:对于简单的栅栏墙体,公共道路水平面以下墙基凸出于道路红线的距离不得超过0.15米,对于居住房屋的墙体,则为不得超过0.33米;且无论如何,凸出部分不得超过人行道的宽度。该章程规定,对于违犯以上四项条款者须处以罚金,违规业主必须在8天的期限内将建筑恢复原状,如果没有完成,工部局保留全部执行必要工程的手段,费用由业主承担。

此外,1930年的修订章程增加了对转角地块建筑红线的特殊要求。所有转角地块,"无论角度如何,均须设立长度为3.5米的隔角斜切。这被认为是道路地役的一部分,对于这类土地并入公共道路网的部分不会给予业主任何形式的补偿"。[①]这一规定控制了转角建筑的红线范围,使得法租界的转角建筑通常为斜切面或弧面(图5-6)。

(2)落水与檐沟

1912年《天津法租界工部局市政章程集》"工程业务章程"部分中规定,建筑物的业主有责任维护其位于公共道路之上的檐沟与落水管(图5-7),以及落水管与人行道上的滴水兽或者道路的排水沟之间的连接,将雨水排放到人行道或排水沟渠中。落水管排水位置的高度应距离人行道路面1米之内。

图5-6 法租界转角建筑

图片来源:比利时国家档案馆。

图5-7 法租界大法国路临街建筑落水管设置

图片来源:哲夫.明信片中的老天津[M].天津:天津人民出版社,2000:33.

---

① Conseil d'Administration Minicipale de la Concession Française de Tientsin. Reglement General de la Concession Française 1930 [M]. Tientsin: Peiyang Press, 1930. 法国南特外交部档案馆.

1930年的修订章程中,这一条款进一步规定落水管设计须确保雨水不会直接流到公共路面,而是在地面直接流入下水管道。"落水管道的排水必须通过与人行道相对齐平的铸造排水管汇成溪流,此设施由工部局统一建造,费用由房屋业主承担。如果出现排水沟渠低于人行道的情况,工部局可以将落水管与沿街沟渠直接连接。"

(3)建筑物高度

1930年的《天津法租界工部局市政法规总集》中对法租界的建筑物高度控制提出了要求:"公共道路沿街建筑最高高度将由以下公式计算:$3/2L+2l=H$。公式中L代表包括人行道在内的马路总宽度,l代表建筑物相对于道路边线的退线距离,H代表建筑物的总高度。对于所有超过24米且包含24米的建筑,必须向工部局提交特别申请,在理由充分且经过试验证明土地完全可以承重的情况下,政府可以批准特别高度的建筑。"而对于位于两条宽度不等的公共道路交口的建筑,建筑高度可以按照较宽街道规定的建筑高度计算。

5.2.1.3 德租界

德租界的建筑法规在结构上包括租界内通用建筑规则、中式建筑区规则、欧式建筑区规则及处罚规则四部分,因而其中关于建筑细部与空间设计的条款针对不同的建筑风格区域亦有不同的标准。在内容上,主要是关于建筑凸出物与边线控制、建筑密度、建筑空间及高度等。

(1)建筑凸出物与边线控制

在1899年的《天津德租界建筑章程》中,租界通用条款部分对建筑凸出物与边界控制进行了规定,要求建筑正面的凸出部分和室外楼梯都不得超过街道边线;如果建筑临街立面凸出部分距街道少于3米,则必须建于建筑红线内或与之平行。关于建筑间距,该章程规定位于同一地块上相互分离的建筑,必须距离彼此至少3米。对于中式建筑区内的建筑,若建筑带有庭院且占地不超过三分之一亩,则建筑之间的距离至少为1.5米。

1916年,德租界颁布新的《天津德租界建筑章程》,租界通用规则部分第9~11条关于建筑边线控制,较旧章程要求更为全面和严格:第9条在旧建筑章程相关条款的基础上,增加了对于位于非矩形十字路口的街道拐角建筑边界的要求,规定其正对主要街道一面应与街道平行。经过工部局的决议,可以为单个街道确定一个特别的建筑红线,且每个重新规划了建筑红线的设计图纸都要接受工部局审阅。第10条规定建筑的底层不能堆砌至街道边线、建筑红线以及与邻舍宅基地分割的边界线外。围护墙体的砖砌地基必须至少深至街道底层。第11条关于建造在相邻地块的边界位置的建筑,对于该类建筑,不允许其砌体建筑和基脚越过边线。砖砌地基和水泥筑造的地基允许在深于地下0.6米的位置越过相邻地块0.15米。此后在边界上建筑的人有义务保护已有的邻舍建筑,不让其遭受损坏。如果邻居以后想要在边界上建筑房屋(且地基位置更深），其可以在没有损坏原有建筑的基础上除去凸出的那部分地基且对其进行加固。

关于建筑凸出物，该章程对中式建筑区与欧式建筑区作出了区别要求，对于中式建筑区只简单要求"建筑前端和凸出部分不允许越过街道线"，对欧式建筑区的规定则更为具体："楼梯和其他凸出部分可以超出街道线或建筑线0.3米；同样，建筑支柱的底座可超出边线0.15米，对于防护墙，以墙面直线为标准，不考虑其底座和支柱类型。凸出的建筑部件，比如飘窗、阳台一类，不允许超出街道线或建筑线。檐沟和楣不允许超出街道线0.5米，且高度不得高于10米。对于较高的建筑，允许檐沟凸出至多1米。"

（2）建筑密度

1899年的《天津德租界建筑章程》只对中式建筑区的建筑密度进行了规定，要求任一地块只允许建筑占用其四分之三的面积，对于位于较小地块上的统一建筑群，可根据占地面积总和决定其建筑范围。在1916年的建筑章程中，这一条款在旧条款的基础上进一步规定："环形走廊和楼梯包含在建筑面积内。对于包括庭院在内占地不超过250平方米的分隔式的房屋，在工部局的许可下，允许存在偏差。此规定也适用于小型的单层建筑，如开放式的简易木屋、圈、厕所和其他此类建筑。"

1916年的建筑章程增加了对欧式建筑区建筑密度的规定，要求二层房屋建筑最多占用60%的地块面积，若建筑位于街角，则可占用70%。接地的露天台阶、开放式门廊、没有顶盖的阳台及位于入口与窗户上方的顶篷不计算在内。

（3）建筑空间及高度

由于传统的民间中式建筑通常房屋密集、空间较为狭小，出于安全、健康等方面的考虑，德租界当局对中式建筑区的房屋建筑专门制定了针对建筑空间及建筑高度的规范条款。

1899年的《天津德租界建筑章程》规定，中式建筑区每个庭院都须留出至少2.3米宽、2.8米高的通道与最邻近的街道相连。对于带庭院且占地不超过三分之一亩的建筑，其庭院与最邻近的街道之间的通道，可照本章程第一部分所规定的办法实现（即通道宽度不小于1.5米）。关于建筑高度，规定住宅不得超过两层。1902年，《天津德租界建筑章程》修订，在针对中式建筑区的规定中增加了新的第9项条款，规定"紧邻欧式建筑区边界的建筑，在临边界一侧至少高2.5米"。

对于建筑内居住空间，1899年的建筑章程规定所有确定供人长期居住的房间必须有4平方米以上的面积，净高至少为2米。1916年该条款要求进一步提高，所有供人长期居住的房间的净高要求由2米变为至少2.70米。此外，增加了关于开窗的规定，房间须设有可看见室外空地的窗户，开窗面积要至少为地板面积的十分之一。

此外，德租界的建筑章程对地面防潮与排水、附属房屋设计等亦有所规定。关于地面防潮与排水，1916年的《天津德租界建筑章程》规定中式建筑区内建筑的通道和庭院须用确保雨水和废水顺利排出的稳固材料进行铺砌，建筑内部所有位于一层的房间地面须高出最邻近的街道或过道至少0.15米，地板必须由坚硬的材料铺砌。对于欧式建筑区的房屋建筑，则要求"每所房屋的一层房间下都要设置平坦的且至少0.1米厚的混凝土或其他有效隔离层。混凝土或其他有效隔离层的上边缘都必须比建筑周围的街道和路面高出至少0.15米。若一层下有用于居住的空间，其房间地面不允许深于地表0.5米，且须至少高出最高地下水位0.4米。空间应保持干燥，并且留有足够的空气。不能有效防御洪水的地下空间不能用作居住"。

对于佣人房屋、马厩等附属房屋，其巷弄及过道应宽度适当，铺设防水且平坦的地板层，且设置坡度可将水引入排水沟。在欧式建筑区，马厩、厕所、工人和佣人的住房、厨房等不能建于面向街道一侧。面向街道正面的围墙须堆砌牢固，且高度不得超过1.5米，特殊情况须得到工部局许可。为满足所有居民以及区域内工人的需求，德租界当局要求开发商"建造足够数量和大小的公共厕所，外墙应用砖石砌筑，且必须要通过窗、门或其他开口保证空气流通"。

总体来说，德租界建筑章程中关于建筑细部与空间的条款主要关注了建筑形象、对公共利益的影响以及居住者的舒适与健康。其中，中式建筑区的规则更倾向于解决基本的居住空间舒适与健康问题，对于建筑间距、建筑密度、临街面建筑形象等要求较低，而欧式建筑区的建筑设计标准更为具体严格，对建筑形象面貌的要求也更高（图5-8）。

图 5-8　德租界欧式建筑区街景

图片来源：哲夫. 明信片中的老天津［M］. 天津：天津人民出版社，2000：47.

5.2.1.4 意租界

意租界建设法规关于建筑细部及空间设计的条款，最突出的特点是对建筑面貌的重视，主要体现在对建筑临街面的控制。

1908年颁布的《天津意租界土地章程与通用规则》中，"建筑章程"部分即对建筑临街面凸出物及边线控制等进行了规定：所有阳台或建筑装饰都不得超出道路界线；所有厕所、马厩、厨房或任何可能产生臭味或烟雾的建筑都必须建在房屋背后，不得临主要道路建设；房屋建筑须紧邻便道建造，或至少距离便道4英尺，且在便道与房屋之间建设围栏。[1]

1913年颁布的《天津意大利国租界章程及条例》以"美观"为要求，对租界内建筑物的临街面设计作出了进一步规定：面向大马路的建筑物立面，若距离便道内侧边界不超过4米，须与该边界成一条直线；若距离超边界过4米，则须于便道内侧边界建造铁质围栏，以避免沿街面参差不齐的情况。对于其他街道沿线的建筑物，所要求的距离减小至2米，围栏亦可以采用其他材质，但必须保证美观。[2]

1924年的《天津意国租界章程》对建筑临街面设计的规定更加具体：租界内的房屋必须严格沿便道边线建设，成一条直线。除高2.5米、凸出0.15米的装饰物外，不允许任何凸出物、游廊、装饰、阳台或花园等越过便道边线。阳台的装饰物可以延伸到便道边线，但必须高于4米，以便利行人。车库及佣人住房可以沿便道建造，但高度不得超过3米，宽不得超过3.5米，且不得在便道上开门。若建筑不能紧邻便道边界建设，则须沿便道边界线内建筑与周围环境相和谐的围墙或栏杆，以壮观瞻。为了便利交通及视野，位于街道转角的围墙须修建成圆弧形。沿街道的围墙在高1.25米以下的部分需建造坚实，高于1.25米的部分须透空建造。

可见，在对建筑临街面的设计要求上，意租界的建设法规用到了"美观""与周围环境相和谐""以壮观瞻"等词语，体现了意租界当局通过建筑控制提升租界形象的意愿。在这些建设法规的控制下，大片舒适美观的高级居住区在意租界建成（图5-9）。

---

[1] 刘海岩. 天津租界市政法规选［J］. 近代史资料，1998（93）：116-166.
[2] 可以看出，相较于1908年意租界建筑章程，1913年建筑章程中该项条款的单位由"英尺"改为了"米"，但数值并未变化。与此类似，原1908年建筑章程第7条中规定的相邻地块建筑围墙距离共同界线的长度"3英尺（中式建筑区2英尺）"、第8条中属于同一业主的独立房屋之间的距离"3英尺（中式建筑区1.5英尺）"在1913年建筑章程中改为了"3米（中式建筑区2米）""3米（中式建筑区1.5米）"。由于计量单位的变化，两个章程条款所规定的实际距离相差三倍之多。因1908年意租界章程未见原文，现有资料为中国学者的翻译文字，笔者在此推测可能存在翻译理解上的谬误，有待进一步考证。

图 5-9　意租界区街景
图片来源：University of Bristol – Historical Photographs of China.

除建筑临街面的设计，意租界建筑法规对土地建筑的高度、内侧围墙设计及房屋间距亦作出了要求。

对于土地与建筑物的高度，1908年的《天津意租界土地章程与通用规则》规定每一所建筑的第一层都不得低于主要道路的路面，花园或用于其他目的的土地都必须与路面相平，且界内不准建造两层以上的房屋。1913年的《天津意大利国租界章程及条例》中取消了"不准建造两层以上房屋"的规定。

对于相邻产业间围墙及房屋间距，1908年的《天津意租界土地章程与通用规则》中规定，建筑内侧围墙不得高于2.5米，属于不同业主的产业间可以建造共用围墙，也可以分别建立围墙，但所建围墙与地块边界线距离至少为3英尺。若在中式建筑区，上述距离至少为2英尺。属于同一业主的独立房屋间的距离至少为3英尺。在中式建筑区，占地面积不超过三分之一亩的房屋，这一距离可以减少至1.5英尺。可以看出，对于中式建筑区的房屋间距要求低于其他区域。1913年的新建筑章程补充规定，对于相邻产业业主，若就其关于产业的权力与义务产生纠纷，将递交至天津意国领事法庭，按照意国法律裁决。

5.2.1.5 日租界

天津日租界关于建筑控制的法规仅颁有一部，即日本驻津领事馆于1923年发布的《建筑管理规则》。其内容以建筑建设程序管理为主，关于建筑设计，仅第3～4条对建筑的凸出物与边线控制作出了要求，规定日租界内"自道路用地界线向后退1尺5寸为建筑红线，若有特别事由，应另外指定建筑红线"，"建筑物上任何部分均不得凸出到建筑红线外，若有特别事由，在取得驻天津帝国领事馆许可的情况下，可不适用本规定"。①

5.2.1.6 俄租界

天津俄租界建设法规关于建筑细部与空间设计的内容，主要是从公共利益出发，对建筑凸出物、围墙、烟囱、标志牌等的设计进行规定。

1912年的《俄租界工部局市政章程及条例》中关于建筑凸出物与边线控制有如下条款：

第10条规定，所有面向道路的建筑及其凸出部分，必须设置落水管，使得雨水不会落于路人身上或淹没人行道。

第13条规定，若紧靠建筑物设置或建筑物前方的门廊、顶棚、阳台、凸出的窗户、台阶会对道路上的行人构成安全威胁或造成不便，工部局可通知业主限期移除或整改。

第17条规定，若房屋的建造位置或建筑物本身会对相邻地块造成损害、危害或不便，将不被准许。

第18条规定，建筑物的凸出部分或台阶不允许越过地块边界线。

第19条规定，建筑物的正面须距离道路至少3米，且须与其他建筑物成一条直线。在获得工部局许可的情况下允许例外。

该条例还对居住用房间的空间尺寸进行了规定，要求居住用房间面积至少为4平方米，且窗户高度至少为2米。

为避免建筑物对邻居或其他租界居民产生滋扰，1920年颁布的《俄租界工部局市政章程及条例》中增加了对围墙、烟囱、标志牌的三项规定：关于地块的围墙砌筑，为了利于租界建设以及固定道路边界，租界内私人土地业主须在购买地块六个月内于地块边界修筑围墙；关于烟囱设置，租界内所有作坊和工厂必须设有减少烟雾的烟囱；关于租界内的广告与标志牌的设置，对于无论是内容上还是形式上会令人产生不快的广告或标志牌，工部局有权将其禁止或移除。

5.2.1.7 奥租界与比租界

相较于其他租界，奥租界的建筑控制法规对建筑细部与空间设计的规定较为简单，但清楚地体现了租界当局对建筑沿街面形象（沿街房屋边线控制）与公共利益（建筑凸出部分控制）的重视。1908年颁布的《大奥斯马加国管理天津租界正要章程》中，附件三为建筑章程，其中规定"房屋建筑必须沿道路边线建造成一条直线，不得参差不齐"，"位于宽二十尺或二十尺以上的道路旁的房屋，其二层之顶或更高处可向道路凸出，但不得超过建筑红线四尺之远"。

比租界1923年颁布的《天津比租界临时工部局市政章程集》基本参照法租界1916

---

① 外务省亚细亚局第三课. 领事馆令集追录［M］.（出版商不详）1924：313.

年的《天津法租界工部局市政章程集》而制定，其中关于建筑细部与空间控制的条款，即"建筑凸出物与边线控制"及"落水与檐沟"部分，与法租界的法规内容完全一致。但由于比租界建设发展极为缓慢，实际上这一法规内容并未能完全实施。

5.2.2 建筑卫生设备设计

"卫生"是近代天津各租界管理中的重点问题之一，对租界居住环境卫生的管理与维护，不但是为了居民生活得更加舒适，更是为了在人口密集的租界城市空间中避免疫病的暴发。体现在建筑设计法规中，主要是针对厨房、卫生间内的盥洗池、浴缸、马桶等卫生与排污设备制定的设计规范。

5.2.2.1 英租界

在英租界，公共建筑与私人住宅内均必须设置卫生设施。1913年英租界颁布的《天津英租界工部局市政信息手册》规定，宾馆、餐厅、俱乐部等公共场所若欲申请经营许可，必须设有卫生设施。在关于"厕所"的条款中，该手册规定所有的住宅建筑应为佣人提供合适的带有厕所的住处。关于公共卫生，该手册中认为，一些可以预防的流行病通常是由被食物污染引发，因而所有住宅应尽可能有分离的食物贮藏室（贮藏生食）、厨房和服务用房（放置熟食）。服务用房中应包含过滤装置、冰柜、餐具及水槽。[①]

1922年的《天津英租界工部局市政信息手册》中，规定租界内不允许设置污水池，化粪池的设置则需要得到工部局的特殊许可；建筑物必须设计有充足的厕所；在佣人的居住区域，巷弄及过道必须有足够的宽度，并且露天地面必须为防水材料，可引流至排水沟。

1925年颁布的《驻津英国工部局一九二五年公布营造条例及卫生附则》中的第7项清单为"卫生设备及泄水布置规则"，这一清单共有23项条款，对建筑物中的卫生与排污设备进行了具体的规定：

第1条为概念定义。对"脏水立管"（soil pipe）、"脏水横沟"（crude soil drain）、"溢水沟"（effluent drain）、"暴雨水沟"（storm water drain）、"脏水沟道"（waste water drain）、"反虹管"（anti-syphonage）等卫生设备进行了定义。

第2条关于建筑内卫生泄水设备的建造及与公共下水道的接通。

第3条关于卫生设备的查验。卫生设备及泄水布置任何部分在未经工部局工程师试验认为满意以前，不得砌筑封盖。该条款对各类设备的查验方式进行了详细规定。

第4条关于卫生设备与马路下方下水道的接通。此工程由工部局建筑，请求人支付费用。

---

① Hand Book of Bye-laws and Municipal Information [M]. Tientsin: Tientsin Press, Limited. 1913.

第5条关于卫生设备房屋的改造。任何房屋改造不得扰乱现有卫生设备。

第6条关于不同泄水沟管的接通。"所有污水及脏水管与工部局阴沟之通接应经过核准之脏水井及分隔池，或经本局因特别情形准许，各该水管得通至海河或墙子河边。若脏水暗沟之直达通接概不准许。"此外，所有地表水沟应直接连接工部局的地表水沟系统。

第7条关于卫生设备的更改。

第8条关于废弃泄水沟管的处理。

第9条关于"分隔池"的设置。"分隔池"是指于工部局下水道与泄水沟管之间安置的隔离防臭弯头，以便检查清理。

第10条关于下水道沟管的布置。

第11条关于检查井的设置。

第12条关于位于房屋下方的沟道设置。

第13条关于脏水管与脏水井的设置。

第14条关于污水与脏水井的接通。

第15条关于暴雨水沟与溢流沟的接通。

第16条关于脏水管、污水管及通气筒的材质及布置要求等。

第17条关于各类沟管的径寸及重量标准。

第18条关于厨房水槽的接头。

第19条关于厕所及冲洗设备的设置要求。

第20条关于污水管的设置要求。

第21条关于弯头及溢流管的设置要求。

第22条关于卫生设备工程的品质要求。规定一切工程须使工部局工程师满意为准。

第23条关于卫生设备的保持与清洁。

可以看出，1925年时英租界的建筑法规对于建筑内卫生设备设计与安装的规定已经相当完善。在1936年英租界工部局颁布的《驻津英国工部局一九三六年公布营造条例暨卫生规定》中，"卫生设备及泄水布置规则"部分基本保留了1925年的各项条款，同时增加了关于污水沟管内径尺寸、便溺器的设置等新规定。

5.2.2.2 法租界

法租界当局对租界内卫生问题建立有完善的管理与处罚体系。所有空地的业主均须进行土地填埋并排水，以防止雨水或其他水源滞留。若业主因公共安全或其他原因被工部局要求遵守该条款，却未能在工部局指定期限内完成排水，将会被处以不超过50美元的罚款；若业主在新的执行期限内没有完成，将被处以双倍罚款，后续情况以此类推。对于卫生状况差的房屋，"应路政局或警察局要求，并且在征得卫生委员会的同意之后，秘书处将通知房屋业主，要求其采取必要的清洁措施。如果相关业主不遵守指定整改期限（期限将在向其派发的通知函中指出）完成相关清洁措施要求，将会被处以1~500美元的罚款。如果在上述第一次指出的新的时间期限内仍然没有执行要求措施，第一次的罚款数额将被翻倍，同时清洁工作将被办公室执行，费用由业主承担"。[1]

法租界当局还要求所有向公众开放的公共场所，如戏院、公共浴室、旅馆、饭店、大型百货商场、集市等，以及所有供工商业经营使用的建筑场所，应当配备足够数量的卫生间（每20人至少有1个卫生间，不包括小便池）与下水道相连通，能够配备水源，同时卫生间为水泥墙体，能够保持与外界良好通风。在上述这些场所，卫生间必须通过小转门、带有弹簧门的门厅或自动关闭的门与建筑的其他部分相隔开。房屋业主有责任修建、日常维护并保持这些设施的整洁。

对于建筑内的卫生设备，法租界在1907年时就曾颁布领事署令，对建筑卫生设备的设计进行规定："新建和改造厕所时，便器应设立在光照通风处，不能溢出污染墙壁与地面，铺地不能采用砖材，而应使用水泥材料。建筑图纸必须包括卫生间配置图、污物存放处细部图、防水设计与通风设计图，并交予工程处审验，完工后还会派出调查员检验工程的情况。"[2]

随着法租界市政下水道系统逐渐建设完善，1912年《天津法租界工部局行政章程》对房屋建筑卫生设备的设置安装进行了具体的要求，共五项条款：

第1条关于水源供给。要求所有房屋用水必须由市政水源供给，所有房屋必须配备能够与公共下水系统相衔接的特别设备。

第2条关于公共道路下方的管道连接。公共道路之下的下水道连接由市政工部局负责，费用由相关业主承担，管线的直径最小为20厘米。

第3条关于厕所的设置。对住宅、公共场所等建筑厕所的数目、储水池设置、马桶设置等进行了规定。

第4条关于雨水与家庭生活用水的排放。对雨水管及生活用水管道的规格、材料、做法、铺设方式、检查孔设置等进行了规定。

第5条关于下水排放管道。对排放管道铺设的倾斜度、直径、接头设计、转角设计、虹吸设施的设置以及工部局工程部门的相关管理权力进行了规定。

---

[1] Conseil d'Administration Municipale de la Concession Française de Tientsin, Recueil des Reglements Municipaux 1912［M］. Tientsin: Imprimerie Hsie-Ho, 1912. 法国南特外交部档案馆，961PO/1-7.

[2] Conseil d'Administration Municipale de la Concession Française de Tientsin, Ordonnances, Rapports et Documents. Dépense de l'exercice 1907. Budget 1908. 转引自李天. 天津法租界城市发展研究（1861—1943）［D］. 天津：天津大学，2015：93.

5.2.2.3 意租界

1913年《天津意大利国租界章程及条例》中"建筑章程"部分对建筑内卫生设备的设置进行了初步规定，要求所有朝向大马路的住宅均须设置化粪池，用以去除住宅内的便溺污水，且须与佣人的厕所相连接；设置管道将雨水排出至围墙外，业主出资，由市政当局将此类管道与租界下水道相连。同样，洗澡水等生活废水也应直接排入下水道，严禁使水流于便道之上。

1924年《天津意国租界章程》中"建筑章程"部分第27~55条为"卫生设备及阴沟接通"规则，对建筑内卫生设备许可申请、化粪池、各类排水管道的设计、接通及管理进行了具体的规定：

第27~30条关于住宅内马桶、澡盆、盥洗池、雨水管等接入市政下水道的申请许可要求。

第31~35条关于化粪池的设置，包括建设位置、接通方式等。公共工程处在发给卫生设备接通下水道的执照时，将提供标注有化粪池做法的图纸以便照办。化粪池应建在自己的土地范围内，距离房屋或边界线至少0.75米。

第36~43条关于排水管道的尺寸、反水、铺设与连接方式等。

第44条规定，若无公共工程处的许可，不得在原有卫生设备的基础上进行改建或添建。

第45条规定，经过街道接通下水道的工程由市政当局代办，相关人员出资。

第46~47条关于雨水管设计。

第48~51条关于厕所的设置。在旧有章程的基础上，针对成套住宅、独立出租的居室、商铺、作坊、工厂、佣人用房等的厕所数目、倾倒要求等分别进行了规定，且对厕所内设施标准、通风要求等作出了具体要求。

第52~55条关于卫生设备的管理。卫生设施工程只可由具有资质之人进行监督。工部局在认为必要时可以发令添加或改建住宅内的卫生设备。

从以上条款内容中可以看出，同英、法租界一样，天津意租界的卫生设施建设及卫生管理已经相当成熟。意租界下水道及建筑物卫生设备建设管理的完善，保障了意租界居住环境的卫生洁净，正与意租界当局将意租界建设成为高级居住区的目标相契合。

5.2.2.4 德租界

因德租界并未修建市政下水道系统，建筑内污水通常通过化粪池处理。1916年颁布的《天津德租界建筑章程》附录II为"污水坑（化粪池）与渗水井"，对建筑用化粪池的建造与连通进行了规定，共有五项条款：

第1条关于通向污水坑的输水管道以及排气管道的设置方式，重点在于确保管道的输送顺畅。

第2条关于污水坑的砌筑方式及容积要求。

第3条强调从污水坑通向渗水井的输送管道须用向下的弯管气密连接。

第4条关于渗水井的建造，包括井道的深度及砌筑方式。

第5条规定污水坑的位置不得紧靠住房，渗水井应尽可能地远离住所。在没有渗水井的情况下，污水坑可直接与公共排水沟渠相连。

除英、法、意、德租界外，天津的日、俄租界建设有市政下水道系统，其建设法规中亦要求业主在修建建筑时须修建下水道与市政公共下水道连接。然而日、俄租界当局并未就建筑内卫生设备及下水道的具体设计与安装制定专门的法规条款。

5.2.3 建筑防火设计

近代天津各租界当局进行建筑控制的最重要目标就是保障建筑使用者的生命安全，因此建筑防火一直是各租界建设法规中的重要内容。各租界的建筑防火设计规范大体上可以分为对一般建筑的防火设计要求及对剧院、音乐厅、展览馆、仓库、旅馆等特殊建筑的防火设计要求两类。

5.2.3.1 一般建筑的防火设计要求

（1）法租界

天津法租界建设法规中对一般建筑的防火设计规定主要包括壁炉与烟囱设计、防火山墙设计两方面。

在北方城市天津，壁炉与烟囱是租界内西式建筑冬季取暖的必备设施，也是建筑中最易引发火灾的构件。1912年《天津法租界工部局行政章程》中"工程业务章程"部分关于壁炉与烟囱的防火设计有五条具体规定：

第1条为总则。强调了建筑物中的采暖及排烟设备应坚固防火、易于到达、清洁与检修。同时，这类设备应采用耐高温材料，不能引起不适或影响健康。

第2条是关于固定式烟道或家具。对采暖设备与烟道的构造、形式、连接部件、材料等方面进行了详尽的规定。

第3～5条是关于排烟管。这三个条款分别对用于普通壁炉及穿过居住区的排烟管、用于普通壁炉的位于共有分界墙体上的排烟管、用于普通壁炉的位于内墙上的排烟管和背靠墙的排烟管的管道形状、材质、涂层、各部分构造尺寸等进行了规定。

除了壁炉与烟囱的设计，为了防止火灾发生时火势在邻近建筑之间蔓延，法租界当局还规定相邻建筑之间须建造防火山墙，"山墙必须高于屋顶0.5米以上，山墙厚度必须大于0.25米。分隔墙应为砖制，或为实心，或为空心。后者的选址场地必须为不可燃材料。严禁木板条制的分割墙"。此外，对两座毗邻房屋的独立构架，该章程规定"每座建筑的木架构、楼板次梁、挑檐、木制阳台等应与其毗邻房屋的木架构、梁等独立建筑，无论有无梁托，分隔墙都应尽可能地建在托架部分内，不应在任何情况下越过分隔墙延长至邻居房屋处"。

（2）英租界

1919年出台的《英租界工部局条例》中，关于建筑防火，对汽锅、火炉的安置与管理进行了具体的规定：凡属于商业或制造厂所用的汽锅、火炉等不能安放于木质地板之上，除非按照该规定防火要求进行建筑设计与布置，包括在汽锅、火炉与地板之间安置至少六英寸的不可燃材料等。临街房屋之上不得安置输送烟雾、蒸汽和热气的管道，且此类管道须与易燃材料保持一定距离。①英租界内华人所有的汽锅及机器等若无合格的外国工程师管理，则每年须接受工部局委任的工程师监察。

1922年《天津英租界工部局市政信息手册》中的"建筑章程"部分规定，房屋烟囱必须是防火材料，烟道与木结构或易燃材料的距离不得低于15英寸。为防止火灾发生，稻草或芦苇不得用于建造屋顶。

1925年颁布的《驻津英国工部局一九二五年公布营造条例及卫生附则》中关于建筑防火的设计要求在1922年条例的基础上进行了更详细的规定，该规则第44条对"截堵墙"（division wall）的防火设计进行了规定；其第46～47条关于房屋烟囱、火道与壁炉的设计，对砌筑材料、尺寸、木料结构距离等进行了规定，强调其材料耐火性与防火设计；第49条关于"屋顶铺盖"，强调了屋顶材料的耐火性。此外，该规则的第二清单对"耐火材料"进行了规定。该清单共有五项条款：

第1条规定了英租界工部局认可的用于建造楼梯及趋避火险通道的七类耐火材料及做法要求，分别为：各种坚硬烧足良好砖料妥实工程用下列材料砌筑者净沙白灰合成之上好白灰浆、佳质洋灰、洋灰合净沙；青石及其他坚实耐久适合建筑石料；钢铁铜料造成横梁、托梁、柱子或其他构造部分，应有相当保护得本局工程师之同意；石板砖瓦瓷砖用以筑造护盖或壁肩架；拱弯省上铺砌之扁石地板，其下面概不宜显露，再不仅其两端必须有承载支架之设备；碎石、瓦块、沙子暨充分融化白灰合成之混凝土或碎砖瓦块、碎石或焦灰屑暨洋灰合成之混凝土；混凝土与钢或铁之合用。

第2条规定工部局有权"随时核准其他耐火材料"。

第3条规定由砖块、瓦片、瓷砖或混凝土及钢或铁合造的地板、屋顶，其厚度须满足四英寸。

第4条关于用以围护楼梯或过道的内部隔墙的厚度要求。

第5条规定"各截火门暨护板之构造材料及式样"须得到工部局核准。

1936年公布的英租界《工部局条例》第9条为"预防火患"，规定"为预防火患起见，各房屋业主须将各烟囱每年至少清除一次，各居户并须按所用火炉、暖炉之

---

① 其管道与易燃材料最小距离要求为"烟囱：九寸；热气或蒸汽管道：六寸；热水管：三寸"。参见 British Municipal Area Municipal Bye-laws, 1919 [A]. 日本国立公史馆，B12082577500.

需要随时施行清除"。对于堆积易燃品的工厂、货栈、铺面或其他房屋，该条款规定"其占用人应依据状况设法禁止吸烟或使用洋火或其他容易起火之有罩或无罩灯"。

（3）德租界

1899年的《天津德租界建筑章程》中，第7条关于相邻地块的防火设计。对于与相邻地块不直接相连的建筑，其建造位置与边界的距离不得小于3米。对于与边界紧邻的建筑，必须在面向邻舍一侧建起一堵至少0.25米厚、高出房顶0.20米，且没有开口的防火墙。若建筑位于中式建筑区，则防火墙需至少0.20米厚。

在该章程关于中式建筑区特殊条款中对防火墙的设置和屋顶材料的防火进行了如下规定：

第11条关于出于防火考虑的建筑墙体设计。住宅的外墙以及所有沿街立面的墙体都要由烧砖筑成。临街立面超过15米长的建筑，若主要用作仓库或作坊，则必须在房屋之间建起10米长、由烧砖砌成，且至少0.2米厚的坚固隔断墙。

第13条关于屋顶材料防火。禁止用稻草、芦苇和其他不能充分防火的材料作为屋顶的覆盖层。

1916年的《天津德租界建筑章程》中，"通用规则"部分关于建筑防火设计有以下条款：

第12条关于相邻地块的防火。该条款相较于在1899年建筑章程中的规定更为精细和人性化，规定对于没有紧邻相邻地块边界，且面向该边界一侧没有防火墙的建筑，其临边界的一侧须距离边界至少1.5米，且不得设有开口；若面向相邻地块一侧设有开口，则须距离边界至少3米，除非与邻舍达成一致意见并向工部局递交书面说明。但是在这种情况下，须与相邻地块的建筑保持至少3米的距离。此外，木结构建筑或带有木质走廊的房子必须距离边界3米。

这一条款关于防火墙的规定较1899年的旧章程亦有所变化。对于边界紧连的建筑，须在面向邻舍一侧建造防火墙，至少0.23米厚、高出房顶末端0.45米。作为防火墙的墙体不得设有开口，防火墙内部亦不得含有木质结构连接，即梁、檩及这一类的支架。对于连续成排的房屋，需在距离至少为40米处建造防火墙，对于位于街角的房屋，此距离允许延长至50米处。

第13条关于建筑间距。地块上分离的建筑，须距离彼此至少3米。这个距离通常指外墙之间的距离，对于有木制阳台的房子，则指其木制柱基间的距离。例外的情况包括：①建有防火墙的房子，该距离可减少至1.2米；②型单层建筑，如厕所、中式厨房、马厩，其距离可减少至1.5米。

第14条关于烟囱、烟道及火炉的设计。烟囱必须由耐火建筑材料制成，烟囱、烟道和炉灶须耐火性好，且有安全防护，绝不允许在烟囱墙体内嵌入木质构件。烟囱壁至少0.25米厚，不能与木质承重构件直接接触，应至少留出0.5厘米宽的通风空间。

第15条关于建筑材料，注重材料的防火与稳定性。该条款规定禁止用稻草、芦苇和其他不能充分防火的材料作为房顶的覆盖层。同样，禁止使用不能保证建筑足够稳定的建材，尤其不能把黏土当作水泥用于砌墙。

该章程在针对中式建筑区的特殊规则部分对防火墙的设置提出了要求。其第26条规定，对于连续的成排房屋，如果长度超过15米，要在房屋间的间隙内竖起12米高、从屋顶延伸到地面、由烧石制成的至少0.25米厚的坚固隔墙。若隔墙妨碍了工厂类建筑的生产活动，则可以允许将其去除。连续的成排房屋，每隔至多30米要建一堵防火墙。对于位于街角的建筑，间隔距离可延长至36米。住宅的外墙必须完全由坚硬的烧砖砌筑而成。当与对面建筑间隔至少为6米时，允许在建筑前进行木构加建。

（4）俄租界

俄租界建设法规中关于建筑防火设计的规定主要是关于防火墙设计以及建筑材料的防火要求。1912年俄租界当局颁布的市政条例中，要求所有房屋必须防火且坚固，关于防火设计具体有如下条款：

第20条规定，紧邻相邻地块的建筑物必须砌筑至少0.25米厚且高出屋顶0.2米的防火墙，如果是在中式建筑区，则防火墙厚度至少为0.2米。

第21条规定，面向街道且临街长度超过15米的弹药库、作坊及工厂，须至少每间隔10米在建筑内横向竖立至少0.2米厚的烧砖墙。

第23条规定，不允许建造茅草屋顶。

第24条规定，不允许建造棚屋以及用竹子、稻草或其他易燃材料建造房屋。

（5）意租界

关于建筑防火设计，意租界1908年颁布的《天津意租界土地章程与通用规则》中第9条规定，严禁使用秸秆、竹子，或其他易燃物搭盖屋顶。1924年颁布的《天津意国租界章程》在以上规定的基础上增加了对防火墙和烟囱的防火设计规定：

第10条关于防火墙的设置。为了减少共用墙体的大型房屋或住宅街区内火势蔓延，须建设至少高出屋顶2英尺的防火隔墙。

第11条关于烟囱的设置。须避免因建筑不良导致房屋着火。

此外，该章程第82条对消防设施的设置与管理进行了规定：仓库、工程与房屋等，若巡捕官认为易于起火，必须预备水龙头接通自来水，并须预备水带以备使用。水龙头的数目及分配方法由房主与巡捕官共同制定，由工部局派人安装，相关人员出资。火会（Fire Brigade）每月派稽查员一名查验水龙头是否可以正常使用。

（6）奥租界

天津奥租界当局1908年颁布的《大奥斯马加国管理天津租界正要章程》中"建筑章程"部分，关于建筑防火设计规定涉及防火墙、火险时疏散通道、烟囱及对特殊类型建筑的消防考虑，具体条款如下：

第9条规定，在宽大马路两旁建房须有防火墙，两墙相隔至多不得超过150尺，火墙厚至少为1尺，高度须至少高过房脊1尺。防火墙禁用易燃材料建造。

第10条规定，甬道及与庭院相连的出入口的设置必须在遇火险时便于逃生，大门门口不得窄过4尺，院内各门口不得窄过3尺。

第11条规定，烟囱必须用砖砌成，木质横梁不得紧靠烟囱。

第13条规定，凡建造大型货仓栈房、行铺、机器局、戏园皆须特备防火方法。

5.2.3.3.2 特殊建筑的防火设计要求

（1）法租界

法租界当局一直重视公共建筑的防火与消防事宜。1900年法租界工部局颁布《剧院条例》，其中第5条中规定，在剧院演出期间，经营者必须确保备有水泵和一支由八名消防员组成的队伍以应对突发火灾的情况。①

1912年的《天津法租界工部局行政章程》中规定，银行、酒店、各种礼拜场所、医院、学校、俱乐部、剧院等公共建筑应设有紧急出口与通道，易于救火。同时工部局有权利在适当情况下要求这些公共建筑安装固定的紧急设备，如外部铁质逃生梯、救生阳台、消防水管等，为消防员的救援提供方便。

1930年的《天津法租界工部局行政章程》进一步对仓库货栈、剧院与电影院、货物市场、面包房与蛋糕房的烤炉和锻造炉、蒸汽锅炉等建筑类型或设备进行了详细的防火规定，内容涉及建筑材料、电灯设置、细部构造、建筑通风、消防水源、安全通道等。其中很多的建筑防火设计原则仍然存在于今天的消防规范中，例如："建筑的每一层都必须配备足够数量且符合市政防火要求的水管和取水设施""所有的门必须是摆动门且向外侧打开""出口、内部安全逃生通道的数量和尺寸将按照人数比例设计"等。

此外，对于建筑的消防管理，法租界的巡警局长官和市政工程师组成了一个特别委员会，负责对相关建筑防火事项进行检查，为租界内每个重要建筑制定了为避免火灾而需要采取的措施规定，②以确保事故发生时的有效公共救援。

（2）英租界

在天津英租界，关于特殊建筑的防火设计规范主要涉及"公共娱乐处所""仓库货栈类建筑条例"与"高大房屋"三种建筑类型。

英租界对于公共娱乐处所的防火设计规范最早出现在1913年颁布的《条例与市政

---

① Reglements Municipaux. Concession Française de Tienn-Tsinn 1900 [A]. 日本外务省史料馆.
② 具体措施包括"使用易燃材料的工程施工和整改、易燃的附属装置，防火墙，电灯或植物油灯，保持合适间隔的导线并定期维护，适当的预防措施，各类报警装置以及最初救援，楼内值班有消防能力的团队，阳台特殊设施，铁质楼梯，室内及室外逃生梯等"。参见Conseil d'Administration Minicipale de la Concession Française de Tientsin. Reglement General de la Concession Française 1930 [M]. Tientsin: Peiyang Press, 1930. 法国南特外交部档案馆.

信息手册》中，该手册规定剧院、音乐厅、马戏团、沙龙、展览馆等娱乐场所建筑应妥善设计火灾时观众的逃生出口。在1925年英租界工部局颁布营造条例及卫生附则中，第51~68条为"公共娱乐处所特殊条例"，该条例适用于"戏院厅房或其他公共娱乐处所，其建设系为公共演剧或影戏、跳舞、音乐或其他同类娱乐之用者"。这一条例内容涉及建筑的防火、消防疏散设计、消防设施、座位设计、通风、采暖、照明、卫生设施、对相邻产业的影响，以及关于戏台、电影机房的设计要求（表5-1）。

《驻津英国工部局一九二五年公布营造条例及卫生附则》中的"仓库货栈类建筑条例"是关于制造所、货栈、工厂、机房、磨坊、仓库等一类建筑的防火设计条例，其内容包括消防水管等灭火器械的设置、仓库货栈的容量限制、截火门与耐火墙壁上的孔口限制，以及锅炉烟囱的砌筑方法。

英租界对"高大房屋"的特殊防火设计规定也出现于《驻津英国工部局一九二五年公布营造条例及卫生附则》中，该法规的第87~94条为"高大房屋安全保障暨火险太平门等规定条例"，适用于以下两类建筑：①凡建筑最高层地板距离所临马路平面超过五十尺者；②凡房屋预备容纳二十余人，占用或备容二十余伙计者。该条例强调此类建筑设计须满足"遇火险时应有之相当趋避火险出路"，并明确了关于逃生通道的设计依据及特殊规定。此外，该条例还对消防设备的检验维护、旅馆暨留寄宿住房疏散标识、楼梯间设计、升降梯设计等进行了进一步规定。

在1936年新修订的营造条例及卫生规则中，与"高大房屋"相关的防火设计规定为"旅馆、普通公寓暨分赁大楼条例"，其中第77~80条为条例适用范围及"旅馆""普通公寓"及"分赁大楼"释义；第81~82条关于地板与楼梯的防火设计；第83条关于建筑内升降梯围栏设计；第84条关于水龙头等消防设备及马力抽水机的设置；第85条关于太平门标示，规定此项标示应用六英寸字母表明，并须设置亮灯；第86条规定此类房屋可容纳五十人以上居留且高度超过三层楼者应用耐火材料建造；第87条关于"指示图样"，规定此类建筑每层楼应在工部局工程师同意之明显处悬挂楼层简明图样，标明太平门路线图；第88条规定若此类房屋在底层以上容纳不足五十人住宿，为旅客疏散安全起见，应按工部局审定意旨设置应有的设备；第89条为处罚规定。

公共娱乐处所特殊条例条款内容　　表 5-1

序号	条款项目	序号	条款项目
51	公共娱乐处所定义及建筑许可申请	69	建筑内围栏设置
52	出入口设置	70~72	座位设计
53	建筑功能与房屋设置	73	建筑通风
54	建筑外墙开口与邻居产业间墙体设置	74	天窗设置
55	建筑外墙与"截堵墙"	75	厕所及便所

续表

序号	条款项目	序号	条款项目
56	地板铺设	76	暖气设置
57	建筑空间高度	77	电灯设置
58	地板标高	78	消防器械
59	楼厢人数与所设"太平门"(疏散出口)数目、宽度	79	工部局消防处电话警钟的接通
60	走廊或通道消防设计	80	戏台装饰及布景
61	走廊或通道坡道设计	81	戏台出口
62	走廊或通道墙壁设计	82	戏台连带各辅助用房的分隔墙设置
63	走廊或通道宽度与各门口宽度	83	壁炉或火炉设置
64~65	衣帽寄存室、寄存柜及售票房不得阻碍通道与出口	84	戏台的临时扩充
66	楼厢人数与楼梯宽度	85	戏台消防设计条例
67	"太平门"设计	86	电影机房设计
68	"太平门"标识		

资料来源：笔者绘制，参考自British Municipal Council. Building & Sanitary By-Laws 1925 [M]. Tientsin: The Tientsin Press, 1929.

在近代天津，只有英、法租界对特殊类型建筑制定有专门的防火设计规范，这是由于这两个租界拥有更多剧院、音乐厅、俱乐部、旅馆等公共建筑类型，也反映出英、法租界建设程度及建设法规发展得更为完善。

5.2.4 建筑结构与材料

近代中国的租界是西方建筑技术传入中国的重要实践地。19世纪下半叶，西方砖石结构传入天津租界，租界内涌现了大量的砖（石）结构及砖（石）木混合结构建筑；20世纪初，随着西方现代建筑技术与建筑材料的发展，钢筋混凝土结构与钢结构建筑也传入天津租界，带动了天津地区建筑技术与建筑材料的发展。天津的英租界与德租界在其建筑设计法规中均有关于建筑结构与材料设计的规范要求。

5.2.4.1 德租界

1916年的《天津德租界建筑章程》对欧式建筑区的墙体设计进行了规定，针对砖墙承重、石墙承重、混凝土墙承重、钢结构、木结构等不同建筑结构类型，进行了墙体厚度标准的规定：

（1）对于砖墙，分为承重的前壁或后壁、承重的中间墙壁及不承重的墙壁三种情况，分别对墙体厚度标准进行了规定（图5-10）。

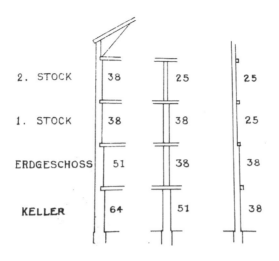

图 5-10　砖墙墙体厚度标准

图片来源：Baupolizeiordnung fur das Gebiet der Deutschen Niederlassung in Tientsin 1916 [M]. Tientsin: Tageblatt fur Nord-China, A.-G., 1916. 德国政治档案馆，1051.

附注：左侧标注楼层自下往上分别为地下室、一层、二层、三层，墙体厚度单位为厘米。

（2）对于未经打磨的粗石砌筑的墙体，对其与砖墙对应的强度要求进行了规定。

（3）混凝土墙、水泥、钢结构或其他有支撑能力的材料，可以在得到工部局许可的情况下，在使用过程中可薄于对砖墙所要求的墙体厚度。

（4）对于外露木骨架房屋，只有一层的房屋，其木骨架横截面尺寸必须至少为0.12米×0.12米；二层及以上的房屋，其木骨架横截面尺寸必须至少为0.15米×0.15米。

除非在特殊情况下，有充分的技术理由，低强度建筑才可被允许。此外，工厂、库房建筑的墙体强度要求比普通房屋更高。

5.2.4.2 英租界

（1）砖（石）结构

在英租界，《驻津英国工部局一九二五年公布营造条例及卫生附则》中的"营造结构计划条例"部分对建筑结构及一些细部构造要求进行了规定，要求英租界的工程设计必须满足建造工程应用力学的需要，设计必须"按科学原理惯例所拟建筑方式及所用材料之坚力充实建造，结构之稳度饶裕足以负载预计荷重，皆具有相当证明"，并得到工部局工程师认可。

英租界的建筑大多为砖（石）结构或砖（石）木混合结构，墙体作为建筑结构的重要部分，其详细的材料、构造做法、尺寸要求在上述条例的"第一清单"中以大量篇幅进行了详尽规定。该清单内容可分为两部分：第一部分为"材料暨建造法"，共9项条款，涵盖的内容包括墙体材料，墙基、砖缝的砌筑材料与砌筑方式，空心墙壁的砌筑方式，墙角的砌筑方式，墙体拐角连接处材料，无倚靠砖造立柱的砌筑，墙壁荷重要求以及墙壁丈量方法等。第二部分关于墙的厚度，分为"非公共建筑暨非仓库货栈类建筑"与"公共建筑及仓库类建筑"两类，每一类又按照房屋高度、长度的不同分为若干类型，分别规定了其墙体厚度要求。

（2）钢筋混凝土结构

20世纪初，西方建筑技术与建筑材料的发展成果经由租界传入中国，上海在1908年建成第一座完全采用钢筋混凝土框架结构的建筑——上海德律风公司大楼。在天津英租界，1921年，由义品公司设计及监理，砖（石）墙钢筋混凝土混合结构建筑——天津华比银行建成；1927年，由英商景明工程司设计、以钢筋混凝土框架结构为主体建筑结构的麦加利银行天津分行建成。此后，天津租界出现了大量钢筋混凝土结构的多层建筑。

对于这一新的建筑结构形式，《驻津英国工部局一九二五年公布营造条例及卫生附则》中"第五清单"部分对钢筋混凝土结构设计进行了规定。该清单有37项条款：第1条为钢筋混凝土的定义，指出其配置应"依照公认工程学理以能承担一切拉长应力暨辅助抵御扭差与挤压状况为准"。第2条为钢筋混凝土材料建筑的许可申请要求。第3条关于钢筋混凝土建筑执照的申请。第4条规定钢筋混凝土不可用于传送电流。第5~12条关于钢筋混凝土中钢料、洋灰、细料搅合、粗料搅合等材料的用料成分说明。第13~14条关于混凝土与钢筋的各类应力标准。第15~23条关于钢筋混凝土建筑相关结构构件的尺寸要求。第24~37条关于钢筋混凝土结构的施工要求，包括工部局工程师的监督管理、钢筋施工要点、应对特殊施工气候的方法、混凝土的凝固时间等。

1934年英国伦敦颁布了新的建筑规则，其中就有对钢筋混凝土结构的规定，这也成为天津英租界当局制定新建筑法规的重要参照。在1936年英租界公布的营造条例与卫生附则中，"钢筋混凝土规定"部分与1925年的条例相比，没有对钢筋混凝土材料进行具体的要求，而是明确以英国的钢筋混凝土经营条例为参照，规定"所有钢筋混凝土料件概须依照英国皇家印刷所刊布之钢筋混凝土经营条例或工部局随时采用之其他条例规定"，且经工部局工程师核准的钢筋混凝土建筑许可申请的图样"应认为充作英国钢筋混凝土设计条例第六表所列普通品类之用途，除非请求人另具书面说明指陈拟兴建筑适用较高品类或特种钢筋混凝土，而邀工部局工程师之满意，则不在此列"。[①]

（3）钢结构

钢结构是20世纪初传入天津租界的另一个新的建筑技术。在天津各租界中，只有英租界1925年颁布的《驻津英国工部局一九二五年公布营造条例及卫生附则》中"第六清单"部分对建筑用钢进行了规定。该清单共有29项条款：

第1条为对钢结构的定义。

第2条关于钢结构的荷重要求。

---

① 天津市档案馆. 英租界档案［M］. 天津：南开大学出版社，2015：4762-4825.

第3条关于钢结构工程的许可申请要求。

第4条为钢结构所用两种钢料的成分要求。

第5条规定钢料的"拉长抵抗力"与"伸长度"的应用实验块进行审定。

第6条给出了"钢板暨各式截面形（角铁、双角铁、托梁、工字型铁等）暨扁铁等""圆形或方形条料"及"帽钉材料"三类实验块的要求（图5-11）。

第7条规定了制造帽钉料件应进行的两种实验。

第8条为铸铁熔铸要求。

第9条关于钢铁（除立柱外）的应力标准，包括拉力、压力、扭力、轴承力。

第10～12条关于铸铁、软钢、熟铁等立柱的等应力要求。

第13条为"凑合总应力"释义。

第14条关于风力的核算。

第15～16条关于应力的特殊说明。

第17条关于铁板的计重。

第18条为"托梁"的定义与设计要求。

第19条为"柱子"的定义与设计要求，具体区分为"生铁柱"与"熟铁柱或钢柱"两类。

第20条关于帽钉的设计要求。

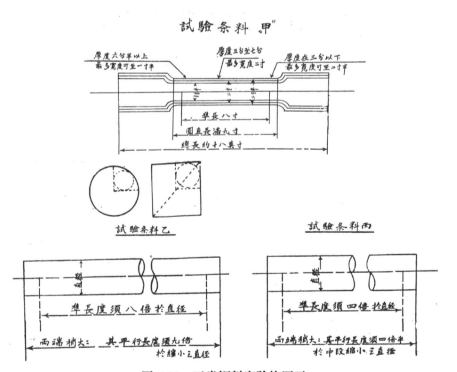

图5-11 三类钢料实验块图示

图片来源：British Municipal Council. Building & Sanitary By-Laws 1925 [M]. Tientsin: The Tientsin Press, 1929.

第21~22条为钢结构材料的制造工艺要求。

第23条关于荷重实验的重量要求。

第24条关于钢结构建筑的防火要求，包括钢结构柱子、托梁的砌筑围护等。

第25~27条关于钢结构建筑的墙体砌筑要求。

第28条关于普通混凝土基础承载压力限制。

第29条关于钢筋混凝土基础承载压力限制。

天津英租界关于钢结构的设计规则参照上海公共租界的相应规则制定，[①]其规则内容已经较为成熟。这一规则的出现，有力地推动了钢结构技术在天津的发展。在天津各租界，钢结构多用于菜市、厂房等具有大跨度要求的建筑。在民用建筑中，位于英租界马场道的英国乡谊俱乐部采用了钢结构建造。

（4）建筑荷重计算标准

对建筑结构的设计需要以建筑荷重为依据，《驻津英国工部局一九二五年公布营造条例及卫生附则》的"第四清单"为"审定荷重之标准"，对建筑荷重标准及计算方式进行了规定。这一清单共8项条款：第1条对建筑物的净荷重与负荷重进行了定义，给出了各类建筑材料的标准重量，并且规定了屋顶、各类型建筑地板及其他相关建筑构件的荷重标准。第2~8条为各类情况下荷重的计算方式及标准，包括两层以上建筑重复载荷的计算、天然地土承载的房基压力、旋动机件或活动荷重的计算、横向风荷载的计算等。1936年英租界工部局颁布新的营造条例与卫生附则，其中"审定荷重之标准"中所规定的建筑的荷重标准与1925年相比细化了建筑分类（表5-2）。

1936年英租界营造条例暨卫生规则中规定建筑荷重标准　　表5-2

建筑类型		每平方尺所负磅数	建筑类型		每平方尺所负磅数
分赁大楼		40	旅馆	住房与走廊	40
军械库		150		客厅与公用走廊	100
礼堂	固定座位	70	图书馆	读书室	60
	活动座位	100		走廊	100
包厢暨后楼	固定座位	70		贮藏室	125
	活动座位	100	高度建筑物		100
舞场		120	工厂	轻工业	75
操练室		150		重工业	125
寓所		40	帐篷		60
悬廊		100	办公室		50

---

① 关于上海公共租界建设法规对天津英租界建设法规影响，参见本书第6.2.1节。

续表

建筑类型		每平方尺所负磅数	建筑类型		每平方尺所负磅数
太平梯		100	印刷局	印字室	100
车房	各种车辆	100		排字室暨铸字室	100
	载客车辆	80	公众集会处		100
健身房		100	看台暨露天座等		100
医院	公用病房与独间病室	40	屋顶负荷（坡度不逾四分之一）		30
	穿堂与公用室	100	学校	教室	40
休息室		50		走廊	100

资料来源：笔者绘制，参考自British Municipal Council. Building & Sanitary By-Laws 1925[M]. Tientsin: The Tientsin Press, 1929.

（5）灰浆与混凝土搅合材料

除了结构材料与防火材料，《驻津英国工部局一九二五年公布营造条例及卫生附则》亦对用于涂刷墙壁、排水沟槽、基础、屋顶等的"灰浆及混凝土之搅合材料"进行了特别规定，对常用灰浆及混凝土搅合材料的分类、用途与成分配比作出了要求（表5-3）。

灰浆及混凝土用途与成分配比　　　表5-3

种类	用途	成分
洋灰浆	涂刷便所墙壁	洋灰　一成 沙子　二成半
洋灰混凝土	混凝土基础，阴沟水道，地面水沟槽，厕所、便所墁砌材料，屋顶，厨房、碗碟贮洗处暨院落铺砌	洋灰　一成 沙子　二成 石子　四成
白灰混凝土	基础	白灰　一成 沙子　二成 碎石或碎砖　四成
白灰加泥混凝土	基础	白灰　四成 净土　六成

资料来源：笔者绘制，参考自British Municipal Council. Building & Sanitary By-Laws 1925[M]. Tientsin: The Tientsin Press, 1929.

5.3 近代天津租界的建筑建设管理

房屋建筑是城市空间不可或缺的组成部分，也是租界建设管理法制化的又一重点。在近代天津，各租界当局对房屋建筑的控制管理具有全面性。体现在房屋建设程序的管理上，包括前期管理——建筑许可制度，建设过程管理——施工规范与监理制度，后期管理——既有建筑监督检查制度。

5.3.1 建筑许可制度

建筑许可是指"建设行政管理部门或者其他有关行政主管部门准许、变更和终止公民、法人和其他组织从事建筑活动的具体行政行为"。[①]近代天津的各个租界都通过制定建设法规确立了建筑许可制度，以确保租界内的新建及改建建筑达到租界当局对建筑质量、安全、卫生及美观等方面的要求。建筑许可的类型可以分为施工许可和从业资格许可两类。天津各租界的建筑许可制度以施工许可为主。[②]天津各租界的建筑施工许可又可细分为新建建筑许可、建筑改建与拆除许可、建筑卫生设备许可几类。由于各租界市政排水设施建设发展程度的差异，只有英、法、日、意、德等部分租界对建筑卫生设备许可有所规定。

5.3.1.1 英租界

英租界关于建筑许可制度的法规最早见于1898年《英租界扩充界土地章程》。其第26条"建筑物"中规定，英租界扩充界内所有新建房屋均需向工部局提交建筑申请单、平面图以及剖面图，由工部局审查。申请材料提交后的14天内，工部局以书面形式向申请者表明赞成或反对该项工程。

1903年英租界划定推广界之时，《津海关道与英领事为推广租界会衔告示》中规定："自示之后，凡起造房屋、有关不洁及碍于卫生等事，并未奉工部局允准，不得举办，并土屋亦不准造。此后起造房屋必先呈图，工部局董事查核批准。惟先前已有土房并无不洁等事或无他虞者，准其三年之内毋庸更动，不与工部局干涉，三年之后仍须一律照新章办理。"

以上两项法规初步确立了英租界的建筑许可制度，但未就建筑许可申请标准进行规定。随着英租界，尤其是扩充界及推广界的快速建设，英租界关于建筑许可制度的规定也进一步严格。1913年的《条例与市政信息手册》中规定，以下活动必须向警务督察长（Superintendent of Police）提交申请并获得许可后方可开展：建筑工程；房屋维修或改造，或者其他需要将梯子置于道路上的工程；开挖道路铺设各种管道、电线或修筑排水设施；竖立栅栏、广告牌、标志牌，或其他立于（或悬挂于）道路上方的构筑物；在河坝堆放材料；在道路上运输建筑材料；在道路上运输泥土、"填垫物"

[①] 金国辉. 建设法规概论与案例[M]. 北京：清华大学出版社，2008：76.
[②] 只有意租界的建筑许可相关法规中提出了对建筑设计师的资质要求（参见本章5.3.1.6节）。虽然天津其他租界的建设法规中没有明确提及建筑师的从业资质问题，但各租界几乎都要求建筑许可申请书中有建筑师或其代理人签字，作为租界当局审核的一项内容。

或废弃材料；在道路上运输重型机器（很可能对交通产生影响）；送葬或节日车队。

1915年，英租界工部局通过了新的建筑条例，规定所有递交到工部局的建筑许可申请，如果工部局认为该建筑有如下情况，有权拒绝许可：[①]

（1）不符合美观标准。

（2）造成临近房产贬值。

（3）有损于邻居的既得利益。

（4）阻碍周边地区未来发展。

（5）对邻居的舒适与便利造成妨碍。

这一新条例体现了英租界工部局对建筑物控制的两项原则，即建筑物应具有美观特性，以及不能对邻居和周边地区产生不良影响。这两项原则也渗透于此后英租界颁布的建筑设计法规中。

1918年英租界颁布《驻津英国工部局所辖区域地亩章程》，其中"建筑章程"部分对英租界全界的建筑许可制度进行了统一规定：任何新建、改建和加建建筑都须将建筑图样呈送工部局，待工部局核准后方可施工。这一条款详细列出了工部局审核建筑图纸的要点，包括："建造物之各部分构造坚实状况及稳度；火患预防及逃避火险之适当保障及设备；房屋内部及周围预备光线输入及空气流通地位；地面水平以保沟渠完全通畅；各式居民住室或豢养牲畜处所，须有光线及空气流通地位以重卫生需要；适当之厕所、便所及排泄污水设备，暨其他卫生布置；凡必要处利用不透潮湿材料，以保持卫生状况；预备容纳多数人众各式房屋须有便利直达出入处，并安全太平门之设备；适当临近产业舒畅景物之相当保障；各界使用公共道路之安全及便利。"此外，工部局如果认为某一建筑的修建方案不适合于勘定修建区域的环境，或居住用房的一所或多所之方案妨碍该房屋外墙采光，可以不予核准修建；如果工部局认为新建房屋设计不佳、设计过于重复或材料使用不当，可要求其更改设计。从以上条款中可以看出，英租界工部局对建筑物的控制要求包括安全、卫生、舒适、美观且不对邻居及公共空间产生不良影响。

1922年英租界发行的《天津英租界工部局市政信息手册》中明确了建筑许可申请所递交的图纸要求，包括：

（1）建筑设计图（工程详图），比例不小于1英寸合8英尺。

（2）建筑位置图（总平面图），展示新建或改建建筑的位置、周围环境及毗邻建筑。

其中建筑设计图必须由委托人、建筑师或其代表签字，并包含：各层平面图及面积；展示建筑风格及立面图，标注各层面积；墙体厚度与基础尺寸；各区域功能；天

---

① Minutes of the annual general meeting of the landrenters British Concession Tientsin [M]. Tientsin: Tientsin Press, Limited., 1915.

花板与楼板梁的位置、间距及尺寸；若有钢柱，标出尺寸；烟囱、火炉等设备的位置与尺寸；建筑相对相邻路面的高度；建筑物各部分的详细描述，包括围墙与栅栏；厕所的位置等。若建筑物是钢筋混凝土结构，建筑许可申请中还应包括钢筋与结构的详细尺寸以及混凝土的详细配比。

1925年颁布的《英租界营造条例及卫生附则》是英租界第一部建筑专门法规，其中"指导建筑请求人之节略"一条中明确规定，业主进行建筑许可申请前可向工部局工程师咨询以下内容：工部局"是否有拟筑新街道或更改街道边线或修改地平之议""邻居产业之详细情形"以及关于"沿马路界限位置""建筑高度或楼房层数之限制""地亩总面积与房屋占用地面积之比例"的特殊条例等。通过向工部局咨询以上内容，申请建筑的业主可以针对以下两方面对拟建建筑进行评估：

一是关于建筑业主对于自己产业对邻居产业可能产生的影响所须注意的问题及担负的责任。对于"兴盖与本区有大多数房屋式样不同之建筑"以及"其性质或致危害或妨碍邻居"的工业建筑，工部局在准允之前"应将该建筑计划宣布以便邻居业主及有关系人的陈述不同意之见解"。若业主拟建建筑在邻居房屋周围10英尺以内或建筑物在此十英尺内任何部分地基深入地平的深度深于邻居房产地基，则该业主"应筑固邻居产业之地基至同一深度或用其他方法巩固之，并须担任赔偿邻居业主或居住人因上述建筑所受之损害"。在该条例第16条"新建房屋与邻居产业间至距离"中，明确了业主在自己产业地块与邻居产业间修建围墙时须遵守的各项规定，着重强调在未得到邻居业主允许的情况下，不得对邻居产业和利益形成干扰与危害。

二是关于经营危险性及含毒性的建筑物，任何人不准在该类房产周围50英尺内建筑房屋，且不准在距离马路40英尺以内的房屋、空地，或者距离任何房屋或其他非业主所有之空地50英尺以内经营或建设危险性及含毒性建筑物。

此外，1925年《英租界营造条例及卫生附则》对英租界建筑许可申请所需递交的图纸要求与准单请求书的样式（图5-12）进行了详细规定。

相较于往年建筑法规对建筑许可申请图纸的要求，1925年的这一条例进一步明确了所需提交"建筑位置图"的内容，包括图纸比例（不能小于1英寸合50英尺）、临近建筑、空地、街道、巷弄的各项详细信息、指南针、各水沟及脏水井的尺寸、水平线及布置计划等。其中专门提及了"水平线"（即标高）的标注，并指明依据大沽水平零线为标准。建筑准单请求书及相关图纸递交到工部局后，由工部局通知工程师及其他有关人员审核处理。

对于建筑内卫生泄水设备的建造及与公共下水道的接通，1925年的《英租界营造条例及卫生附则》规定，任何人拟接通沟管或总泄水沟至工部局所辖下水道者应于动工前七日向工部局提交书面申请（图5-13），工部局工程师将在七日内给予是否核准的答复。请求书中的内容有工程详细地址、业主姓名、业主代理人姓名、居住人姓

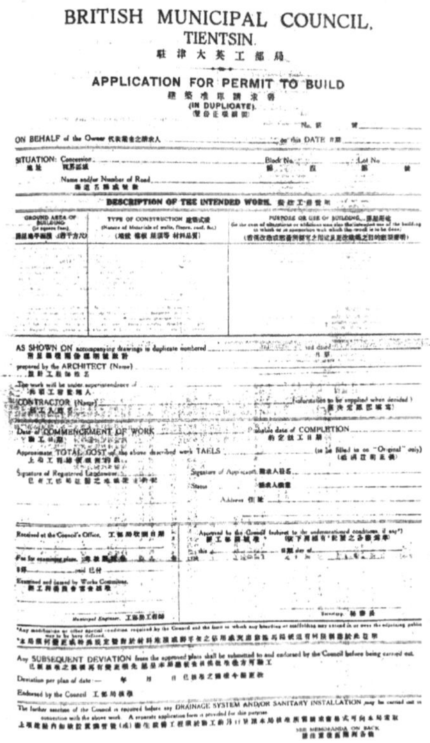
BRITISH MUNICIPAL COUNCIL.
TIENTSIN.
駐津大英工部局
APPLICATION FOR PERMIT TO BUILD
建築准單請求書
(IN DUPLICATE).

No.

ON BEHALF of the Owner 代表業主之請求人 on this DATE 日期

SITUATION: Concession 地址 租界區域 Block No. Lot No.

Name and/or Number of Road

DESCRIPTION OF THE INTENDED WORK.

GROUND AREA OF BUILDING (in square feet)	TYPE OF CONSTRUCTION (Nature of Materials of walls, floors, roof, &c.)	PURPOSE OR USE OF BUILDING

AS SHOWN ON accompanying drawings in duplicate numbered and dated

prepared by the ARCHITECT (Name)

The work will be under superintendence of

CONTRACTOR (Name) (Information to be supplied when decided)

Date of COMMENCEMENT OF WORK Probable date of COMPLETION

Approximate TOTAL COST of the above described work TAELS (to be filled in on "Original" only)

Signature of Registered Landowner Signature of Applicant

Status

Address

Received at the Council's Office. Approved by the Council (subject to the undermentioned conditions, if any*)

Fee for examining plans this day of

paid

Examined and passed by Works Committee.

Municipal Engineer. Secretary.

*Any modification or other special condition required by the Council and the limit to which any hoarding or scaffolding may extend in or over the adjoining public way to be here defined.

Any SUBSEQUENT DEVIATION from the approved plans shall be submitted to and endorsed by the Council before being carried out.

Deviation per plan of date:—

Endorsed by the Council

The further sanction of the Council is required before any DRAINAGE SYSTEM AND/OR SANITARY INSTALLATION may be carried out in connection with the above work. A separate application form is provided for this purpose.

SEE MEMORANDA ON BACK

图 5-12 英租界建筑准单请求书样式

图片来源：British Municipal Council. Building & Sanitary By-Laws 1925 [M]. Tientsin: The Tientsin Press, 1929.

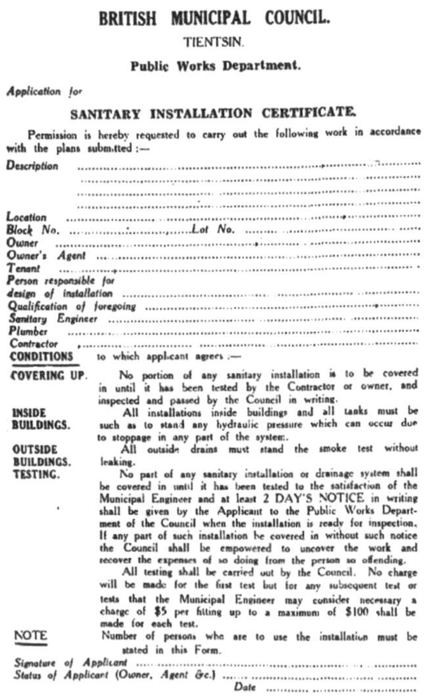
BRITISH MUNICIPAL COUNCIL.
TIENTSIN.
Public Works Department.

Application for

SANITARY INSTALLATION CERTIFICATE.

Permission is hereby requested to carry out the following work in accordance with the plans submitted :—

Description ....

Location ....
Block No. .... *Lot No.* ....
Owner ....
Owner's Agent ....
Tenant ....
Person responsible for design of installation ....
Qualification of foregoing ....
Sanitary Engineer ....
Plumber ....
Contractor ....

CONDITIONS to which applicant agrees :—

COVERING UP. No portion of any sanitary installation is to be covered in until it has been tested by the Contractor or owner, and inspected and passed by the Council in writing.

INSIDE BUILDINGS. All installations inside buildings and all tanks must be such as to stand any hydraulic pressure which can occur due to stoppage in any part of the system.

OUTSIDE BUILDINGS. All outside drains must stand the smoke test without leaking.

TESTING. No part of any sanitary installation or drainage system shall be covered in until it has been tested to the satisfaction of the Municipal Engineer and at least 2 DAY'S NOTICE in writing shall be given by the Applicant to the Public Works Department of the Council when the installation is ready for inspection. If any part of such installation be covered in without such notice the Council shall be empowered to uncover the work and recover the expenses of so doing from the person so offending.

All testing shall be carried out by the Council. No charge will be made for the first test but for any subsequent test or tests that the Municipal Engineer may consider necessary a charge of $5 per fitting up to a maximum of $100 shall be made for each test.

NOTE Number of persons who are to use the installation must be stated in this Form.

Signature of Applicant ....
Status of Applicant (Owner, Agent &c.) ....
Date ....

图 5-13 英租界工部局工程处卫生设备执照

图片来源：British Municipal Council. Building & Sanitary By-Laws 1925 [M]. Tientsin: The Tientsin Press, 1929.

名、工程设计主管人姓名、设计人员资格、卫生设备工程师姓名、铁管匠姓名，及请求人应同意的条款（内容分为“工程之封盖”“房屋内之设备”“试验”“附注”四部分），最后由业主或其代理人签名。

5.3.1.2 法租界

在法租界，1893年1月27日董事会通过决议，一切房屋的建造计划均需得到董事会主席（即法国领事）的同意方可进行，用新建建筑取代已有建筑物的建设行为只有经过建筑所有者和董事会主席共同就计划图纸达成协议后方可实施。[①]

1912年出台的《天津法租界工部局行政章程》对法租界建筑许可的审批流程进行了规定（图5-14）。工部局秘书在收到私人业主提交的各类工程建设或建筑申请后，应转交给道路测量师（即工部局工程处负责人），道路测量师给出意见后应立即交于工程委员会成员批准，并将结果告知工部局秘书。在获得批准后，道路测量师可直接

① Reglements Municipaux. Concession Française de Tienn-Tsinn 1894 [M]. Peking: Typographie du Pe-T'ang, 1894. 德国联邦档案馆.

将建设意见反馈给申请方,并告知巡警处负责人;如果未获批准,秘书须将申请提交董事会讨论。对于一般的小型工程申请,例如沟渠的开口或修理、搭建脚手架等,道路测量师可以直接提供必要的授权,并通知巡警处负责人。

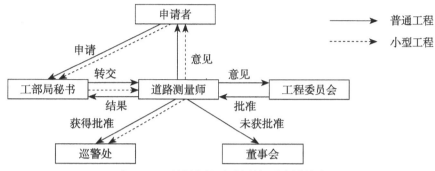

图 5-14　天津法租界建设许可申请流程
图片来源:笔者绘制。

同一年法租界当局出台的《天津法租界工部局市政章程集》中"工程业务章程"的第一部分即关于日常建筑工程的许可,明确了工程许可的分类及所需递交的材料,正式确立了法租界的建筑许可制度。依据这一法规,工程许可类型包括新建建筑工程、建筑维修与拆除工程和公共道路设备安装工程三类。其中前两类均需要房屋业主向工部局秘书处递交一式两份的书面许可申请,申请材料包括申请表(表5-4、表5-5)与建筑图纸。

建筑图纸需满足以下要求:

(1)建筑总平面图的比例至少为1:500。该图纸必须表明建筑物附属建筑与毗邻物业、周边街道的宽度与高程,首层平面标高以及该物业附属的场地情况。

(2)面向道路的立面图,各层平面图与剖面图(比例至少1:100),这些图应该包括建筑材质、位置以及建筑物各部分的形状与尺寸。

通常必须标示建筑的用途,或仓库处理与存放的产品,排水管网工程与剖面图,管道坡度与材质,检修孔位置,化粪池等。图纸必须证明建筑将有好的卫生条件、坚固、安全、不易失火。

除此之外,建筑维修与拆除工程申请还应就工程的必要性进行说明。工部局将在申请递交的14日以内给予答复。而对于不卫生、会引起不适或危险的建筑、工厂等特殊建筑的许可申请,卫生部门和路政部门会进行进一步的调查,于一个月以内给予答复。[①]

[①] Conseil d'Administration Municipale de la Concession Française de Tientsin, Recueil des Reglements Municipaux 1912 [M]. Tientsin: Imprimerie Hsie-Ho, 1912. 法国南特外交部档案馆, 961PO/1-7. 翻译参考自李天. 天津法租界城市发展研究(1861—1943)[D]. 天津:天津大学, 2015.

天津法租界 1912 年规定新建建筑工程申请表　　　　表 5-4

天津法租界 建筑许可申请

业主：
建筑师：
营造商：
建设位置：
　路：　　　　　　街区号：　　　　　　地块号：
（1）工程说明：
（2）建筑用途：
占地面积：
建筑面积：
地面楼层与街道的高差：
下水道连接情况：
预计价值（计划居住的建筑）租金：
　　　　　　　房屋造价：
工程开工日期：
预计完工日期：
　　　　　　　　　　　　　　　　业主或建筑师签名：
（1）指明用于建筑墙面、屋顶等的材料类型。
（2）中式房屋请注明开间数。这个表必须附有施工图，至少1：100的大样图和1：300的总图。
注：所有建筑许可申请必须由业主提交给市政部门。

资料来源：笔者整理绘制，法文原文参见Conseil d'Administration Municipale de la Concession Française de Tientsin, Reglement Administratif [M]. Tientsin: Imprimerie Hsie-Ho, 1912. 法国南特外交部档案馆，961PO/1-7.

天津法租界 1912 年规定建筑维修与拆除工程申请表　　　　表 5-5

天津法租界 工程业务许可申请

业主姓名：
建筑师姓名：
营造商名称：
街区号：　　　　　　地块号：　　　　　　路：
工程性质：
（1）建筑物价值的增加或减少：
工程开工日期：
预计完工日期：
　　　　（2）业主签名：　　　建筑师签名：
（1）建筑拆除、增建或改建的特殊需求。
（2）二者中的一个。
注：所有此类许可申请必须由业主提交给市政部门。

资料来源：笔者整理绘制，法文原文参见Conseil d'Administration Municipale de la Concession Française de Tientsin, Reglement Administratif [M]. Tientsin: Imprimerie Hsie-Ho, 1912. 法国南特外交部档案馆，961PO/1-7.

1921年，法租界当局新修订《天津法租界工部局市政章程集》，其中对建筑许可制度的规定也进行了调整。新建建筑许可申请表中增加了建筑层数一项，并注明中式房屋每间面积约为35平方米。

1930年新修订《天津法租界工部局市政章程集》中增加了申请新建建筑或建筑维修与拆除许可需要递交的图纸项目，新增图纸为"下水道设施的平面图、剖面图"与"有关动力和照明设施的规划图纸"。此外，新建建筑许可申请表中的项目也更加细化（表5-6），具体要求了对建筑基础、墙体、楼板、屋架等房屋结构的描述。法租界当局对建筑许可制度的历次修订，表明其对建筑物的控制愈加全面。

天津法租界1930年规定新建建筑工程申请表　　表5-6

天津法租界 建筑许可申请		第　　号
业主： 建筑师： 营造商： 占地面积： 建筑面积： 地面楼层与街道的高差： 层数：（3） 计划居住的建筑的预计价值，包括各种固定设施（采暖、照明、卫生等） 1. 家具（总值）： 2. 租金：　　每年 工程开工日期： 预计完工日期：	建设位置 街区号： 地块号： 路：（4） 建筑描述（1）： 基础（5）： 墙体 楼板 屋架： 屋顶： 消防： 附加计划：（2） 房屋用途：	
评价意见：		
	业主或建筑师签名：	
申请许可费： 市政工程师签名：	（1）注明材料的种类 （2）大样图比例至少1∶100 总图比例至少1∶500 必须包含场地平面图1∶100 （3）中式房屋注明开间数 （4）路政部门将给出门牌号 （5）除非另有规定，墙基低于公共道路的允许值为0.15米	

资料来源：笔者整理绘制，法文原文参见Conseil d'Administration Minicipale de la Concession Française de Tientsin. Reglement General de la Concession Française 1930 [M]. Tientsin: Peiyang Press, 1930. 法国南特外交部档案馆.

关于房屋建筑内卫生设备的许可申请，在1912年的《天津法租界工部局市政章程集》中即已明确规定，房屋业主有义务修建必要且足够的卫生设备以保证其房屋产业内的雨水、家庭生活用水以及厕所下水能够顺利地排至市政下水道。修建卫生设备之前须向工部局递交一式两份的下水道安装申请表及卫生设备的平面图与剖面图。申请表的内容包括业主、建筑师、营造商姓名，建筑位置，房间及房间内各类卫生设备（盥洗盆或浴缸、抽水马桶、华人旱厕、各类排水口、雨水管道）的数目，与下水道连接的数目、管道剖面及坡度，建筑租金，动工日期及预计投入使用日期等。随着法租界城市建设的发展与居住水平的提高，下水道安装申请表的内容亦不断调整细化，在1930年的《天津法租界工部局市政章程集》中，该申请表增加了对建筑用途的描述。

对于随申请书递交的卫生设备管道配置图纸，要求细部图纸比例不小于1∶100，总图比例不小于1∶500。剖面图必须明确标记公共下水管道相对于分支管道的建筑地基的高度差，并标记建筑内管道相对于街道边线的衔接处的高度差。内部管道和检查孔必须在旁边标明倾斜度、高度和管道直径。在工部局批准私人业主的下水道修建计划之后，禁止对相关规划设计作出任何修改。任何修改必须提前再次提出申请。

业主修建完成的下水道工程管网只有在被市政工部局的代表确认批准后才允许使用，且须在市政工部局授权的警员或代理人的监督和管控下进行，任何人不得妨碍其执行公务。如有必要，每次日常维护需要相关部门核查。管理部门代表有权检查整个房屋内部和外部的在建管网，在上午10点至晚上6点之间管理部门代表应当得到准许入户检查相关下水道管网许可。[①]

5.3.1.3 德租界

德租界建筑许可制度的法制化出现在1899年德国驻津领事签署颁布的《天津德租界建筑章程》中。该章程规定，任何新建或改建的建筑在施工前，须向租界董事会递交附带地块总平面图的工程图纸以获取建筑许可，图纸应体现地块与建筑的位置及尺寸。此外，对于所处位置和建筑性质会对周边的土地业主、住户或大众造成严重不良影响、危险或干扰因素的建筑设施，其建设除获得工部局任命建筑部门的许可外，还应获得工部局的特殊许可。在工部局正式设立之前，建筑许可由德国驻津领事颁发。

1916年，德租界当局颁布新修订的《天津德租界建筑章程》，对德租界建筑许可制度的内容进行了更为具体的规定，增加了对建筑许可递交材料的要求。业主在申请

---

① Conseil d'Administration Municipale de la Concession Française de Tientsin, Recueil des Reglements Municipaux 1912 [M]. Tientsin: Imprimerie Hsie-Ho, 1912. 法国南特外交部档案馆，961PO/1-7.

建筑许可时，须将以下申请材料一式两份以书面形式递交到工部局：

（1）建筑图，比例不低于1米合5毫米（即1∶200）或按照英国计量单位1英寸合16英尺（即1∶192）。建筑图纸需要包含的信息有：标有尺寸的全部楼层平面图；必要的剖面和标有楼层高度尺寸的建筑外观结构；所有墙壁厚度与地基设计；各个房间的用途；天花板和地板的横梁位置、方向、间隔和厚度；可能使用的钢结构的厚度和长度以及关于可能使用的钢筋混凝土结构零件的准确数据说明；烟囱的位置和大小；相对临近街道或过道的建筑高度；地块的围墙（关于设计类型）；欧式与中式的厕所布置，粪桶（化粪池）和污水坑的布置方式及大小。

（2）总平面图，比例为1∶500。图纸应体现出计划新建的和改建的建筑相对周边建筑、临街以及毗邻房地的主要尺寸和位置。

依据这一章程，建筑许可申请书需包含土地编号和土地所有者信息、下水道的布置以及厨房废水和其他废水排出的方式。对于建筑结构，在不确定的情况下，可要求进行建筑结构的数据测量和计算。对于钢筋混凝土中的构件来说，需要关于钢筋和混凝土的强度的详细说明。在所有的设计图上都必须标记比例尺寸。图纸须有业主、建筑师或其授权者签名。

该章程中第7条列出了无需得到建筑管理部门许可的小型建筑设施，包括：用于暂时的围合地块的木板篱笆和铁丝网篱笆，不对所在区域形成破坏的木屋、开放式园圃小屋等，并要求不允许用有刺铁丝网作为宅院篱笆。

关于建筑许可申请的审查标准，1899年《天津德租界建筑章程》只是简单规定所有建筑"必须符合材料强度和消防的相关要求"。1916年《天津德租界建筑章程》在以上条款的基础上补充了"健康与交通要求"。同时，该建筑章程要求建筑的外部形象须符合租界区城市特点，对建筑的轮廓、屋顶、门窗洞口、色彩、辅助用房楼梯及各个立面的设计提出了相应要求。

德租界虽然未能建设下水道排水系统，但对于化粪池等建筑卫生设备的建设仍须取得特殊许可，其1916年建筑章程中规定"粪坑（化粪池）和污水坑需要申请特别的许可且必须遵守相关特殊条例"。

5.3.1.4 日租界

1923年8月10日，日本驻天津总领事馆发布馆令第一号《建筑管理规则》，其中第6条对日租界内建筑许可申请制度作出了规定。拟实施建筑物的业主，应向领事馆提交包含所要求各事项的申请书三份（表5-7），并附工程项目设计书及图纸，在取得驻天津帝国领事馆的许可后方可施工。工程竣工时，业主应提出申报接受检查验收。

除新建建筑外，日租界旧建筑的拆毁也需获取相应许可。该建筑管理规则第9条规定，业主计划拆毁建筑时，应提交申报书并附图纸，申报书内容须包括：①所有者姓名、住址（有法人时，记载其名称、事务所所在地、法人代表的姓名和住址）；②建筑用地的街道名称、名牌号数;③拆毁部分建筑物面积的合计坪数;④拆毁期限。[①]

在日租界,房屋与土地业主有义务修筑私人下水道与租界内公共下水道相接,并须向日租界当局申请下水道建设许可。对此,日租界1919年颁布的《下水道条例》规定:"对于私设下水道的构筑或者撤废,应出具其施行方法取得租界局的批准,在着手开工或工程竣工之时应接受其检查,必要时应由租界局指定开工竣工的时间。同时对于私设下水道,必须在其竣工检查结束后投入运行,否则不得使用该设施。"[②]

建筑许可申请书项目要求 表5-7

序号	申请书项目
1	建筑业主的姓名、住址(有法人时,登记其名称、事务所所在地、法人代表的姓名和住址)
2	建筑工程监理、设计人员的姓名和住址
3	建筑的使用目的
4	建筑用地所在的街道名称、名牌号数
5	用地面积的坪数
6	用地内建筑面积的合计坪数(如果有既存建筑物,应将其建筑面积与申请相关的建筑面积加以区别)
7	各建筑物的建筑结构、类型、高度、檐高、层数、各层面积、总计坪数
8	开工日期与竣工日期
9	建筑用地使用者姓名、住址

资料来源:笔者绘制,参考日本驻天津总领事馆大正十二年八月十日馆令第一号《建築取締規則》,收录于外务省亚细亚局第三课. 领事馆令集追录[M].(出版地不详)1924:313.

5.3.1.5 俄租界

天津俄租界关于建筑许可制度的法规最早见于1912年颁布的《俄租界市政条例》,其中第7条规定,新建或重建房屋须于动工前两周将相关图纸交于工部局审核,工部局将在两周内给予答复。图纸中应清楚表明下列各项:

(1)计划土地高度与最近道路中心高度之差,以及地面的纵向剖面图。

(2)所有已建设与计划建设的排水沟渠与下水道尺寸。

(3)防火墙的位置与尺寸。

(4)建筑物凸出到路面上方部分的离地高度及宽度。

(5)所有计划建设房屋的描述与位置。

所有进行重新建设的房屋,若推倒至三层以下,或只剩二层框架,或将非居住用房改建为居住用房,或将原有的一所居住用房改建为多所居住用房,或升高建筑的墙

---

① 外务省亚细亚局第三课. 领事馆令集追录[M].(出版地不详)1924:313.
② 天津日本居留民团. 天津居留民团大正八年通常民会议记事录[M]. 1919:33-36. 天津图书馆藏.

面,将被视为新建建筑,须遵守新建建筑的规则。

1916年,俄租界纳税人会议就建筑许可制度通过了新的市政条例。新条例要求建筑许可申请时提交的图纸应包含两项:第一项为场地总平面图,比例为1英寸合100英尺(1∶1200),图中涵盖相邻道路与地块,标出已有建筑物和计划建造的建筑物;第二项为建筑的立面图、各层平面图及横向剖面图,必须包含带有楼梯的横向剖面图,图纸的比例不得小于1英寸合8英尺(1∶96)。

此外,业主还可提供任意比例的建筑细部图纸。所提交的图纸须体现出烟囱、竖向烟道、火炉、建筑开口、柱子及各层楼面与屋顶梁,须标注建筑物所有部分的尺寸与墙体厚度。在必要情况下,绘图者须提交关于建筑物某些部分的计算。该条例中规定,若建筑较为复杂或高于两层,须在建筑许可申请中申明技术指导人员姓名,并附上其签名。

1920年俄租界发布的市政条例中,"建筑条例"部分第1~8条关于建筑许可制度,其各项规定在以往市政条例的基础上略有变化,主要体现在以下两个方面:

(1)场地总平面图的要求比例改为1∶500,图纸所要求的内容增加了"场地纵向剖面图"及"已有和计划建设的排水沟渠与下水道"。

(2)建筑设计图的要求比例改为1∶100,图纸内容新增加了纵向剖面图。图纸中须标注建筑各部分距离街道平面的高度,以及建筑凸出部分凸出至街道的宽度。

5.3.1.6 意租界

1908年意租界发布的《天津意大利王国租界土地章程与总法规》中"建筑章程"部分对建筑许可申请进行了规定:"所有建造各种建筑的设计方案都必须呈递意大利领事。并须在开工之前获得领事的批准。这一规定同样适用于想扩建或改建建筑者。意大利领事有权要求任何没有按照批准后方案建造的建筑立即作出修改,也有权基于安全和卫生的考虑修缮任何建筑。"

1924年意租界当局颁布《天津意国租界章程》,其中"建筑章程"部分对建筑师的设计资质进行了规定:所有在意大利领事区进行建筑设计之人,须按照意大利法律获取资格;不具备此资格之人,须首先获得市政当局的特殊许可。在建筑施工许可方面,这一章程1~8条对许可申请的流程及递交的材料作出了具体要求:

第1条关于建筑许可申请材料。土地业主若欲新建房屋,须填写新建筑许可请照单(图5-15)并附图纸一同呈交工部局秘书长查核。请照单内容包括业主姓名、建筑师姓名、包工人姓名、工程所在地段、工程种类、建筑用途、首层地板平面较街道平面之高度、房屋大概价值,并由业主或建筑师签字。所递交的图纸主要包含5项(表5-8),各项图纸须注明建筑各部分尺寸,以及首层地板平面距离街道平面的高度。建筑图纸须能详细证明所建房屋坚固、卫生、安全且符合租界的美观。工部局公共工程处可随时向业主、工程司或包工人询问工程情形,以保证工程确实遵照租界章程办理。

第2条规定所有详图须递交两份,请照单用意文、英文或法文填写。

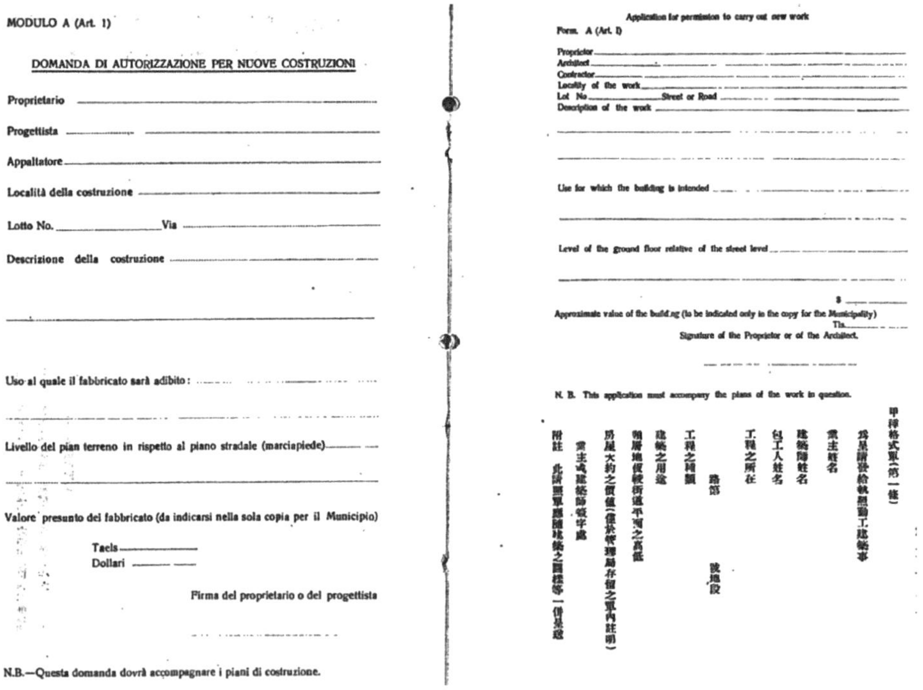

MODULO A (Art. 1)

DOMANDA DI AUTORIZZAZIONE PER NUOVE COSTRUZIONI

Proprietario ______

Progettista ______

Appaltatore ______

Località della costruzione ______

Lotto No. ______ Via ______

Descrizione della costruzione ______

Uso al quale il fabbricato sarà adibito: ______

Livello del pian terreno in rispetto al piano stradale (marciapiede) ______

Valore presunto del fabbricato (da indicarsi nella sola copia per il Municipio)

Taels ______

Dollari ______

Firma del proprietario o del progettista

N.B.—Questa domanda dovrà accompagnare i piani di costruzione.

Application for permission to carry out new work

Form. A (Art. I)

Proprietor ______

Architect ______

Contractor ______

Locality of the work ______

Lot No ______ Street or Road ______

Description of the work ______

Use for which the building is intended ______

Level of the ground floor relative of the street level ______

$ ______

Approximate value of the building (to be indicated only in the copy for the Municipality)

Tls ______

Signature of the Proprietor or of the Architect.

N. B. This application must accompany the plans of the work in question.

甲種格式單（第一樣）

為某請發給執照動工建築事

業主姓名

建築師姓名

包工人姓名

工程之所在　路第　號地段

工程之種類

建築之用途

頭層地價較街道平面之高低

房屋大約之價值（僅於管理局存留之單內註明）

業主或建築師簽字處

附註　此請照單應隨建築之圖樣等一併呈遞

图 5-15　意租界新建筑许可请照单

图片来源：Municipio della Concessione Italiana Tientsin Regolamenti 1924［A］. 日本外务省史料馆.

意租界建筑许可申请各项图纸要求　　表 5-8

图纸名称	图纸要求
1. 总平面图	比例为1∶200，须分别绘明预备建造房屋的位置、边界、已有相邻道路及房屋
2. 地基、所有楼层及附属建筑平面图	比例至少为1∶100
3. 主立面图	比例至少为1∶100，须详细注明花样、建成之粗形及墁灰情形
4. 纵向剖面图及横断面图	包含楼梯部分，详细注明椽子、天花板、柱子等
5. 下水道、污水管、排水沟渠等卫生设备平面图及剖面图	标明泛水

资料来源：笔者绘制，参考自Municipio della Concessione Italiana Tientsin Regolamenti 1924［A］. 日本外务省史料馆.

第3条关于既有建筑的维修、改建及拆除。规定除对原有房屋进行内部微小改建外，均须按照新建筑章程办理，填写改建或拆除房屋许可请照单（图5-16）。请照单内容包括业主姓名、建筑师姓名、包工人或监督人姓名、房屋所在地段位置、工程性质、房屋价值变化、动工日期、预计完工日期等，并由业主或工程师签字。

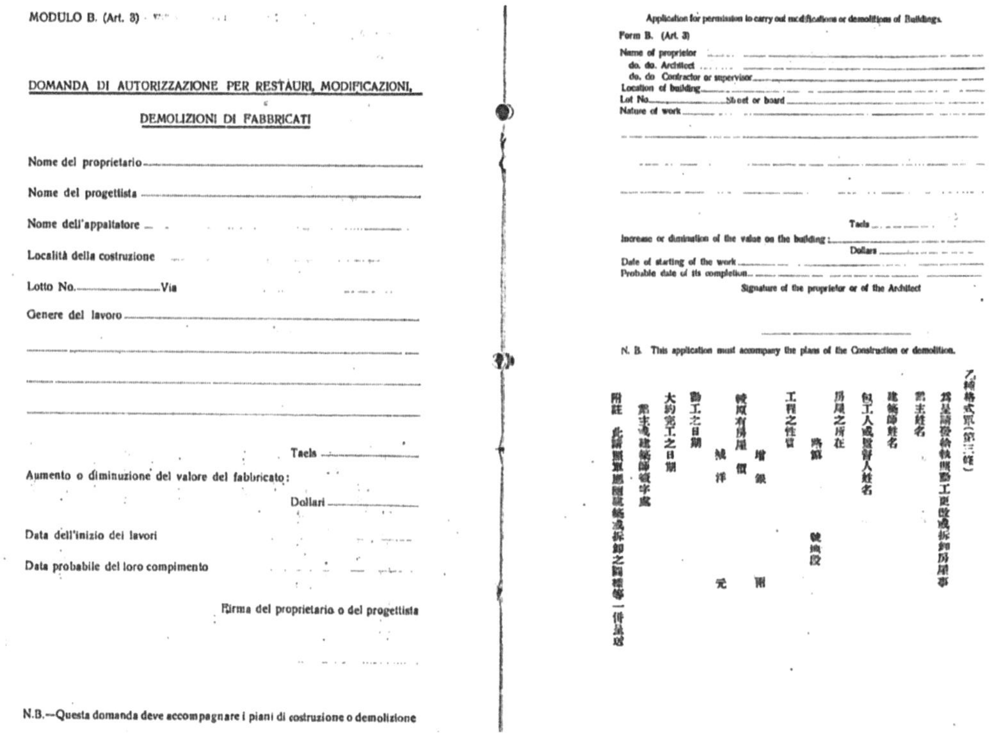

MODULO B. (Art. 3)

DOMANDA DI AUTORIZZAZIONE PER RESTAURI, MODIFICAZIONI,

DEMOLIZIONI DI FABBRICATI

Nome del proprietario

Nome del progettista

Nome dell'appaltatore

Località della costruzione

Lotto No. Via

Genere del lavoro

Taels

Aumento o diminuzione del valore del fabbricato:

Dollari

Data dell'inizio dei lavori

Data probabile del loro compimento

Firma del proprietario o del progettista

N.B.—Questa domanda deve accompagnare i piani di costruzione o demolizione

Application for permission to carry out modifications or demolitions of Buildings.

Form B. (Art. 3)

Name of proprietor

do. do. Architect

do. do Contractor or supervisor

Location of building

Lot No. Sheet or board

Nature of work

Taels

Increase or diminution of the value on the building:

Dollars

Date of starting of the work

Probable date of its completion

Signature of the proprietor or of the Architect

N. B. This application must accompany the plans of the Construction or demolition.

乙種格式(第三條)

為呈請發給執照動工更改或拆卸房屋事

業主姓名

建築師姓名

包工人或監督人姓名

房屋之所在 路 號地段

工程之性質

較原有房屋價值 增銀 兩 減洋 元

動工之日期

大約完工之日期

業主或建築師簽字處

附註 此請照單應附建築或拆卸之圖樣等一併呈遞

图 5-16 意租界改建或拆除房屋许可请照单

图片来源：Municipio della Concessione Italiana Tientsin Regolamenti 1924［A］. 日本外务省史料馆.

第4条关于建筑许可的审核。意租界工部局公共工程处应于请照单呈送后十日内给予准行与否的答复，在此期间可询问请照人详细情形，倘有必须更改之处应即照办。

第5～7条关于照准与施工事宜。若建筑获得照准，将由工部局签署并将一份图纸由秘书交还业主，获得照准之后可立即开始施工。若工部局不予照准，应指明理由。

第8条关于马棚及车库的特殊建筑许可申请。

对于建筑卫生设备的安装许可，该章程规定，凡愿将住宅的卫生间、浴室、盥洗台、雨水管等与租界排水系统相接的业主，亦须呈送请照单（图5-17）并附图纸，注明欲接通的管道类型。请照单内容包括业户姓名、包工人或监督人姓名、房屋地段、房屋种类、房间数目、接通租界公共下水道的管道内径、泛水、动工日期、完工日期以及洗脸盆、澡盆、马桶、厕所、厨房水池、雨水管等卫生设备的数目，并由业主或监督人签字。图纸比例要求为1：100，应指出每一个卫生器具的位置、用途以及所有主次管道，详细载明管道的直径及泛水。若图纸所示卫生设备及管道接通设计不会妨碍租界的公共下水道，工部局工程部门即可签字照准。

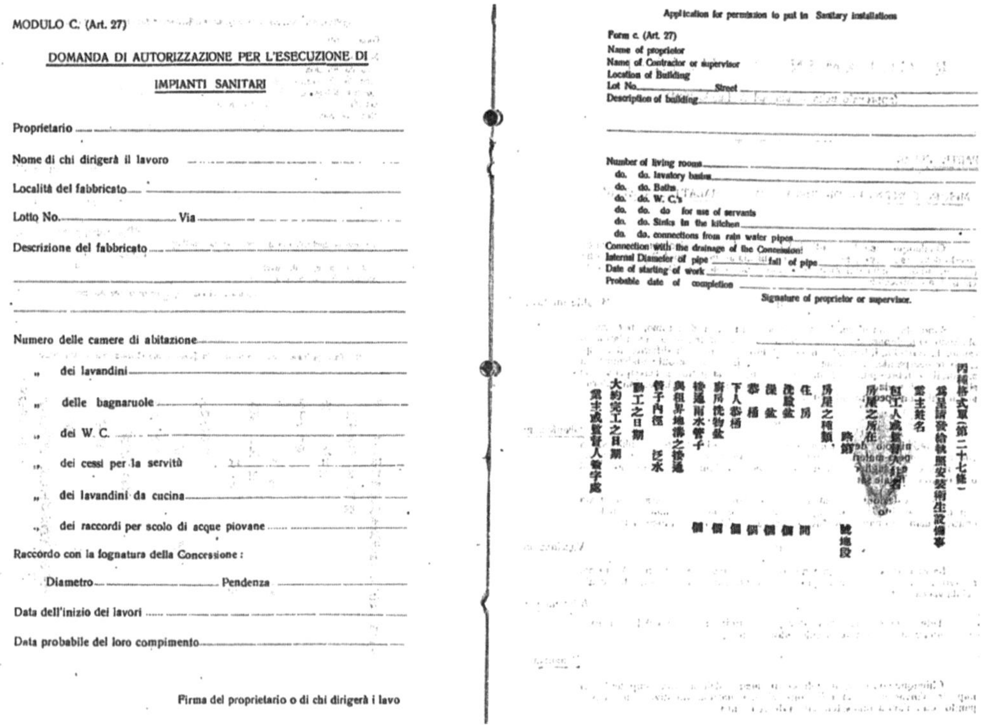

MODULO C. (Art. 27)

DOMANDA DI AUTORIZZAZIONE PER L'ESECUZIONE DI

IMPIANTI SANITARI

Proprietario

Nome di chi dirigerà il lavoro

Località del fabbricato

Lotto No. Via

Descrizione del fabbricato

Numero delle camere di abitazione

" dei lavandini

" delle bagnaruole

" dei W. C.

" dei cessi per la servitù

" dei lavandini da cucina

" dei raccordi per scolo di acque piovane

Raccordo con la fognatura della Concessione:

Diametro Pendenza

Data dell'inizio dei lavori

Data probabile del loro compimento

Firma del proprietario o di chi dirigerà i lavo

Application for permission to put in Sanitary installations

Form c. (Art. 27)

Name of proprietor

Name of Contractor or supervisor

Location of Building

Lot No. Street

Description of building

Number of living rooms

do. do. lavatory basins

do. do. Baths

do. do. W. C.'s

do. do. do for use of servants

do. do. Sinks in the kitchen

do. do. connections from rain water pipes

Connection with the drainage of the Concession:

Internal Diameter of pipe fall of pipe

Date of starting of work

Probable date of completion

Signature of proprietor or supervisor.

丙種格式單（第二十七條）

為呈請發給執照安裝衛生設備事

業主姓名

包工人或監督人姓名

房屋之所在 路 號地段

房屋之種類

住房 間

洗臉盆 個

澡盆 個

恭桶 個

下人恭桶 個

廚房洗物盆 個

接通雨水管子 個

與租界地溝之接通

管子內徑 泛水

動工之日期

大約完工之日期

業主或監督人簽字處

图 5-17 意租界卫生设备请照单

图片来源：Municipio della Concessione Italiana Tientsin Regolamenti 1924［A］. 日本外务省史料馆.

5.3.1.7 奥租界与比租界

奥租界与比租界作为近代天津建设管理力度较低的两个租界，其建筑许可制度也较为简单。

在奥租界，1908年颁布的《大奥斯马加国管理天津租界正要章程》中对建筑许可制度作出了规定：租界内所有新建、改建、扩建房屋或拆除、修理旧有房屋者均须向租界当局禀请执照，同时呈递房契、房屋图纸。在建筑红线外搭盖席棚或编造篱笆等须向租界当局禀请特殊执照。此外，并未像其他租界一样对建筑许可申请的材料内容在法规中作出明确的要求。

比租界的市政建设管理体制较其他租界更为薄弱，租界建设许可制度法制化确立的时间亦较晚，基本照搬了法租界的建筑许可制度。在1923年比租界当局颁布的《天津比租界临时董事会市政章程集》中，比租界参照法租界的市政章程对建筑许可制度进行了规定：所有欲在比租界内新建、维修或拆除房屋者均须向比租界临时工部局秘书递交书面申请并附建筑图纸。其图纸内容及请照书格式要求均与法租界1916年的市政章程相一致。

5.3.2 建筑施工管理

近代天津各租界建筑建设施工过程的管理与监督工作大都由各租界工部局工程部门或巡警部门负责。进行建设过程管理的目的主要有以下两个方面：一是出于公共交通及安全方面考虑，确保建设过程不会妨害公共安全，将建设中对道路交通环境的影响降至最低；二是出于建设完成质量方面的考虑，确保建设进度及施工方式严格按照其申请许可图纸中的设计进行。

5.3.2.1 施工安全秩序管理

建筑在施工过程中，需要场地堆砌建材、架设脚手架、搭建工人临时棚舍等，往往会占用公共道路，对道路交通造成影响；高处作业时有可能会产生坠物，对行人安全造成威胁。为将此类影响降至最低，租界市政当局通常会制定建设施工规范加以管理，通常由租界警务部门负责监管。

英租界关于建设施工安全的法律条文最为全面。1919年出台的《英租界工部局条例》中，对租界内建筑施工活动作出了如下要求：对于公共道路及人行道上的障碍物，该条例规定，为方便工程建设，类似建筑材料、脚手架、挖掘土等障碍物可在获得工部局许可后保留若干日（图5-18）。这些障碍物须保证安全，并用围栏妥善隔离，在围栏外预留人行通道，并保持夜间照明。关于建材的运输，在工部局管辖区域内街道上搬运灰石、泥沙及其他建材须获得工部局颁发的许可执照。

在1925年颁布的《英租界工部局营造条例及卫生附则》中，英租界工部局对建设过程中使用的围篱材料堆积以及脚手架等的安置提出了进一步的详细要求：对于高度不超过五十英尺的新建筑，围篱、脚手架等凸出马路或便道不得超过三英尺；对于高度超过五十英尺的新建筑，围篱、脚手架等凸出马路或便道不得超过四英尺。若有特别情形须得到工部局测量员准许，并应避免材料坠落公共道路。此外，该条例还对工

图5-18 天津租界内建设过程中搭设脚手架的建筑，1927
图片来源：比利时国家档案馆，Credit Foncier D'Extreme-Orient, 166.

人临时棚舍的设置进行了规定，要求其应设煮饭房及厕所等处，并保持洁净。

在法租界，1912年颁布的《天津法租界工部局市政章程集》中提出了工程建设施工过程中业主与营造商须遵守的相关规定，共有五项条款：

第1条关于新建建筑。规定营造商须履行施工前通知路政部门，施工中设置警戒标示等责任，且营造商或业主不得在获得许可前提前开工。违反规定将面临处罚。

第2条关于建筑的维修和拆除。规定营造商或业主不得在获得许可前提前开工，且不得进行许可以外的工程。违反规定将面临处罚。

第3条关于位于公共道路的工程。参照前两条关于建筑的规定。

第4条为注意事项。规定工程项目若对公共道路造成影响，须在路政部门监督下清理。违反规定将面临处罚。

第5条规定，在没有营造商时，业主应承担相应责任。

以上条款反映出法租界市政当局建设施工管理对公共安全以及对道路交通影响的重视。

德租界的相关法规主要从行人安全出发对建材的堆放管理进行了规定，1899年《天津德租界警务章程》规定："若需将街道作为临时存放地，尤其是堆放建筑材料，当事人需确保在晚上对使用路段提供适当照明。"1916年的《天津德租界建筑章程》中进一步规定："为保护行人，避免事故发生，必须按照工部局的要求设立工地围栏，并在夜间对建筑工地进行照明。"

与德租界类似，俄租界1912年发布的市政条例对建材的堆放管理作出了规定：在施工过程中，若建筑材料堆放在道路上，或开挖道路，当事人须将材料或开挖路面用围栏隔离并保证照明，直至移走建筑材料或填补好路面；若没有工部局的书面许可，任何人不得从河滩或租界内搬移泥土，或将泥土、建筑材料堆放在道路上。

在意租界，1908年颁布的《天津意租界土地章程与通用规则》中"治安通行法规"部分，关于建筑建设过程中可能造成的交通与公共安全问题有如下条款：第9条规定，获准在道路附近进行建筑物的建造、搭盖或者修理时，日落后必须在障碍物四周摆放点燃的灯盏以保证公共安全；第12条规定，建筑材料和脚手架不得妨碍交通。

日租界相关法规对于房屋建造过程中对道路的使用提出了两项收费标准。其1922年公布的《道路使用条例》中规定，若建筑建设过程中"实施土木工程或以搬运为目的在租界内道路上铺设轨道"或"为建筑、修缮房屋而搭建的脚手架和放置材料使用道路超过5日"，在这两种情况下，施工方都须提前向租界当局缴纳道路使用费。[①]

5.3.2.2 施工进程监管

各租界当局对建筑施工进程的监管内容主要包括控制建筑施工进度、监督工程质量、确保实际建设情况与建筑申请图纸相符合。

---

① 天津日本居留民团. 大正十一年民团事务报告书［M］.（出版商不详）1922：31-32.

在英租界，建筑建设过程监管工作的执行者主要是工部局的工程师与测量员。1922年出版的《天津英租界工部局市政信息手册》中规定"英租界工部局的职员有权利在建筑建设过程中对其进行监督"。1925年《英租界工部局营造条例及卫生附则》中进一步提出，核准通过并盖章后的建筑图样，在建筑建设进行时应置于建筑所在地，"以备工部局测量员或其助理员随时查看，该测量员等并得随时进入任何房屋建筑地所在执行"。新建房屋落成之后，业主应在入住前将竣工实施函知工部局工程师，工程师将该建筑及泄水沟管情况逐一进行报告。

在德租界，1916年的《天津德租界建筑章程》第5条规定"为了管控施工进程，工部局或其委托人有权在任何时间进入建筑工地，且建筑工地应按照要求公示经授权的设计图纸"。

在俄租界，为确保建筑建设按照设计图纸进行，1916年俄租界公布的市政条例中规定，建筑许可申请获得通过后，将由董事会知会工程师与警务长以备后续监督管理。所有工程必须严格按照被许可的图纸进行，且施工地点须保留图纸备份。若工部局工程师或警务长发现工程施工不合理或材料不佳，有可能导致危险发生，则该工程必须停止并采取措施以保障公共安全。

在日租界，1923年发布的《建筑管理规则》规定，在建筑建设过程中，如果日租界当局认定存在建设施工违反图纸和设计书的情形，或认定其有可能对公共安全、卫生形成危害或损害城市形象，则应责令业主对工程实施修复、撤销或者停止建设。

1924年的《天津意国租界章程》也对建筑建设的完成质量要求作出了规定。其"建筑章程"部分第6~7条规定：通过建筑许可的图纸须存于施工地点以便工部局官员查验，建筑工程均应照此图纸进行，未得许可不得随意更改。

5.3.3 既有建筑管理

随着租界的发展和租界建筑控制要求的逐渐严格，有些旧建筑已经不能满足新的建筑规范，有些建筑会影响周围居民生活秩序，甚至已经威胁到公共安全。为此，租界市政当局通常会制定相关法规，确立租界内既有建筑的巡查制度，对有问题的建筑实行改造、拆除等措施。

天津英租界最早关于既有建筑管理的法规出现于1902年英租界合并草案中，该草案关于"滋扰行为"的条款中规定，为了减轻弥漫到公共道路上的烟雾，工部局或相关委员会有权要求建筑竖立、更换或增加烟囱。

1918年《驻津英国工部局所辖区域地亩章程》颁布，加强了对租界内建筑设计的安全、卫生等要求，特别对既有建筑提出以下规定："在本章程施行前，业经本局核准所建之房屋，其与当时规则无所抵触者，均应认为与本章程相符。惟本局关于已建房屋下列各规定条例，以资改良：①烟筒热汽或其他气管、锅炉、火炉及防治火险各种设备。②便所设置、泄水沟渠及其他卫生设备。③地板及地面水平务使泄水无阻。"对于有损毁危险的建筑，该章程规定："因废弃或颓坏或其他缘由导致危险情况者，工部局饬令封闭，设法支撑、拆卸或用其他方法保持或按自身需要处理。"

在1918年新土地章程的基础之上，1919年，《英租界工部局条例》分别对"危险之建筑"与"欠修之建筑物"的定义与管理措施作出了具体规定：

"危险之建筑"是指工部局测量员所认定的会对建筑主人、邻居或行人造成危险的房屋、墙壁或其他构筑物及附属物。当工部局测量员将此类建筑报给工部局董事会后，董事会将向业主或住户发出《危险建筑通知书》，视情节轻重令其采取诸如下列措施：①"以木撑之、以板护之或以篱绕之"；②"令该主人或住户以木撑托，或将此种危险建筑物或其他建筑物之受其危险者环护，若该主人不克遵守通知，则须参看第三项之规定"；③"拆卸之、修理之，或将此不完全之工程改造或修治坚固"。对于认定为危险建筑的业主可向董事会提出申诉，若工部局董事会认定建筑物确系危险，则可以强制执行（图5-19）。

"欠修之建筑物"是指住宅或其他建筑物颓败、不宜居、有损于该产业或危及邻舍。针对此类建筑，工部局将责令业主限期拆除或修理其颓坏处，或就该建筑物所立地点围护篱栏。必要时，工部局还将采取强制措施：业主须"于指定相当期限内得工部局之满意，如不遵令办理，本工部局即代为执行，将所拆下材料运至便利地点。若此项费用不于十四日内偿付，本工部局可将此项材料变卖"。

对于有损毁危险、可能对公共安全造成危害的建筑物，法租界也确立了完善的监管制度（图5-20）。在法租界1921年颁布的《天津法租界工部局法租界法规总集》中的"工程业务章程"部分规定，如果公共道路边的建筑物有损毁的危险，路政部门将书面告知业主危险性，并通知业主在规定期限内拆除或修整建筑。如果超过时限，将由董事会和业主各选派一名专家介入调解，如果仍存在分歧，由法国领事馆选派第三名专家进行调查，并最终由领事裁决。若建筑物出现紧急危险，以路政部门的报告为

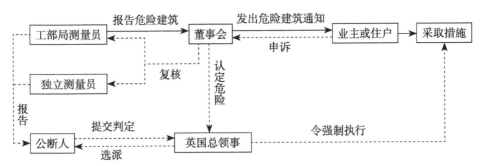

图 5-19 英租界工部局对危险建筑的管理流程

图片来源：笔者自绘，参考自British Municipal Area Municipal Bye-laws, 1919 [A]. 日本国立公史馆，B12082577500.

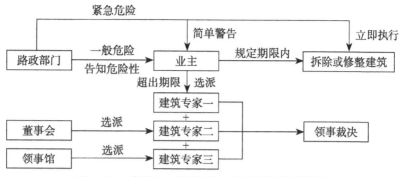

图 5-20　法租界工部局对危险建筑的管理流程
图片来源：笔者自绘。

依据，可以在作出简单警告之后立刻采取工程措施，工程费用由业主承担。

除英、法租界外，天津的奥、俄、日、意等租界也曾颁布法规条款对租界内既有建筑设施进行管理。奥租界与俄租界关于既有建筑管理的法规出现年代较早，其规定也较为简单。在奥租界1908年颁布的《大奥斯马加国管理天津租界正要章程》中规定，对于草房、失修房屋或势将倾倒的房屋，租界当局可饬令其在一定时限内重建，否则当局可将此房屋拆除充公。1912年俄租界颁布的市政章程中规定，俄租界工部局有权要求租界内不符合建筑章程的既有建筑物取消建设、改建或拆除，"若建筑物、墙体、孔洞或其他临街部分有可能对道路上的行人构成危害，业主须对其进行整修，或业主出资由工部局代为整修"。对于无法联系业主的情况，该章程亦给出了解决方案。

日租界与意租界当局对租界内既有建筑物的管理重点强调了建筑的安全、卫生与美观。在日本驻津领事1923年以领事馆令形式颁布的《建築取締規則》中，第5条规定，符合以下所列事项其中之一的建筑物，应责令其拆除、改建、修缮、禁止或停止使用，或采取其他必要的措施："①认定有可能对公共安全造成危害；②认定在卫生上存在危害；③认定有可能对城市面貌造成损害；④违反本规定或者基于本规定的处置要求。"①意租界1908年颁布的建筑章程中第11条规定，意大利驻津领事有全权将不严格遵守意租界建筑章程的任何房屋或其他建筑拆毁。1924年颁布的《天津意国租界章程》中"建筑章程"部分第24条规定，无论何时，工部局认为有租界美观、治安、卫生等方面的需要时，可以勒令既有建筑业主对建筑进行维修与重建。

5.4 本章小结

近代天津各租界市政当局对租界内建筑的法制化管理，覆盖了从建筑许可、建

---

① 外务省亚细亚局第三课. 领事馆令集追录［M］.（出版商不详）1924：313.

设、落成至拆除的全过程。从建筑许可制度开始，契约化的理念被带入租界建筑建设活动中，业主、建筑师、营造商、工部局各部门的相关人员在这一过程中均担负着各自的法律责任与义务，共同保障了建筑建设活动能够按照预期的目标顺利完成。完善的施工安全与进程监管制度，以及既有建筑监管制度，配合租界市政当局的严格执法，有效降低了租界内违章建筑的出现，减少了伤害事故的发生，确保了租界建筑活动的有序进行。

在对建筑风格的控制上，以法、英、德、俄、意为主的西方国家租界建设法规展现出明显的轻中式建筑重西式建筑的特点。在西方看来，"西式建筑"在结构、安全、卫生、美观、舒适性等方面均优于"中式建筑"。在这些租界的城市空间规划与定位上，最重要的区域与道路沿线被划定为西式建筑区，相对偏僻、发展落后的区域则作为中式建筑准建区域。租界当局以将租界建设成为具有自身民族城市意象的聚居区为目的，恰恰反映出西方人在进行租界规划建设过程中的文化输出理想。

在对建筑设计的控制上，天津各租界建筑法规充分吸纳了西方现代建筑法规的成果，重点关注的几项原则包括卫生与健康、防火安全、结构安全、美观以及避免对公共利益的影响。建筑设计控制法规是租界建设法规中最为微观的层面，内容最为丰富和烦琐，同时兼具技术与艺术需求。其中早期的建筑控制法规主要侧重于建筑的卫生与安全，这也是与居住者生命健康关系最为密切的方面。后期建筑法规逐渐加强了对建筑沿街面的控制，这是各租界建设法规中均有所要求的一项内容。对于建筑沿街面设计的规定，一方面通过对建筑凸出物、雨水落水管、附属建筑等的控制，避免建筑对公共道路及道路上的行人、车辆产生不利影响；另一方面通过建筑高度、围墙与围栏、建筑边线控制、建筑装饰物、涂层颜色等的控制，力求建筑形象之美观、沿街面之有序，呈现出品位良好的租界城市面貌。在各租界的重要道路与区域（多为西式建筑区），对建筑沿街面设计的要求往往更加严格。

天津各租界比较而言，建设发展程度较高的英、法、意租界建筑控制法规的内容更全面和丰富，法规内容在历次修订过程中亦呈现出较大的发展与完善。这种法规内容的与时俱进一方面是租界本身建筑建设的需要，另一方面是受到上海等其他城市租界或者其母国法规发展的影响，呈现出一种超前的发展状态。例如，1925年天津英租界建筑法规中出现关于钢结构的规定时，天津极少有钢结构的建筑出现，这一法规内容的出现实际是受到1916年上海公共租界《钢结构规则》的影响。日租界虽然存续时间长、建设程度较高，由于其本国也正处于吸纳学习西方现代建筑法规的阶段，因而日租界的建筑控制法规数目较少、内容较为基本。德租界虽然存续时间最短（1895—1917），但最早在天津颁布了关于建筑设计的具体条例，即1899年的《天津德租界建筑章程》，其对于中式建筑区建筑设计的专门规则也较其他租界更为细致，充分考虑了中西式建筑的差异，体现了德租界当局进行建筑控制的严谨态度。

第 6 章　回溯：近代天津租界建设法规的来源与影响

6.1 近代天津租界建设法规中的母国印记

在开辟为通商口岸之前，天津一直按照中国传统的"城"的模式进行建设和发展。同绝大多数封闭发展的中国传统城市一样，并没有现代城市管理的痕迹。道路的铺设与清洁、桥梁建设、消防等市政活动都是由天津地方的乡绅、商会以及慈善机构组织进行，地方政府基本只负责税收与维护治安。随着各国租界在天津的陆续设立，租界的城市建设管理体制经历了从无到有的建立过程，并通过租界法规得以确立。在制定租界建设法规过程中，其母国的法规成为租界立法者的重要参照目标。究其原因，首先，其母国已经建立起了现代化的城市建设与市政管理体系，比中国的传统城市建设模式更为先进，也更为其本国侨民所熟悉，更容易借鉴到租界；其次，作为在异邦的居留地，租界的掌权者希望建立起能代表母国形象与实力的现代化租界城市面貌，因此，参照借鉴母国已有的建设法规也就顺理成章。

6.1.1 对母国法律体系的参照

近代天津各租界建设法规对母国的借鉴首先体现在法律体系层面，英租界、法租界、德租界、日租界的法律体系均带有其母国本土法律体系的印记。

（1）英租界与英国本土法律体系

英国的法律按照应用地域的不同有三套法律体系，分别为英格兰（与威尔士）法律体系、北爱尔兰法律体系及苏格兰法律体系。其中英格兰法律体系是普通法系（common law legal system，又称"海洋法系""判例法系"）的起源，也是英租界法律体系的主要参照对象。英格兰法律体系中的成文法包括：Acts of Parliament（国会法案）、Regulations（译为"规则"或"章程"）、Bye-laws（译为"附则"或"条例"）。其中Acts of Parliament由国家最高权力者制定，具有最高的法律效力；Regulations由政府管理部门制定；Bye-laws为某一主体（如地方当局）在国会法案的授权下制定的用于管理地方事务的地方性法规①。历史上，英格兰法律体系中的建筑法规最先出现的是法案（Acts），随即出现的是条例（Bye-laws）。②

近代中国各口岸的英租界的法律体系即参照英格兰法律体系设立，由租界的基本法——土地章程和市政条例构成。英租界作为英国在海外实行自治统治的地区，并不受英格兰法律体系中法案（Acts）或其他英国本土法律的控制③，英租界的土地章程是租界内具有最高法律效力的法律文件，相当于英格兰法律体系中的法案。

以上海英租界及后来公共租界的法律体系为例，1854年经英法美三国公使签署颁布的上海英法美租界的租地章程英文名称为Municipal and Land Regulations，④1869年上海公共租界颁布的土地章程与条例，英文名称为Land Regulations and Bye-Laws for Foreign Settlements in Shanghai。同样，天津英租界的法律体系也承袭了英格兰法律体系中成文法的特点。如天津租界设立后，1863年颁布的第一项法规为《天津埠地方章程》，之后颁布的租界基本法规名称通常为土地章程（Land Regulations），同时在土地章程之下颁布有各类条例，如1925年颁布的《驻津英国工部局一九二五年公布营造条例及卫生附则》。

（2）法租界与法国本土法律体系

法租界法律体系对法国本土法律体系的借鉴主要体现在法租界的《警务路政章程》。《警务路政章程》是法租界早期最重要的市政管理法规，内容主要涉及法租界内公共道路的秩序、公共卫生、房屋建设与治安管理等，对法租界的早期建设具有重要的指导意义。在上海，《法租界警务路政章程》最早颁布于1869年，后于1889年、1897年进行了修订。⑤在天津法租界，《天津法租界警务路政章程》最早颁布于1877年，此后该章程的修订版均收录在《法租界市政章程集》中。

对比法国本土，路政法规作为城市市政管理与规划建设的重要法规由来已久。早在1270年，法国就出现了关于公共道路管理的法规。1607年，法国国王亨利四世颁布了关于路政及道路警务的法令（Edit Sur les attributions du grand-voyer, la juridiction en matière de voirie et la police des rues et chemins）。⑥这一法令由当时的法国总路政官萨利（Sully）负责制定，内容涉及城市规划、公共卫生以及道路治安管理。这一

---

① Bye-laws释义参见Oxford LibGuides "United Kingdom Law: Byelaws" 词条：https://libguides.bodleian.ox.ac.uk/law-uklaw/byelaws.
② 唐方. 都市建筑控制［D］. 上海：同济大学，2006：220.
③ 英格兰法律体系中的法案大多只适用于英格兰与威尔士地区。
④ Dennys, N.B. The Treaty Ports of China and Japan: A Complete Guide to the Open Ports of Those Countries, Together with Peking, Yedo, Hongkong and Macao［M］. London: Cambridge University Press, 2012: 356.
⑤ 吴俏瑶. 上海法租界建筑法规研究（以民用建筑为主）（1849—1943）［D］. 上海：同济大学，2013：33-51.
⑥ M. Walker. Collection Complete［M］. Paris: Ad Moessard et Jousset, 1835: 163.

时期法国的道路法规（règlement de voirie）类似于城市规划建设与市政管理的综合性文件，直至20世纪城市规划及公共卫生成为专门的领域，道路法规才只关注于道路问题。

由此可见，法租界的《警务路政章程》作为租界早期市政管理的综合性法规，其发挥的城市管理作用与同时期的法国本土道路法规相类似，可推断是参照法国本土法律体系中的道路法规设立。

（3）德租界与德国本土法律体系

同英、法租界类似，天津德租界的法律体系在德国本土法律体系中亦有迹可循。天津德租界法律体系中包含三类法规：市政章程（Gemeindeordnung）——租界的市政根本法，对德租界的市政组织制度进行规定；警务章程（Polizeiordnung）——租界事务管理的综合性法规，对租界道路、交通、卫生、安全、商业活动等事务进行规定；一般性法规——在警务章程之下对具体的租界事务进行规定，如建筑章程（Baupolizeiordnung）。其中市政章程在德国法律体系中是联邦州的市政根本法，由联邦州议会颁布，对地方市政当局自身责任及自治政府进行规定。① 警务章程是近代时期联邦德国的邦国法律（Landesfürstliche Gesetze），内容涵盖了私法与刑法，目的在于维护社会生活与经济活动秩序，是巩固邦国权力的首要法规。② 由此可以看出，天津德租界法规的名称及定位均来自于德国本土法律，德租界的法律体系是参照德国本土邦国（state，联邦州）一级的法律体系来确立的。

（4）日租界与日本本土法律体系

天津日租界的法律体系从属于日本本土的法律体系。在日本的法律体系中，法规类型包括宪法、条约、法律③、命令、条例、地方政府规则等。就法律效力的高低而言，在国家层面，宪法＞条约＞法律＞命令；在地方层面，国家的法规＞条例（地方公共团体的议会制定的法规文件）＞规则（地方公共团体的首长或委员会制定的法规文件）。④ 天津日租界相关法规的制定遵照日本的法律体系，包括日本法律体系中的"法律"（如《居留民团法》），"命令"一级中的外务省令（如《天津帝國專管居留地內永借權登錄規程》）、天津领事馆令（如《天津日本专管居留地临时规则》），以及租界的地方"规则"（如专管居留地经营事务所颁布的《日本专管居留地工程承包规则》）。

除英、法、日、德租界外，天津的俄、意、奥、比租界均设立于庚子事变之后，

---

① 参见Wiki "Gemeindeordnung" 词条：https://en.wikipedia.org/wiki/Gemeindeordnung. 关于德国的法律体系参见Wiki "Recht Deutschlands" 词条：https://de.wikipedia.org/wiki/Recht_Deutschlands.
② 参见Wiki "Polizeiordnung" 词条：https://de.wikipedia.org/wiki/Polizeiordnung.
③ 这里指日本国家议会决议通过的成文法。
④ 关于日本的法律体系，参见Wiki "法令" 词条：https://ja.wikipedia.org/wiki/%E6%B3%95%E4%BB%A4.

其租界的法律体系基本参照先前设立的租界确立，没有明显的母国印记。天津俄租界主要受英租界的法律体系影响，租界法规分为市政章程（Municipal Regulations）与市政条例（Municipal Bye-laws）两个层级，其中市政章程为俄租界基本法规，结构内容参照英租界的土地章程制定。天津的意、奥、比租界的法律体系大致与法、德、日租界相仿，其租界法规可分为关于租界市政当局组织制度的基本法规，及租界的市政条例两类。

6.1.2 对母国法规内容的参照

在租界建设的早期，由于并没有中国本地的城市建设与管理法规可以参考，租界当局依据本国相关法规对租界进行管理是相对简单有效的处理方式，因而在很多租界早期法规中可以看到对本国法规内容的直接参照。例如，在1863年英租界颁布的《天津埠地方章程》中，第7条规定"依据英格兰的法律被判定实施了滋扰行为或因为不作为导致滋扰行为的当事人将被判处罚金"。[①]这里英格兰的相关法律正是作为天津英租界法规的直接参照。

租界的土地管理是各租界设立早期所面对的最重要问题之一，英、法、意、俄等租界的建设法规在土地管理方面的规定都体现了对其各自母国相关法规的参照。在英租界，源于苏格兰的地契种类"菲契"在19世纪70、80年代被英租界当局采纳用以购置当时原订租界外的大片土地，这一租地契约方式在1898年的《天津英租界扩充界土地章程》中得到了正式认可。[②]俄租界1903年颁布的《天津俄租界章程》规定，俄国人在俄租界内购买或租赁土地时须遵守俄国的房地产所有权相关法律。[③]在法租界，1908年《天津法租界市政管理章程》中规定，法租界内所有土地所有权的转移以及土地抵押贷款都必须按照法国法律要求的形式在法国领事馆登记。[④]与之类似，1913年，意租界颁布《天津意国租界土地章程及条例》，要求土地抵押契约亦须于意大利驻津领事馆签署，并依据意大利的法律办理，同时规定对于相毗邻的房地产业主间若发生纠纷，应按照意大利的法律进行判定。

在建筑法规方面，天津英租界与德租界的建筑法规内容均反映出母国建筑法规的

---

① Local Regulations for Tientsin [A]. 1863. 英国国家档案馆，FO228/375.
② 在1898年《天津英租界扩充界土地章程》中第2条第1款规定，英租界当局"可以依据章程及附则对所有的居民（residents）、业主（owners）、菲租者（feuers）、承租人（lessees）进行资产评估及征收税款"，第12条规定其可以"用税收、收入、或业主、菲租者、承租人、居民的共同财产作为担保进行贷款"。参见Land Regulations of the British Municipal Extension, Tientsin [M]. Tientsin: The Tientsin Press, 1898.
③ Regulations of the Russian Concession at Tientsin 1903 [A]. 英国国家档案馆，FO228/1507.
④ Reglement Municipal de la Concession Française de Tientsin [M]. Tientsin: Imprimerie E. Lee, 1908. 德国联邦档案馆.

影响。《驻津英国工部局一九二五年公布营造条例及卫生附则》从结构到具体条款内容均与英国伦敦1894年建筑法（London Building Acts, 1894）有诸多相似之处。[①]而德租界的建筑章程在防火墙设置、墙体构造等相关内容上反映出对德国本土建筑法规的参照。例如，关于相邻地块间防火墙的设置，德国柏林1878年的法规规定"墙体的洞口须填实，墙体本身至少0.25米厚"且"至少高出屋顶0.20米"；[②]与此类似，1899年《天津德租界建筑章程》中规定"与边界紧邻的建筑，必须在面向邻舍一侧建起一堵至少0.25米厚的、高出屋顶0.20米，且没有开洞的防火墙"。此外，关于建筑墙体厚度，1897年左右柏林的建筑法规对住宅与工厂建筑不同类型的砖墙厚度提出了具体的要求，而1916年《天津德租界建筑章程》也出现了类似的条款，其中对住宅建筑墙体厚度的规定与柏林的建筑法规相比要求略有宽松，但取值相仿（表6-1、表6-2）。由此可以推断，天津德租界的建筑法规制定时极有可能参照了德国本土的建筑法规。

1897年柏林建筑法规对住宅建筑墙体厚度的要求 表6-1

墙体位置	承重有梁外墙	承重有梁内墙	不承重无梁山墙	不承重有梁高墙	承重无梁山墙	楼梯墙
阁楼	25cm		25cm	25cm	25cm	25cm
五层	38cm	38cm	25cm	38cm	25cm	25cm
四层	38cm	38cm	25cm	38cm	25cm	25cm
三层	51cm	38cm	25cm	38cm	38cm	25cm
二层	51cm	38cm	38cm	51cm	38cm	25cm
一层	64cm	51cm	38cm	51cm	51cm	38cm
地下室	77cm	51cm	51cm	64cm	51cm	38cm
基础	90cm	64cm	64cm	77cm	64cm	51cm

资料来源：笔者绘制，参考自Constanz Baltz. Preußisches Baupolizeirecht : unter besonderer Berücksichtigung der Baupolizeiordnung für den Stadtkreis Berlin vom 15. August 1897; für den praktischen Gebrauch [M]. Berlin: Heine, 1900: 174.

---

① 《驻津英国工部局一九二五年公布营造条例及卫生附则》与伦敦1894年的建筑法均分为主体部分与附属清单部分（schedule），其中第一清单均关于建筑墙体，第二清单均关于防火材料，条款内容亦有诸多相同之处。参见Professor Banister Fletcher etc,. The London Building Acts [M]. London: B. T. Batsford Ltd. 94 High Holborn, 1914. 但在实际制定过程中，《驻津英国工部局一九二五年公布营造条例及卫生附则》是直接受到上海公共租界建筑法规的影响，间接受到伦敦建筑法规的影响。

② Constanz Baltz. Preußisches Baupolizeirecht : unter besonderer Berücksichtigung der Baupolizeiordnung für den Stadtkreis Berlin vom 15. August 1897; für den praktischen Gebrauch [M]. Berlin: Heine, 1900: 278.

1916年《天津德租界建筑章程》对住宅建筑砖石墙体厚度的要求　　表 6-2

墙体位置	承重有梁外墙	承重有梁内墙	不承重的山墙或不承重的内墙（楼梯墙）
三层	38cm	25cm	25cm
二层	38cm	38cm	25cm
一层	51cm	38cm	38cm
地下室	64cm	51cm	38cm

资料来源：笔者自绘，参考自Baupolizeiordnung fur das Gebiet der Deutschen Niederlassung in Tientsin 1916［M］. Tientsin: Tageblatt fur Nord-China, A.-G., 1916. 德国政治档案馆，1051.

6.1.3 西方现代城市建设理念与技术的引入

租界的开辟打破了天津传统"城"及周边村落的发展格局，天津租界的建设过程亦是西方现代城市建设模式传入天津的过程。在这一过程中，租界国家政府及租界市政当局将西方现代城市建设管理体制、规划理念、市政设施建设、建筑设计与技术要求等以租界建设法规的形式加以确立和规范，确保了西方现代城市建设的理论成果在天津租界区域内的顺利实践。

6.1.3.1 城市规划理念的引入

从城市规划的角度来看，天津各租界划分后的早期规划主要是道路规划：以临海河的河坝道路为起始，通过规划简单的格状路网，将租界内原本形状不规则的地块重新划分规整，以利于后续土地交易与开发建设（图6-1～图6-8）。网格状的道路规划是欧洲人在其租界地区惯常采用的土地规划方式，为了使得更多的地块直接面向道路或河坝、利于土地租售与开发，各个街区内通常划分为临街面窄、纵深长的连续狭长地块。这一点在天津英租界原订租界的规划中体现得尤为明显，延续了英国在新加坡、广州、上海、香港等地的规划经验。[1]早期天津租界开辟之初的规划工作多由租界国家外交人员或随军队来到天津的外国军官主持完成，如天津英租界首次规划是由英国皇家工兵上尉戈登（Charles George Gordon）于1861年完成，法租界首个规划由法国公使馆武官布维尔（Génie Bouvier）制定，日租界的首次总体规划由日本驻津领事郑永昌于1899年主持完成。在各租界早期道路规划与建设过程中，租界建设法规的主要作用包括：明确各租界当局对租界的规划与建设管理权力，明确道路建设过程中的土地征用与补偿方式，对重新划分租界地块后的土地交易、拍卖事宜进行规定等。

---

[1] 陈国栋，青木信夫，徐苏斌. 殖民主义与现代化：天津英租界（1860—1943年）规划建设与建筑控制比较研究［J］. 建筑师，2017（3）：12-26.

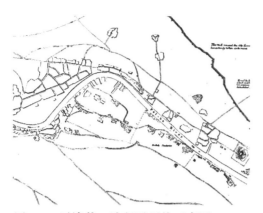

图 6-1 天津英、法租界现状示意图,1860

图片来源:截取自Plan of Tien-tisn. Surveyed during its Occupation by the Allied Forces by Officers of the Royal Engineers 1860-1. 英国国家档案馆,MPHH1-675.

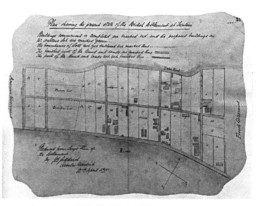

图 6-2 天津英租界现状平面图,1895

图片来源:英国国家档案馆,MPKK1/50.

附注:由戈登完成的道路与地块规划。

图 6-3 日本居留地各所有者区划现图,1899

图片来源:日本外务省史料馆,B12082544800.

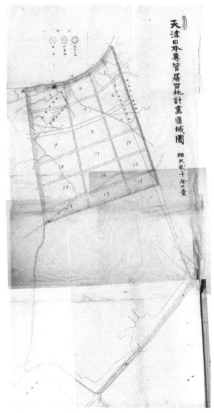

图 6-4 天津日本专管居留地计划区域图,1901

图片来源:日本外务省史料馆,B12082545600.

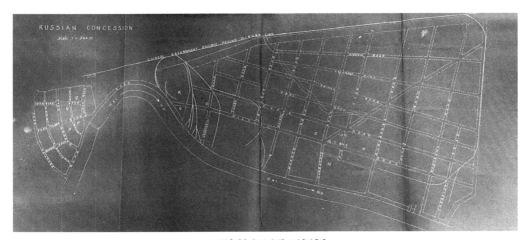

图 6-5 天津俄租界路网规划，1913

图片来源：英国国家档案馆，FO228/2290.

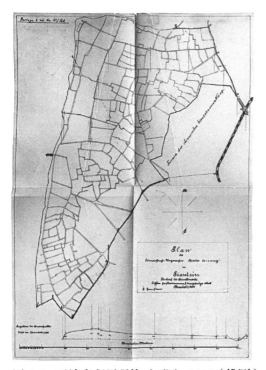

图 6-6 天津奥租界现状平面图，1903（推测）

图片来源：奥地利国家档案馆。

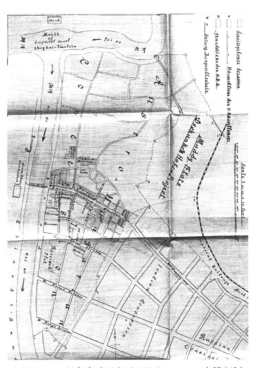

图 6-7 天津奥租界平面图，1908（推测）

图片来源：奥地利国家档案馆。

附注：图中可见奥租界南部的路网规划。

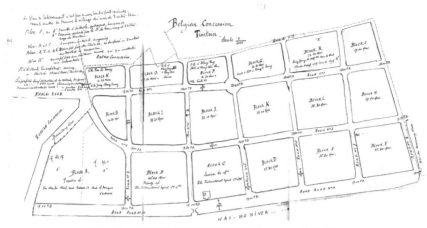

图 6-8　天津比租界道路规划图，1920（推测）

图片来源：比利时布鲁塞尔外交部档案馆。

随着天津部分租界的扩张和租界各类建设与功能的增加，租界出现了更加复杂的规划需求，西方的现代规划理念与手法也经由租界当局专业人员制定的规划方案及建设法规引入天津，在租界内得以实践。例如，英租界工部局代理工程师安德森1918年制定的英租界规划方案被认为借鉴了当时在欧美花园郊区及田园城市的规划理念；[①] 法租界1914年的规划方案以法国公园为中心形成了圆形广场及放射状道路（图6-9），是受到了以法国为首的欧洲国家城市圆形广场及放射状道路结构的影响；[②] 俄租界1922年左右的规划方案也应用了这种圆形广场与放射状道路结构（图6-10）。

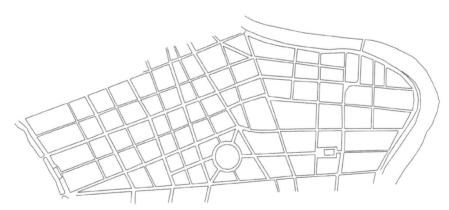

图 6-9　天津法租界规划方案图，1914

图片来源：笔者绘制，参照法国南特外交部档案，960PO/1-34.

附注：图中法租界南部可见规划的圆形法租界公园与放射状道路。

---

① 陈国栋，青木信夫，徐苏斌. 殖民主义与现代化：天津英租界（1860—1943年）规划建设与建筑控制比较研究[J]. 建筑师，2017（3）：12-26.

② 李天. 天津法租界城市发展研究（1861—1943）[D]. 天津：天津大学，2015：124-125.

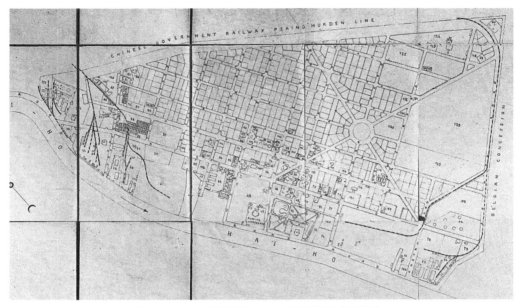

图 6-10　天津俄租界 1922 年规划图（局部）
图片来源：法国南特外交部档案馆。
附注：图中可见俄租界东部规划的圆形广场与放射性道路。

1930年天津日租界"都市计划区域制"的出现，可以看作分区规划制度作为日本学者从西方国家学习新的城市规划思想并在本国立法后，在其海外殖民地区的实践。1919年，日本政府颁布了《都市计画法》和《市街地建筑物法》，其中的用途地域制度深受当时德国和美国的分区规划制度的影响。在1919年的《市街地建筑物法》中，用途地域制度除了未指定的区域外只有"住宅""商业"和"工业"三种地域。而天津日租界的规划分区在此基础上增加了"仓库"和"特殊"两种地域，是对《市街地建筑物法》用途地域制度的发展。[①]

随着日本国内规划法规的发展，用途地域制度在天津亦有进一步的应用。1940年，日伪华北政务委员会建设总署公布《新市区建筑暂行规则》，并发送天津特别市公署遵守施行。1942年，日本驻天津总领事馆发布《日本驻津领事馆通告建筑规则令》，其中关于地域、地区制度的分类较于1930年日租界当局制定的"都市计划区域制"方案进一步细化：领事馆可以在租界内指定"居住区""商业区""混合区""工业区"及"绿化区"；在"居住区"内可指定"专用居住地区"；在"商业区"内可指定"特别商业地区"及"防护地区""风景地区""美化地区""高度地区"等。[②]

---

① 天津居留民团. 天津居留民团二十周年纪念志 [M]. 天津：东华石印局，1927：491-493.
② 天津档案馆. 天津租界档案选编 [M]. 天津：天津人民出版社，1992：311-319.

这些进一步细分的区域类型亦是源自日本国内城市规划法规，并且在日本1968年颁布的新《都市计画法》中得到了进一步的确立（表6-3）。在这一过程中，日本学习了西方的规划理念并在海外殖民地进行实践与发展后，又进一步将殖民地的实践经验应用于国内的规划法规中。

1942年《日本驻津领事馆通告建筑规则令》地域、地区制与日本国内法规对比　表6-3

1942年《日本驻津领事馆通告建筑规则令》中的地域、地区	日本本国法规中的相应规定	日本1968年《都市计画法》中的对应地域、地区
居住区（专用居住地区）	1919年《市街地建筑物法》"住居地域"	住居地域（住居专用地区）
商业区（特别商业地区）	1919年《市街地建筑物法》"商业地域"	商业地域
混合区	（无）	（无）
工业区	1919年《市街地建筑物法》"工业地域"	工业地域
绿化区	1966年《首都圈近郊绿地保全法》[①]"近郊绿地特别保全地区"	近郊绿地特别保全地区
防护地区	1950年《建筑基准法》"防火地域"	防火地域
风景地区	1919年《都市计画法》"风致地区"[②]	风致地区
美化地区	1950年《建筑基准法》"美观地区"	美观地区
高度地区	1950年《建筑基准法》"高度地区"	高度地区

表格来源：笔者绘制。参见天津档案馆. 天津租界档案选编[M]. 天津：天津人民出版社，1992：311-319；http://elaws.e-gov.go.jp.

6.1.3.2 建筑控制理念与建筑技术的引入

在建筑设计与建筑技术方面，天津各租界当局通过建设法规的实施将西方已经成型的建筑控制理念与建筑技术规范引入天津。

英国是欧洲现代建筑法规的先行者。早在1200年左右，伦敦就已经出现了针对密集房屋区域采光、隔墙及排水沟渠设置的建筑法规。[③]房屋财产的防火需求极大地推动了西方现代建筑控制法规的发展。1212年伦敦大火后，茅草屋顶在伦敦被禁

[①] 日本国内继1966年颁布《首都圈近郊绿地保全法》后，于1973年颁布了另外一部关于绿地的法律《都市绿地法》，该法规中关于"绿地保全地域""特别绿地保全地区""绿化地域"的规定被采纳入1992年颁布的《都市计画法》。

[②] "风致地区"源于日本1919年《都市计画法》第十条，1930年之后日本全国各地均划分有"风致地区"。参见http://elaws.e-gov.go.jp.

[③] Munimenta Gildhallae Londoniensis: Liber Custumarum [M]. Rolls Series 12, 1859: 321-331.

止。①1666年的伦敦大火将这座城市80%的地区变成了废墟，直接促成了1667年伦敦建筑法案（London Building Act of 1667）的颁布。这一法令对建筑物层数及墙体厚度进行了规定，明确要求所有的房屋需以砖材或石材建成，并且街道需足够宽以作为防火隔离。②此后该法案经历多次修订，1707年与1709年的建筑法令增加了关于禁止木构檐口及在阁楼层增加砖砌护墙等规定；而1774年的建筑法案内容进一步涵盖了整个建筑区域，增加了关于建筑物外观防火设计的规定，例如木工艺门窗需嵌入墙体外立面至少四英寸以避免火势蔓延。③这一时期伦敦的建筑法案主要关注建筑稳固与建筑防火问题，对房屋施工与建筑质量进行规定，且影响了布里斯托、利物浦等地建筑法案的颁布。

19世纪上半叶，霍乱的肆虐推动了建筑法规在公共卫生领域的发展。1832年霍乱席卷整个不列颠，1838年英国法律专员托马斯·索思伍德（Thomas Southwood）在一份报告中指出，通过在建筑法规中增加卫生方面的措施可以有效避免霍乱的传播。④在该报告的影响下，由英国议会推选的委员会于1841年提出了一份国家建筑法规议案，以伦敦和布里斯托的建筑法案为基础，增加了关于公共卫生的规定。⑤1848年英国再次暴发霍乱，促成了当年公共卫生法案（Public Health Act）的颁布。此后，一系列国家公共卫生法案及地方相关条例的颁布进一步增强了对建筑卫生设备（如以"旱厕"代替"水厕"）、市政卫生设施（如设立下水道系统）及城市肌理的控制。

紧随英国的脚步，这一时期其他西方国家的建筑法规也取得了较大发展。伴随着工业发展及城市人口增长的需要，德国各邦国于19世纪下半叶开始将建筑法规编纂成典，并在邦国与联邦层面上进一步立法。1875年，德国颁布建筑边界控制法案（Fluchtliniengesetz），赋予地方当局控制沿街建筑边线、对作为公共用途的土地进行征用与补偿，以及发布建筑禁令等的权力。⑥1871年美国芝加哥大火造成十万人无家可归，促

---

① Munimenta Gildhallae Londoniensis: Liber Custumarum [M]. Rolls Series 12, 1859: 86.
② T. Reddaway. The Rebuilding of London after the Great Fire [M]. 1940.
③ M. Girouard. The English Town [M]. 1990: 124. 转引自Jean Manco, History of Building Regulations, http://www.buildinghistory.org/regulations.shtml; http://www.1stassociated.co.uk/regions/charles-brooking5.asp.
④ House of Commons Papers (1838), Report as to the removal of some causes of disease by sanitary regulations. Poor Law Commissioners 4th Annual Report. Appendix A No.1 P.P., Vol. 20: 62-96.
⑤ 该建筑法规议案最终因建造者和地方政府的反对没有正式通过，建造者认为这一法规会影响其盈利，而地方政府认为国家层面的建筑法规会限制地方的控制权力。Anthony J. Ley, M.Phil., Building Control UK - An Historical Review, Session: CIB T5 Performance Based Buildings and Regulatory Systems. http://www.irbnet.de/daten/iconda/CIB1598.pdf.
⑥ https://www.arl-net.de/de/content/planning-system-germany-11-history-building-law.

进了1875年建筑施工与防火相关法规的通过。①法兰西第二帝国时期（1852—1870），巴黎的建筑法规对城市中大型公寓的高度等进行了规定。②

19世纪下半叶至20世纪初，新建筑技术与新建筑材料成为建筑法规进一步发展的内容。波特兰水泥的出现提高了混凝土的强度和耐久性，使得混凝土能够广泛应用于建筑工程中。在美国，国家水泥应用者协会（National Association of Cement Users）于1906年发布了关于波特兰水泥规格的一号标准③，并于1910年颁布了《混凝土使用标准建筑法规》（Standard Building Regulations for the Use of Reinforced Concrete）。④在英国，1909年的伦敦郡议会法案［London County Council（General Powers）Act］首次在英国建筑法规中纳入了钢、铸铁、锻铁结构设计与混凝土使用的相关规范，并首次提出在进行建筑设计时应考虑楼面荷载。⑤此外，因波特兰水泥的应用大大提高了混凝土墙体的强度，1912年英格兰建筑法规取消了墙体需立于9英寸基础之上的规定。⑥

西方现代建筑法规的发展成果为近代天津租界建设法规提供了参考范本，其中的建筑防火、公共卫生及建筑边线控制等理念对天津租界建设法规的内容产生了巨大影响。中国传统建筑多以木构为主，本身易发生火灾，造成财产损失及人员伤亡，因而"建筑防火"几乎是天津所有租界建筑法规的重点，其中对于防火墙、消防间距、耐火材料、烟囱与锅炉设计的规定均来自于西方已有的建筑防火规范。在公共卫生方面，天津各租界建设法规中包含了与西方公共卫生法规相类似的关于下水道设施及建筑内卫生设备的条款。在天津租界，这些公共卫生条款可以有效预防传染病的暴发，且更重要的是，以此在租界营造出卫生、舒适的居住环境，以提高租界城市面貌并带来房地产收益。此外，天津各租界建筑法规中对建筑边线、建筑高度的控制条款主要源于道路公共安全与租界面貌美观需求，亦参照西方建筑法规及西方城市的建筑习惯而制定。例如，在1912年天津法租界颁布的工程业务章程中，特别指出建筑的边界、台阶和阳台如若凸出道路红线将被处以罚金，但是按照巴黎城市建设的习惯，可以允

---

① http://www.buyerschoiceinspections.com/history-of-building-codes.

② Colby, Frank Moore, 1865-1925, Harry Thurston Peck, and Daniel Coit Gilman. The New International Encyclopaedia. New York: Dodd, Mead & Co., 1902-1904.

③ Standard Specifications for Portland Cement of the American Society for Testing Materials, Standard No. 1. Philadelphia, PA: National Association of Cement Users. 1906.

④ Standard Building Regulations for the Use of Reinforced Concrete. Philadelphia, PA: National Association of Cement Users. 1910.

⑤ London County Council. London County Council（General Powers）Act［M］. HMSO: London, 1909. 转引自Michael Bussell, The Development of Reinforced Concrete Design and Practice［J］. Historic Concrete: The Background to Appraisal. 2001（1）: 83-103.

⑥ 唐方. 都市建筑控制［D］. 上海: 同济大学, 2006: 223.

许一定程度的凸出。

在建筑材料与技术领域，混凝土材料、钢筋混凝土结构等新型建筑材料与建筑技术在天津租界建筑中的应用，推动了租界内相关建筑法规的出现。20世纪初，钢筋混凝土结构的建筑开始在上海、天津等城市的租界出现，天津英、德租界当局在其颁布的建筑法规中加入了相关的技术条款。1916年，德租界当局在制定新的《天津德租界建筑章程》时，增加了关于混凝土、水泥和钢结构的条款。在英租界，1925年英租界工部局颁布的营造条例与卫生附则中，第三清单"灰浆及混凝土之搅合材料"、第五清单"铁筋混凝土规定"及第六清单"建筑用钢料规定"分别针对建筑中混凝土材料与钢结构的应用进行了规定，其中大部分条款内容源自1909年的伦敦郡议会法案。①

6.2 近代中国各口岸同一国家租界间建设法规的影响关系及动因

在近代中国，英国、法国、德国、日本、俄国等国家除在天津开辟有专管租界外，还在中国的其他通商口岸城市拥有租界。在这些属于同一个国家的不同租界间，在租界发展建设的过程中时常存在相互影响关系。例如当天津的英租界与法租界分别于1860年和1861年在天津设立时，上海的英租界（于1863年与美租界合并为上海公共租界）和法租界已经发展了十几年。上海租界的管理制度和建设模式也成为包括天津在内，中国其他通商口岸租界的范本。本节将通过对同一国家在不同城市租界法规的比较，来探究其不同城市租界法规的影响关系，及其背后的影响机制。

6.2.1 英租界——公使统筹管理与租界当局的自主性相结合

近代中国各口岸城市英租界之间建设法规的相互影响主要有以下两个方面的动因：首先，按照英国政府的要求，中国各口岸英租界土地章程应由英国公使制定或递交给英国公使核准后颁布施行，在此过程中英国公使会对各英租界土地章程进行统筹管理；②其次，各口岸英租界市政当局在制定租界的市政条例时往往会主动参考其他口岸英租界的现有法规。

天津英租界1866年土地章程与上海公共租界1869年土地章程内容上的一致性正是英国驻华公使阿礼国（Sir Rutherford Alcock）统一调控的结果。1865—1866年，上海英租界董事会对土地章程进行了修订并递交给英国驻华公使阿礼国，阿礼国于1866年11月15日

---

① London County Council. London County Council（General Powers）Act [M]. HMSO: London, 1909.
② 陈国栋. 天津英租界（1860-1943）城市建筑史比较研究 [D]. 天津：天津大学，2017：321.

给上海公共租界董事会回信肯定了新修订的土地章程，并提出了一些修改建议，①这一章程最终于1869年正式颁布为《上海洋泾浜北首租界章程》。就在阿礼国给上海公共租界董事会回信后不久，1866年11月26日，阿礼国公布了其拟定的天津英租界土地章程。在阿礼国的统筹下，1866年《天津埠地方土地章程和通行章程》与1869年《上海洋泾浜北首租界章程》中关于土地管理、董事会组织等方面的条款内容存在诸多一致之处。②

随着天津英租界市政管理体系的逐渐完善，英租界工部局董事会被赋予制定租界市政条例的权力，在此过程中，天津英租界工部局往往以上海公共租界法规为范本。以建筑法规与细则的制定为例，1898年1月10日，一个由上海公共租界工部局任命的特殊委员会向工部局递交了土地章程的修改内容报告，包括新增条款与修改条款，其中与租界内建筑有关的是新增章程第三十条"建筑物"。在听取各方意见后，又增加了条例"第八款甲建筑物"。这两项条款明确了工部局享有制定建筑规则、审批建筑图纸、监理营造过程的权利，并规定建筑规则应充分考虑建筑的稳定性、防火、通风、排水等。章程修订案在3月11日的纳税人特别会议上讨论通过，直至1899年4月北京公使团最终通过了上述新增条款。③在同一时期，天津英租界工部局也成立了专门委员会为英租界扩充界制定章程。1898年3月，在章程草案已经基本完成时，委员会在章程中新增加了第二十六条"建筑物：通风、排水、卫生等"，其内容恰为上述上海新增章程内容的两个条款内容的合并。正如当时天津英租界工部局董事会主席狄更生（W. W. Dickinson）所述，天津英租界扩充界章程的制定是"基于上海英租界章程，委员会根据以往经验和现状需要进行修改和添加"。④

与此类似，在1917年的天津英租界工部局会议记录中，关于建筑条例的修订问题，明确提出应参照上海的法规并基于天津本地的细则进行修订，以满足本地的建设需求。此外，在1925年天津英租界颁布的《驻津英国工部局一九二五年公布营造条例及卫生附则》中，一半以上的条款内容都参照了上海公共租界1916年颁布的《新西式建筑规则》《戏院等之特别规则》《旅馆及普通寓所出租房屋之特别规则》《钢筋混凝土规则》及《钢结构规则》。上海公共租界1916年的《新西式建筑规则》是基于公共租界1903年颁布的《西式建筑规则》修订而来，而后者主要参考自伦敦的建筑法规。⑤这也最终使得天津英租界《驻津英国工部局一九二五年公布营造条例及卫生附则》中

---

① 上海市档案馆.工部局董事会会议录［M］.上海：上海古籍出版社，2001.

② 天津英租界1866年的章程在此基础上在第九条"委员会任期及特别权力"、第十条"资金与账目"、第十一条"条例的制定"在条款内容上分别对应为上海公共租界1869年《上海洋泾浜北首租界章程》第二十一条"公局董事任事期限"、第二十五条"开呈公款账册"、第十一条"公局董事酌定规例"。

③ 唐方. 都市建筑控制［D］. 上海：同济大学，2006：48.

④ Land Regulations of the British Municipal Extension, Tientsin［M］. Tientsin: The Tientsin Press, 1898.

⑤ 唐方. 都市建筑控制［D］. 上海：同济大学，2006：80.

带有明显的英国本土建筑法规的印记。

6.2.2 法租界——领事的调任

在近代中国的租界体系内，人员的流动是传播新理论、新事物的一个重要途径。享有一定立法权力的领事、董事会成员在不同口岸租界间的调任，往往能够推动租界间建设法规的传播。

法租界之间建设规划理念及建设法规的传播与法国领事在不同城市间的调任密切相关。在法租界的领事专权的市政管理体制下，法国领事具有管理租界各项事务的绝对权力，因而领事意志对租界法规的制定具有很大影响。法国领事从一个口岸城市前往另一口岸城市任职的同时，往往也会将自己在原城市法租界的建设经验带到另一个城市的法租界，从而促进了法租界间建设法规内容的传播交流。

天津法租界在成立初期制定的一系列租界管理法规都是受到上海法租界法规体系的影响。如天津法租界1894年颁布的《警务路政章程》，从法规名称到内容，尤其是关于维持公共道路卫生和道路畅通的相关条款，都有上海法租界1869年《警务路政章程》的影子。[1] 这种影响在保尔·克洛岱尔（P. Claudel）任法国驻天津领事的1906—1909年间也持续存在。克洛岱尔曾于1895年成为法国驻上海领事，任职期间他熟悉了上海法租界法规，这一经历在他于1908年领导修订天津法租界市政章程的过程中起到了重要作用。另一位法国驻天津领事甘司东[2]（Camille Gaston Kahn）则将天津法租界的建设法规成果带到了上海法租界。1909年，曾有过广东法租界工作经验的甘司东取代克洛岱尔成为新的法国驻天津领事。在任期间，他主持制定了1912年《天津法租界工部局市政章程手册》，其中的《工程业务章程》在建筑请照制度、特殊工程的管理、公共道路界限等很多方面都受到了上海法租界1910年颁布的《公路及建筑章程》内容的影响。此外，天津的这一章程中增加了关于建筑细部设计的条款：章程的第四部分"建设细目"对建筑的突出部分（阳台、大门、雨棚等）、檐沟与落水管、壁炉与烟囱、防火措施（防火山墙、紧急出口等）进行了详细的规定。在这一法规的基础上，天津法租界建立起了现代城市建设管理体系。1913年，甘司东调任法国驻上海领事，在天津法租界法规中出现对建筑细部规定也随之出现在上海。甘司东到上海后，上海法租界公董局发布了一系列署令，对"建筑防火墙、建筑道路转角退界、阳台、挑檐、建筑凸出装饰物等建筑构件的具体设计规范"进行了规定。[3]

---

[1] Reglements de Police et de Voirie 1894 [A]. 日本外务省史料馆；Reglement Municipal de Police et de Voirie Pour la Concession Française. 上海市档案馆，U38-1-2068.
[2] 甘司东曾于1904—1906年任天津法国驻广州领事。
[3] 吴俏瑶. 上海法租界建筑法规体系发展概述 [J]. 华中建筑，2013（3）：6.

6.2.3 俄租界——董事会成员的调任

天津俄租界的建设法规受其他租界法规的影响机制较为复杂。1912年天津俄租界当局颁布的《俄工部局市政章程及条例》主要受到以下两方面影响：①直接受到天津德租界建设法规影响。[①]②直接受到汉口俄租界建设法规影响，间接受上海公共租界建设法规、汉口英租界建设法规影响。

在对天津俄租界1912年《俄工部局市政章程及条例》内容的梳理过程中，可以发现其"租界章程"部分第14条"建筑规则"中关于工部局对租界建筑的管理权及建筑条例制定、生效方式的表述，以及租界条例中关于租界排水设施建设、建筑图纸要求、建筑凸出物控制等规定，均明显与上海公共租界的建筑法规相仿。然而，并不能由此推断天津俄租界的建设法规是直接受到上海公共租界法规的影响。

针对天津俄租界这一部分建设法规内容传播途径的研究，需要进行多方比较与分析。在租界建设法规的内容由一个租界传入另一个租界的过程中，通常都会进行一些适应性的修订。当这些经过修订的内容再次传播到其他的租界，又会接受进一步的修订。利用这一特点，通过对多方建设法规内容进行比较，便可以追溯这一法规的传播路线。俄国在中国设有两个专管租界，除天津俄租界外，另一处是汉口俄租界。通过对上海公共租界、汉口英租界、汉口俄租界、天津俄租界建设法规内容的比较，可以得出，上述建设法规内容的传播途径为"上海公共租界→汉口英租界→汉口俄租界→天津俄租界"（表6-4）。

在这一建设法规由汉口俄租界传播至天津俄租界的过程中，租界董事会成员的调动起到了关键性的作用。俄租界"建筑条例"的制定是由租界工部局董事会主持完成。1910—1911年，汉口俄租界董事会主席为Th. de Krzywoszewski[②]，1912年Th. de Krzywoszewski来到天津并于当年受邀成为天津俄租界董事会成员，参与了1912年《俄工部局市政章程及条例》的制定工作。由此可以推断，建设法规由汉口俄租界向天津俄租界的传播，是由于Th. de Krzywoszewski先后在两地俄租界董事会任职，将汉口俄租界的建设法制经验带到了天津。

---

① 关于天津俄租界1912年《俄工部局市政章程及条例》受天津德租界建设法规的影响分析，见本书第6.3.3节。
② Th. de Krzywoszewski，俄国人，曾任上海华俄道胜银行的副经理，于1906年担任天津俄租界董事会成员，1910—1911年任汉口俄租界董事会主席，1912年再次回到天津成为俄租界董事会成员，1913—1918年任天津俄租界董事会副主席。参见Russian Municipal Council Tientsin. Report of the Council for the year ending December 31st, 1920 and budget for the year ending December 31st, 1921 [M]. Tientsin: N. C. Daily Mail, 1921.

上海公共租界、汉口英租界、汉口俄租界、天津俄租界建设法规内容对比　　表6-4

上海公共租界,1898年,第四次《土地章程》修订	汉口英租界,1902年,《汉口英租界土地章程及条例修正案》	汉口俄租界,1916年,《汉口俄租界章程及条例》①	天津俄租界,1912年,《俄租界工部局市政章程及条例》
章程第30条 建筑物 关于工部局有制定建筑规则的权力,并可以为确保规则的遵守与实施采取措施	章程第22条 建筑与卫生规则 在上海公共租界法规的基础上,部分措辞修改,内容稍做删减	（档案中"章程"部分缺失不可考）	章程第14条 建筑章程 在汉口英租界法规的基础上,将条款内容分项列出,增加了关于中式建筑及土房的管理控制内容
条例第1条 关于下水道与排水沟渠的控制管理	条例第1条 与上海公共租界法规一致	条例第21条 与汉口英租界法规一致	条例第1条 部分措辞修改
条例第5条 关于个人不能于公共下水道之上修建房屋等的规定	条例第2条 在上海公共租界法规基础上措辞修改,增加了关于个人将排水沟渠分支接入工部局沟渠与下水道的规定	条例第22条 在汉口英租界法规基础上删减了关于工部局可拆除违规沟渠、下水道及建筑并由业主出资复原的规定	条例第2条 在汉口俄租界法规基础上措辞修改
条例第7条 关于排水系统的维护花费	条例第3条 与上海公共租界法规一致	条例第23条 在汉口英租界法规基础上措辞略有修改	条例第3条 与汉口俄租界条例一致
（无该项条款）	条例第4条 关于房屋建筑必须接入租界排水系统的规定	条例第24条 在汉口英租界法规基础上增加了前提要求	条例第4条 在汉口俄租界法规基础上删减了关于违规处罚标准的规定
条例第8条 关于排水沟渠建设与建筑申请许可制度	条例第5条 在上海公共租界法规基础上部分措辞修改	条例第47条、第55条 在汉口英租界法规基础上部分措辞与内容修改,条款内容顺序调整,建筑许可申请图纸内容要求增加为五项	条例第5条、第6条、第7条 在汉口俄租界法规基础上部分措辞修改
条例第11条 关于工部局有权为建设排水沟渠与下水道而封闭道路	条例第8条 在上海公共租界法规基础上有所删减	条例第41条 与汉口英租界法规一致	条例第8条 在汉口俄租界法规基础上部分措辞修改
条例第14条 关于建筑物落水管的设置	条例第10条 与上海公共租界法规一致	条例第42条 在汉口英租界法规基础上内容有所删减,部分措辞修改	条例第10条 在汉口俄租界法规基础上部分措辞修改

① 在此须指明,因档案资料所限,笔者所掌握的《汉口俄租界章程及条例》为1916年的修订版本,未能获取1902—1912年间所颁布《汉口俄租界章程及条例》的原文,但结合1916年版本中条款内容仍可以清晰分析出其受汉口英租界法规影响并进一步影响天津俄租界法规的过程。

续表

上海公共租界,1898年,第四次《土地章程》修订	汉口英租界,1902年,《汉口英租界土地章程及条例修正案》	汉口俄租界,1916年,《汉口俄租界章程及条例》	天津俄租界,1912年,《俄租界工部局市政章程及条例》
条例第15条 关于在道路上堆放建筑材料或挖坑的规定	条例第11条 在上海公共租界法规基础上措辞修改,处罚标准改变	条例第43条 在汉口英租界法规基础上措辞略有修改	条例第11条 在汉口俄租界法规基础上内容简化
条例第17条 关于危险建筑物的维修	条例第12条 在上海公共租界法规基础上增加了关于维修费用支付的规定	条例第44条 在汉口英租界法规基础上措辞有修改	条例第12条 在汉口俄租界法规基础上措辞修改
条例第23条 关于建筑凸出物的控制管理	条例第14条 在上海公共租界法规基础上措辞修改	条例第45条 在汉口英租界法规基础上措辞修改	条例第13条 在汉口俄租界法规基础上措辞修改,内容简化

资料来源：笔者整理绘制，参考自1898年上海公共租界《土地章程》,1902年《汉口英租界土地章程及条例修正案》,1916年《汉口俄租界章程及条例》,天津俄租界1912年《俄租界工部局市政章程及条例》。

6.2.4 德租界与日租界——本国政府主导

天津与汉口的德租界同为1895年成立，两地德租界的基本法规是由德国联邦政府或其外交部门讨论制定的。1899年，为确立津汉两地德租界经营管理模式及制定租界法规，德国驻华使馆研究了国内各通商口岸租界的现行法规，并于当年拟定了《天津德租界章程大纲》。1905年12月9日，德意志帝国总理伯恩哈德·冯·比洛同时签署颁布了《天津德租界市政章程》与《汉口德租界市政章程》，二者内容一致。①

在1905年德租界新的自治市市政管理体制建立前，津汉两地德租界的警务章程与建筑章程均由代表德国政府的德国驻当地领事签署颁布，处于政府统一管理之下，因而彼此之间存在紧密的相互影响关系。1899年3月25日，德国驻津领事Dr. Eiswaldt签署颁布了《天津德租界警务章程》与《天津德租界建筑章程》。次年，即1900年5月22日，德国驻汉口领事Dr. Grunenwald签署颁布了《汉口德租界警务章程》与《汉口德租界建筑章程》。对比津汉两地章程内容，可知汉口德租界警务章程与建筑章程几乎完全照搬了天津德租界的法规内容。其中建筑章程中唯一的区别是，《汉口德租界建筑章程》比《天津德租界建筑章程》多一项条款，规定"紧邻欧式建筑区边界的建筑，在临边界一侧至少高2.5米"。有趣的是，天津德租界在1902年对建筑章程进行了

---

① Gemeindeordnungen für die Deutsche Niederlassung in Tientsin 1905 [A]. 德国联邦档案馆.

修订，其修订之处正是在章程中增加了1900年《汉口德租界建筑章程》中的这一项条款内容。①

日租界各项法规的制定与颁布亦实际受到日本政府外交部门的管理，确立日租界基本市政组织制度的法规，如《在外国帝国专管居留地特别会计法》《居留民团法》《天津居留民团法施行条例》等，通常由日本政府或外务省发布；租界的市政条例，如《下水道条例》《建筑管理规则》等，通常由日本驻当地领事以领事馆令的形式发布。因此不同口岸日租界建设法规的相互传播影响也多受到日本外交部门统一管理。以天津与汉口的日租界为例，1901年，天津日本专管居留地营造事务所所长（即日本驻津领事）签署发布《日本专管居留地工程承包规则》，确立了天津日租界的工程承包制度。1906年汉口日租界当局就租界沿岸撒石工程招标时，汉口日本专管居留地经营事务所所长发布的《日本专管居留地工程承包规则》与上述天津的规则内容完全一致。②

6.3 近代天津各国租界间建设法规的影响关系及动因

由于天津各国租界成立时间及建设程度不同，各租界法规的发展程度也各不相同。其中，成立较早的租界如英租界、法租界和德租界，其租界建设法规的制定时间亦早于其他租界。通过对天津各租界建设法规内容进行对比，可以发现设立较晚的租界往往会在制定租界建设法规时参照英租界、法租界和德租界的经验。

6.3.1 比租界对法租界法规的移植

天津比租界的建设法规深受法租界法规的影响。1912年，比租界成立了临时董事会。1923年，《天津比租界临时工部局市政章程集》颁布，包括"捐税"与"工程业务章程"两部分，条款大都直接移植自天津法租界的市政法规。其中"工程业务章程"部分内容几乎照搬自法租界1916年颁布的《天津法租界工部局市政章程集》中的"工程业务章程"。

比租界对法租界建设法规的直接移植，一方面是因为比利时政府长时间无暇顾及比租界的经营，致使比租界的市政管理机构成立最晚，其成立时其他租界已经建立了较为成熟的建设法规体系，而比租界与法租界的官方语言同为法语，直接将较为成熟的法租界法规借为己用在客观上最为方便；另一方面是因为多位比租界临时董事会成员与法租界渊源颇深，甚至有在法租界董事会任职的经历。他们包括：欧爱叶（Jean

---

① Baupolizeiordnung fur das Gebiet der Deutschen Niederlassung in Tientsin 1902 [A]. 德国联邦档案馆，R901-30917.

② 日本外务省史料馆，B12082535200.

O'Neill），庚子事变时来到天津的法国海军军官，曾于1906—1908年担任法租界董事会成员，此外，还是天津法租界最重要的房地产企业比商义品公司的经理；卢梭（E. Rousseau），于1908—1911年及1919—1925年担任法租界董事会成员，曾作为比利时临时董事会代表出席由比利时外交部长在天津召集的比利时企业领导人会议。①、②在法租界董事会工作的经验，使他们更易将法租界的建设管理制度与建设法规带到比租界。

6.3.2 德租界对英租界法规的借鉴

天津德租界的《德租界章程大纲》是德租界的第一部市政组织法规，这一法规在制定过程中借鉴了《英租界土地章程》中确立的市政组织制度。《德租界章程大纲》于1899年10月颁布，而一份1899年6月18日由德国驻华大使馆翻译员③签署的文件显示，为制定德租界的市政管理章程，德国政府已经对天津、汉口、广州沙面的英租界章程，上海公共租界章程，以及天津、汉口、上海的法租界章程内容进行了仔细的分析，尤其是关于各租界董事会的组织制度。④1899年天津德租界颁布的《德租界章程大纲》中所确立的德租界市政管理体制，包括租地人大会制度、董事会制度、警察制度等，正是受到了英、法租界的影响，尤其深受英租界市政体制影响。此外，该章程大纲中规定，"任何章程内容的修订以及德租界内各类地产的征税估值高于天津英租界及英扩充界时，必须得到租地人大会三分之二以上投票通过并获得德国领事认可"。⑤可见，无论是市政体制的确立还是市政管理办法的制定，天津德租界均视英租界为标杆。

6.3.3 俄租界对德租界法规的参照

对于天津俄租界的建设法规，前文已经对1912年《俄工部局市政章程及条例》直接受到汉口俄租界建设法规影响、间接受到上海公共租界建设法规影响的过程进行了论述。此外，天津俄租界这一法规还受到了天津德租界建设法规的影响。

天津俄租界1912年《俄工部局市政章程及条例》的"市政条例"部分，参照了

---

① Proces-verbal De la Reunion Convoquer par Monsieur le Minister Avec les Dirigeants des Principals Entreprises Belges en Chine［A］. 比利时布鲁塞尔政治档案馆.
② 此外，比商电灯电车公司经理马洒（M. Albert Marchal），华比银行负责人罗伯特和德福斯，比商良济药房经理马丁，开滦矿务局总工程师窦根，耀华玻璃公司经理那森（Edward John Nathan，也是开滦矿务局总经理）等都曾先后担任比租界临时董事会成员。天津市地方志编修委员会. 天津通志 附志·租界［M］. 天津：天津社会科学院出版社，1996：86.
③ 1890—1900年，德国驻北京大使馆翻译员（Gesandtschaft Dolmetscher）为Konrad Freiherr von der Goltz，参见https://www.tsingtau.org/cordes-heinrich-1866-1927-dolmetscher-und-bankdirektor/, https://commons.wikimedia.org/wiki/File:Konrad_Freiherr_von_der_Goltz,_Gesandschaftsdolmetscher_f%C3%BCr_China.png.
④ 德国联邦档案馆，R901-30919.
⑤ Outlines of Regulations for the German Concession［A］. 德国联邦档案馆.

1899年《天津德租界建筑章程》中16项条款中的7项，这些条款内容涉及对建筑间距、房屋空间大小以及防火墙的间距、高度、厚度等的规定（表6-5）。

天津俄租界建设法规对德租界建设法规的参照对应情况　　表6-5

1912年《俄工部局市政章程及条例》"市政条例"条款	1899年《天津德租界建筑章程》条款	条款主要内容
第16条	第2条	房屋建筑须满足防火及强度要求
第18、19条	第5、6条	建筑临街面的凸出物及边线控制
第20条	第7条	防火墙的间距、高度、厚度
第21条	第11条	临街仓库、作坊等建筑物的防火墙设置
第22条	第12条	房屋空间尺寸要求
第23、24条	第13条	屋顶材料的防火

资料来源：笔者自绘。参见Russian Municipal Council. Municipal Regulations and Bye-Laws 1912［M］. Tiestsin: The North China Printing and Publishing Co., Ltd., 1912. 英国国家档案馆，FO228/2290; Baupolizeiordnung fur das Gebiet der Deutschen Niederlassung in Tientsin 1899［A］. 德国联邦档案馆，R901-30907.

6.3.4 意租界对德租界法规的改进

很多时候，租界当局在参考其他租界的法规来制定自己租界的建设法规时，会按照自己租界的建设管理需求进行一定的修订。天津意租界的建设法规就是一个很好的例子。意租界当局在1913年制定《天津意大利国租界章程及条例》时，参照了德租界1899年颁布的《天津德租界建筑章程》中关于房屋间距的条款，并且改进丰富了条款的内容，使之满足意租界当局的建筑控制目标。1899年《天津德租界建筑章程》中相关条款如下：

"位于一块土地上的分开的房屋之间的距离至少应为3米；在中式建筑区，如果房屋具有庭院且占地不超过1/3亩，这个距离至少应为1.5米。"

在1913年《天津意大利国租界章程及条例》中，相应条款被借鉴并修改为：

"属于不同业主的相毗邻的房屋，如果房屋之间不修筑界墙，应在距离共同边界线至少3米处修建。在中式建筑区，这个距离应该至少为2米。属于同一业主的房屋，房屋之间的距离至少应为3米。在中式建筑区，如果房屋有庭院且占地不超过1/2亩，这个距离可以减小到至少1.5米。"

可见意租界当局在制定这一条款时，在德租界的法规基础上，增加了"房屋是否属于同一业主"的区分，并且对中式建筑间距的规定进行了调整。

天津各租界间建设法规的相互影响也是租界之间复杂关系的反映。一方面，在涉及共同利益时，天津各租界当局会相互合作。另一方面，各国租界在租界发展、吸引商家与居住者等方面存在竞争关系。各租界当局在制定租界法规时的相互学习也是这种合作与竞争并存关系的一种体现。

6.4 近代天津租界建设法规的本土影响

6.4.1 租界建设法规内容的本土化

近代天津的租界建设过程虽然受到西方现代城市规划和建筑理念的影响,但植根于天津本地的建设环境,租界的建设法规也往往体现出本土化的考虑。

天津本土的中式建筑在租界区域中占有相当比重,天津的法、意、俄、德租界都制定有关于中式建筑或中式居住区的特殊建筑条例,这些建筑条例主要针对传统的中式建筑空间、结构和材料。例如,在法租界建设法规中关于中式建筑区的特殊条款,出于对居住空间的舒适性与卫生的考虑,对中式建筑房间尺寸、院落与胡同的宽度以及铺地材料进行了规定;《天津德租界建筑章程》亦考虑到中式建筑的传统院落空间特点,对连通院落与街道的通道空间进行了特别规定。

除了出于对中式建筑特点的考虑,租界的建设法规对中式建筑的特殊条款内容也体现了租界当局对中式与西式建筑的态度差别及变化。例如,在1899年的《天津德租界建筑章程》中,中式居住区内相邻房屋间的最小间距以及相邻地块间防火墙的最小厚度都小于其欧式建筑区域的相应规定尺寸。受德租界建筑章程的影响,俄租界1912年的建筑条例和意租界1913年的建筑条例也都有类似的规定。[①]这样的规定是由于租界当局更重视欧式建筑区的建筑品质与安全性。然而实际上,中式建筑多为木结构,更易起火且火势蔓延更快,因此需要更为严格的防火规范。在1916年新修订的《天津德租界建筑章程》中,关于中式建筑的防火条款也有所改变,中式建筑与西式建筑的防火墙规格要求不再区分,统一为"至少0.23米厚、高出房顶末端0.45米",并规定中式建筑区连续成排的房屋至少距离30米应设防火墙,相比其欧式建筑区的40米的间隔距离要求更高。这一内容变化也反映出了德租界当局提高了对中式建筑控制的重视程度。

随着租界建设的发展,在中式或欧式建筑之外,出现了结合中西方特色的建筑风格与建筑形式。意租界1913年颁布的《天津意大利国租界章程及条例》中称之为"半外国式风格"(semi-foreign style),并规定这类建筑在意租界不能朝向主要道路建设,外立面必须整洁,沿街建设时最高建两层。关于这种"半外国式风格"的建筑在法规

---

① Russian Municipal Council. Municipal Regulations and Bye-Laws 1912 [M]. Tiestsin: The North China Printing and Publishing Co., Ltd., 1912. 英国国家档案馆,FO228/2290; Regolamenti della R. Concessione Italiana in Tientsin1913 [M]. Tientsin: Tientsin Press, Limited., 1913. 法国南特外交部档案馆.

中没有具体的描述，然而，近代天津的租界地区确实出现了一些结合中西方建筑特色的新式建筑，譬如新式里弄建筑。新式里弄是结合了中国传统里弄空间和西方现代建筑设计的2~3层成排住宅，一个典型的实例就是由义品公司建筑师设计的位于法租界的义德里（图6-11、图6-12）。此外，也有一些单体住宅建筑可以被称为"半外国式风格"，例如结合了西方典型花园住宅和中国传统院落住宅的庆王府。

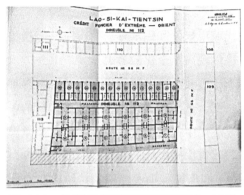

图6-11　法租界义德里建筑平面图，1938
图片来源：比利时布鲁塞尔国家档案馆义品公司档案。

图6-12　法租界义德里照片，1938
图片来源：比利时布鲁塞尔国家档案馆义品公司档案。

租界的建设必然会受到本地建设环境的影响，不可避免要考虑本地建筑因素。天津各租界法规中关于中式建筑的条款正是租界市政当局关注本土建筑意识的体现，这些法规条款也促进了西方现代建筑控制法规与中国本土建筑及建设环境的结合。

6.4.2　租界建设法规对华界建设法规的影响

6.4.2.1　晚清与北洋政府时期：华界以租界为范本

在天津租界地区现代化城市建设发展的同时，华界地区的城市建设也正发生着现代化转变。1934年天津扶轮社出版的《天津紫竹林》一书中，如此描绘当时的天津租界与华界：

"外国区域看起来与世界上所有的现代西方城市一样，拥有高大的现代金融大厦、大规模的商业场所以及精美的居住区。即使在老城中，由土房和一层灰砖带围墙的房屋向具有现代形式建筑的转变也越来越显著，在砖与石材中传达着古老中国的伟大变革。"①

天津华界城市建设的转型从根本上始于现代城市建设管理制度与建设法规的出现，这一过程深受天津租界城市建设管理制度与租界建设法规的影响。1883年，天津

---

① Pennell, W. V. Tientsin, North China [M]. Tianjin: The Rotary Club of Tianjin, 1934: 24.

海关道仿照租界工部局下的工务处设立天津工程局，负责华界道路建设管理，是中国近代历史上华界最早的城市建设管理机构。①1900年，由八国联军代表组成的都统衙门掌管天津，将租界已有的西方城市建设管理制度运用到天津华界的城市建设管理中，设立公共工程局负责整个天津的城市建设管理。1902年袁世凯代表清政府重新接管天津后，保留了都统衙门时期包括公共工程局在内的城市管理机构。

近代天津华界已知最早的城市建设管理相关法规为天津工程局颁布的《官道条例》，载于1884年出版的《津门杂记》。《官道条例》为管理天津老城外修筑的官道②而制定，对道路的治安管理（看街兵役的设置）、卫生洒扫事宜、沿街摆摊要求等进行了规定。该条例内容上与法租界进行道路管理的《警务路政章程》相仿，极有可能受到了当时天津法租界1877年颁布的《警务路政章程》的影响。在天津工程局的主持管理下，华界新官道的修筑亦仿照租界进行："其法先将旧泥锄松，中间铺垫砖石厚约尺余，令小工以铁锤击碎，上加土沙一层用千觔铁轴以数十人牵挽压实，中高外低，形同龟背，两旁则砌石成渠以便泄水，如租界官道式样相同。"③

1903年2月23日袁世凯签署颁布的《开发河北新市场章程十三条》，是近代天津华界第一部具有规划性质的城市建设法规。④该章程是在20世纪初袁世凯推行"新政"期间，于天津河北新区进行自主规划尝试的背景下制定的。当时天津租界先进的城市建设和市政文明对地方政府产生了很大的冲击，国人开始有意识地在华界进行各项城市建设尝试。⑤《开发河北新市场章程十三条》在内容上受到当时天津租界建设法规影响，涵盖了城市建设过程中土地开发管理、市政建设管理、建筑建设管理的基本内容。章程共13项条款，第1~2条明确河北新区的界址四至与管辖权归属；第3~8条关于土地开发管理，包括土地登记、土地等级划分、土地租税、土地填垫、地亩的买卖租押、公共工程用地征用、墓冢迁移；第9条关于开设道路；第10~11条关于房屋建设，包括房屋的修建时限、品质要求及建筑许可申请制度；第12条关于防火，禁止囤积易燃物；第13条关于违反章程的处罚。其中关于土地登记、买卖租押、新建建筑须向工程总局禀准，以及界内水坑之地须填平的规定与天津各租界相应建设法规的规定相仿。关于开设道路，该章程规定"界内开设道路方向均由工程总局绘图悬示，此项道路之上不

---

① 天津近代华界城市建设管理机构及建设法规的出现均早于上海。上海近代华界最早的城市建设管理机构为1895年设立的南市马路工程局，上海华界第一部现代意义上的建设类法规为1898年颁布的《沪南新筑马路善后章程》。参见练育强. 城市·规划·法制：以近代上海为个案的研究[M]. 北京：法律出版社，2011：262.
② 此处官道特指"津城外自院浮桥而下，直接紫竹林"一段道路。
③ 张焘. 津门杂记[M]. 1884：255-258.
④ 《开发河北新市场章程十三条》全文载于1903年2月23日《北洋官报》。参见傅东雁. 中国城市近代化的缩影[D]. 天津：天津大学，2009：74.
⑤ 张秀芹，洪再生，宫媛. 1903年天津河北新区规划研究[C]. 中国城市规划年会，2012：1-7.

准建造房屋并作别用",与1897年《新议英拓租界章程》《拿犯章程》中的内容一致。①

19世纪80年代至20世纪20年代是近代天津华界城市建设实现现代化转变的早期阶段。在这一时期，无论是天津华界的城市建设管理机构组织模式还是华界城市建设的相关法规，均直接受到天津各租界的影响。与同一时期上海华界的情况类似，天津华界的市政当局主动、直接地移植了租界法规，开启了华界城市建设管理的法制化阶段。②

6.4.2.2 南京国民政府时期：华界受上级政府及其他城市影响

1928年6月，国民革命军占领天津，结束了北洋政府对天津的统治。1928年6月，天津依据南京国民政府颁布的《特别市组织法》设立特别市政府，工务局作为常设独立机构执行天津的城市建设管理，标志着天津华界现代城市建设管理制度的正式确立。③此后，天津华界的政府组织与建设管理制度一直处于南京国民政府的统一管理之下，在日治时期（1937—1945）及战后国民政府时期（1945—1949）几经调整，城市建设管理体制愈加成熟。

进入南京国民政府时期后，天津华界建设法规不再单纯从天津租界移植，而是更多地受到中央政府的统一控制，或受其他先进城市建设法规的影响。1928年7月，上海特别市政府工务局发布《上海特别市暂行建筑规则》，④是上海特别市成立后的首部建筑控制法规。1929年2月，天津特别市政府发布《天津特别市工务局给发建筑执照暂行规则》，⑤共六部分（总则、请照手续、建筑时之责任及设备、罚则、取缔危险建筑物、附则）36项条款，与《上海特别市暂行建筑规则》中关于建筑请照规定的条款名称及内容均基本一致，只是请领执照所缴费用要求、建设过程管理等处内容有所调整和增减。⑥可见，此时天津华界建设法规开始向上海华界学习，并在制定过程中为

---

① Land Regulations of the British Municipal Extension, Tientsin [M]. Tientsin: The Tientsin Press, 1898.
② 练育强在《城市·规划·法制：以上海为个案的研究》一书中，认为上海华界在城市规划法制现代化早期阶段"基本移植的全是租界的法律制度，并且这种移植是一种主动的、直接的移植"。参见练育强. 城市·规划·法制：以近代上海为个案的研究[M]. 北京：法律出版社，2011：423.
③ 刘清越，宋昆. 天津城市建设管理模式的近代转型[J]. 建筑师. 2018（12）：52-59.
④ 上海特别市工务局. 上海特别市暂行建筑规则[M]. 上海：上海特别市工务局，1928.
⑤ 天津市暂行建筑规则[A]. 天津市档案馆，为抄发建筑执照暂行规则致社会局的训令（附规则），401206800-J0025-2-000020.
⑥《上海特别市暂行建筑规则》关于请领执照费用主要按工程类型分类计费，分为工程估价、旧式楼房、旧式平房、围墙驳岸、房屋修理、改建门面、杂项、填泥、更改核准图样、请领展期执照、拆卸房屋执照、请示路线图；天津的请领执照费用则按照修建建筑类型划分等级收费，市面三层楼房以上为一等，市面二层楼房为二等，僻巷二层楼房及砖瓦平房为三等，灰房、土房、草房、窝铺为四等。此外相较于上海建筑规则中的建筑请照部分，《天津特别市工务局给发建筑执照暂行规则》删减了关于建筑建造过程管理的规定（脚手架、工人设施的搭建及竣工后的清理工作），增加了关于请照查验、延期及特殊请照的规定。参见上海特别市工务局. 上海特别市暂行建筑规则[M]. 上海：上海特别市工务局，1928；天津市暂行建筑规则[A]. 天津市档案馆，为抄发建筑执照暂行规则致社会局的训令（附规则），401206800-J0025-2-000020.

适应天津本地情形进行了一定的修改。

1931年4月，由天津特别市工务局制定的《天津市暂行建筑规则》正式公布，是近代天津华界第一部内容体系较为完整的建筑控制法规。规则共九章198条，内容完备，涵盖了请照制度、禁例、罚则、建造通例、设计标准、防火设备、公共建筑物等诸多方面。这一建筑规则是对1928年颁布的《上海特别市暂行建筑规则》的全面学习，内容上与之大体一致，在规则条款的组织结构与归类上则更加清晰。① 然而，参照上海建筑规则而制定的《天津市暂行建筑规则》虽内容细致完备，但对于当时天津华界的实际建设水平与建设情况来说却过于严苛。为了鼓励市民兴建房屋，1936年5月，天津市长最终宣布废除旧建筑规则，并另行颁布了《重订天津市暂行建筑规则》。② 新的建筑规则对旧规则进行了大量删减，只余简洁的14项条款，在内容上重点对建筑请照与建设管理制度进行了规定，刨除了关于建筑设计具体标准的要求，改由市工务局根据实际情况灵活把握。

日伪政府时期，天津特别市公署处于伪华北政务委员会的控制之下，天津华界的建设法规主要受到伪华北政务委员会建设总署所出台法规的影响。1940年，华北建设总署颁布《新市区建筑暂行规则》，令其治下包括天津在内的各市公署遵照施行，规则共四章30条，四个章节分别为"总则""地域制""地区制""建筑线高度及建筑面积"。③ 1942年9月30日，日本驻天津总领事馆以馆令的形式公布《建筑规则》，该规则系由天津地区建筑统治委员会讨论审核议决公布，共七章120条，前四章以《新市区建筑暂行规则》为基础进行了细化与补充，并按照天津本地建筑与建设管理需求增加了"建筑物之构造设备""防空建筑物之构造设备""申请手续及工程施行监督"三个章节。④ 这一建筑规则公布后，由天津陆军特务机关长雨宫巽函送天津特别市公署工务局译存查照施行。工务局将规则中请照手续等部分规定参照天津市建筑习惯进行修改以方便实施，经参事室审核雨宫巽批复后，公布为《天津特别市公署暂行建筑规则》。⑤

1945年日本战败投降，国民政府接收天津。自此至1949年天津解放前，天津的建设法规主要受到南京国民政府建设法规体系的影响。国民政府在接收天津之前，已经在国家政府层面上形成了较为完善的建设法规体系，行政院颁布了包括《建筑法》

---

① 尹东国. 天津近代建筑规则演变过程研究[D]. 天津：天津大学，2016：65-66.
② 本局重新修订天津市暂行建筑规则等事致天津市总商会公函（附规则）[A]. 天津市档案馆，401206800-J0128-2-002674.
③ 于为送新市区建筑暂行规则致天津特别市公署的咨（附规则）[A]. 天津市档案馆，401206800-J0001-3-003710.
④ 为建筑规则修正事致局长呈（附规则及日本译本）[A]. 天津市档案馆，401206800-J0090-1-001684.
⑤ 为公布建筑规则事致市长函[A]. 天津市档案馆，401206800-J0090-1-001684-008.

《管理营造业规则》《都市计划法》《都市营建计划纲要》《公路两旁建筑物取缔规则》等多部与城市建设相关的规则。①按照1938年所颁布《建筑法》的规定,"地方政府得依地方情形分别订定建筑管理规则,但应经内政部之核定"。据此,天津市政府在1945年8月至1949年1月期间颁布了《天津市工务局管理市民占用街道规则》《天津市政府工务局接修下水道暂行规则》《天津市建筑规则》《天津市简单房屋暂行规则》等多部城市建设法规,内容之详尽、涵盖面之广为近代天津各时期之最。②其中1947年12月出台的《天津市建筑规则》是天津这一时期内容最全面的建筑法规,相当于《建筑法》在天津的实施细则。在《天津市建筑规则》制定之初,天津市政府工务局"向各大都市搜集现行管理规则俾作参考,以期详尽",③在目录结构和条款内容上重点参照了1941年重庆陪都时期颁布的《重庆市建筑规则》。此外,工务局曾聘请徐世大、谭真、沈理源、刘茀祺、阎子亨、梁锦萱等在津执业的建筑专家多次召开审查会议,④以使新建筑规则得以更好地适用于天津的建筑环境。

综上,近代天津租界建设管理制度与建设法规直接影响和带动了华界现代建设管理制度与建设法规的产生和发展,这一影响作用在19世纪末期至20世纪初期尤为显著。进入南京国民政府时期后,由于各地的政府组织机构设置与建设管理制度在中央政府的控制下趋于统一,天津华界的建设法规更容易接受同一政府体制内其他先进城市建设法规的影响,如此借鉴而来的建设法规也更容易适应天津华界的建设管理制度。实际上,这一时期各地政府之间在法规上的相互参考是广泛存在的,如1940年10月,济南市公署曾函请天津特别市公署"将现行建筑规则、建筑违章罚则、道路取缔规则、技师技副及建筑业管理规则等各赐一份以资参考"。⑤在有了更适宜天津华界的建设法规借鉴来源后,天津华界政府不再依赖于学习租界的建设法规与建设管理模式,天津租界与华界建设法规之间的影响也趋于薄弱(表6-6)。在近代天津华界建设法规的制定过程中,无论是参照租界还是其他城市的建设法规,工务部门都会格外关注于建设法规在天津华界本土的适用性,会向在津执业的建筑专家提出咨询。

---

① 刘宜靖. 早期现代中国建筑规则创立初探[D]. 重庆:重庆大学,2014:52.
② 尹东国. 天津近代建筑规则演变过程研究[D]. 天津:天津大学,2016:46.
③ 天津市工务局为厘定本市建筑管理规则事致张市长呈[A]. 天津市档案馆,401206800-J0002-3-002972-018.
④ 为送拟聘审查建筑等项规则专家名单致杜市长等的呈(附名单)[A]. 天津市档案馆,401206800-J0002-3-003023-027.
⑤ 为修正建筑规则事致市长呈[A]. 天津市档案馆,401206800-J0001-3-007437.

近代天津华界主要建设法规及其参照法规　　　　表 6-6

年份	天津华界法规	参照法规	主要参照内容
1884	《官道条例》	天津法租界《警务路政章程》(1877)	道路治安、卫生、沿街摊位管理
1903	《开发河北新市场章程十三条》	《新议英拓租界章程》《拿犯章程》(1897)	道路开设
		天津英、法、德、俄等租界建设法规	土地登记与买卖租押、建筑请照、土地填垫
1929	《天津特别市工务局给发建筑执照暂行规则》	《上海特别市暂行建筑规则》(1928)	建筑请照
1931	《天津市暂行建筑规则》	《上海特别市暂行建筑规则》(1928)	建筑请照、罚则、通例、设计标准、防火设备、公共建筑、附则
1942	《天津特别市公署暂行建筑规则》	华北建设总署《新市区建筑暂行规则》(1940)	总则、地域制、地区制、建筑线高度及建筑面积
1947	《天津市建筑规则》	《重庆市建筑规则》	总纲、设计通则、结构准则、特种建筑、从业人员、附则

资料来源：笔者绘制。

6.5 本章小结

现代建设法规在中国租界的出现及传播，是中国城市建设管理法制化、现代化的开端，也是世界范围内城市规划与建筑控制理念跨文化传播历史中的重要一环。

通过对近代天津各租界建设法规来源与影响的论述分析，可以明确得出，天津租界建设法规的传播方向包含以下四种：①由母国向租界传播；②天津各租界之间传播；③不同口岸城市属于同一国家的租界之间传播；④天津租界向华界传播。近代天津租界建设法规传播的动因亦具有多样性，租界母国政府与外交部门的统筹管理、技术人员的迁移、领事及租界董事会成员在不同租界与城市间的调动、市政当局的主动学习等，共同构成了推动租界建设法规传播的因素。

在近代天津租界建设法规的传播与发展过程中，天津城市建设的法治化实现了从无到有的转变。各租界当局在引入西方现代城市建设法制经验时，亦针对天津租界的情况进行了本土化考虑。同时，在各租界之间、租界与华界之间，城市建设管理的法制化理念与建设法规内容不断地相互影响、促进。这种传播与影响作用形成了一种良性循环，逐渐缩小了各租界之间及租界与华界之间城市建设管理水平的差距，推动了中国近代口岸城市现代化建设管理整体发展的步伐。

第 7 章 结语

7.1 近代天津租界建设法规的特征

7.1.1 现代化建设管理体系的发端

7.1.1.1 建设管理制度的确立

近代天津各租界建设法规的出现，将西方现代城市建设的管理体制带到了天津。在各租界的"基本法规"中，通常会确立租界城市建设管理制度，明确租界权力主体与行政机构的具体职权，赋予租界的权力主体以租界各项建设事务的决议权与租界法规的立法权，赋予各行政部门与咨议机构相应的行政执行权与管理权。

租界的建设活动往往需要多个行政部门的配合管理，如建筑施工管理需要工程部门、警务部门、总务部门等配合完成，各行政管理部门亦须按时向租界董事会报告租界各项建设事务的进展状况与问题，以使租界董事会可以及时进行建设调整，把握下一步的租界发展方向。在这方面，近代天津各租界建设法规的重要作用之一就是明确各项租界建设事务的具体管理制度与管理流程，协调租界市政当局各部门在建设活动中的分工职责，以确保租界城市建设的有序进行。

7.1.1.2 专业技术人员的参与

租界建设法规内容的合理性及建设实施过程中的专业性，是近代天津各租界建设法制化管理的重要环节。因而，从租界建设法规的制定到实施的各个阶段，均有建筑及工程等相关专业的技术人员参与。

在近代天津各租界建设法规制定阶段，虽然领事及租界纳税人大会享有租界立法权，但建设法规的最初拟定往往交于专业技术人员，或有技术人员参与组成的特殊委员会进行。如1915年，俄租界工部局为修订租界章程成立了一个特殊委员会，其成员包括丹麦土木工程师协会的成员、拥有建筑与土木工程师一级资格的霍姆伯格

(J. Holmberg)。①此外，乐利工程司的建筑师卢普与永固工程司建筑师、英租界工部局临时代理工程师安德森，曾于1917年承担了天津英租界建筑条例修订工作。②1922年，在英租界工部局工程处的邀请下，当时新成立的建筑师协会（Architects' Association）委派建筑师安德森与杨嘉礼（E. C. Young）共同协助工部局起草建筑章程，以提升街道建筑品质。③

在建设法规的执行过程中，技术人员的参与充分保障了建设活动的专业性，主要体现在以下三个方面：

（1）租界市政当局的工程部门拥有自己的专业技术人员（道路测量员、建筑师、工程师、水道工程师等）对租界的建设活动进行监督、评估与管理。

（2）近代天津几乎所有租界的建筑申请许可均须建筑设计人员署名，以此作为建筑设计合理性的保障。

（3）在建筑纠纷中，专业技术人员将以第三方的身份介入调查。例如，在英租界的危险房屋处理程序中，董事会在收到业主申诉后将委派独立测量员与工部局测量员共同调查；而在法租界，类似情况将由工部局、业主和领事分别选派专业技术人员调查调解。

技术的合理性是建设顺利实施的重要保证，专业技术人员的参与机制为近代天津租界建设法规的制定及实施提供了重要的技术支持。

7.1.1.3 执行与申诉机制的建立

建设法规赋予了租界行政机构以执行城市建设管理的权力。在近代天津各租界建设法规的执行过程中，充分考虑了租界行政机构执行力度与居民利益诉求之间的平衡。

为保证租界建设法规能够顺利实施，近代天津各租界的建设法规中通常会制定相应的"强制执行"条款。如英租界1918年的《驻津英国工部局所辖区域地亩章程》在对推广界土地填垫问题进行规定时，要求低洼土地业主按照工部局所订标准将该地填高，倘若在通知后3个月内该地主未能照办，工部局可代行填高至所需高度为止，其费用由地主承担。倘若地主无力偿还，工部局有权将该地当众拍卖，所得地价内扣除偿还填土费用，余款交付地主。与此类似，日租界1923年的《建筑管理规则》规定："如果未能履行依据本规定或者基于本规定作出的处理而责令其承担的义务，驻天津帝国领事馆可自己施行或者委托第三方施行该义务，其费用将从应履行义务者征

---

① Lunt, C.P. The China Who's Who 1922, A Bibliographical Dictionary [M]. Kelley & Walsh, limited, 1922: 136.

② British Municipal Council Tientsin. Report of the Council for year ended 31st December, 1917 and Budget for the year ending 31st December, 1918 [M]. Tientsin: The Tientsin Press, Ltd., 1918.

③ British Municipal Council, Tientsin. Report of the Council for the Year ended 31st December, 1922, and budget for the year ending 31st December, 1923 [M]. Tientsin: Tientsin Press, Limited., 1923.

收。"强制性的执行措施可以有效保障租界建设法规的实施与建设进程的推进。

此外，建设法规条款中通常伴有"处罚措施"一节，对不按法规要求进行施工建设的责任人施以相应的罚款，以此来约束租界内的建设行为。如德租界1899年的建筑章程规定"违反上述建筑条款的人和不服从工部局相关规定者，将受到150马克以内的处罚。屡教不改者，将会受到多次处罚"①；日租界1923年的《建筑管理规则》规定"如果建筑业主、建筑工程承包人、建筑工程监理或者建筑物的所有人或者占有者，违反本规定或者基于本规定作出的处理，处以五十元以下的罚金或者罚款"。②

近代天津各租界建设法规在严格执行的同时，也会人性化地考虑到租界居民的利益诉求，在执行过程中给予土地房屋业主以申诉的权力。例如英、法租界在处理工部局认为危险的建筑物问题时，房屋业主可以按照其租界建设法规中的相应规定，对工部局的判定提出申诉，在经历有第三方专业人员参与的一系列调查与调解流程后，由领事最终作出公正的裁决。这种申诉机制的建立维护了租界居民的利益，避免了各租界在建设法规实施过程中产生的疏漏与错误，保证了执法的合理性。

从城市建设管理制度的确立、建设法规的制定与发展，到建设法规的执行实施，近代天津各租界的建设法规为其租界构建了较为完备的现代城市建设管理体系。在这一体系下，租界城市建设管理机构各部门相互配合，推动了天津各租界城市建设的良性发展。

7.1.2 多类型传播方式的结果

近代天津的租界建设法规的发展过程，亦是西方现代城市规划建设与建筑控制理念由租界母国传入天津并本土化的过程。在租界国家政府统一调控、技术人员与租界管理人员调动、市政当局自主对外学习等因素的综合作用下，近代天津各租界间、不同口岸城市属于同一国家的租界间、天津的租界与华界间的建设法规产生了复杂的传播与影响作用。作为城市规划建设与建筑控制理念的载体，租界建设法规的这种影响作用恰恰反映了城市规划建设思想在不同区域与城市间的传播。

史蒂芬·沃德（Stephen V. Ward）基于"引进国"（importing countries）与"输出国"（exporting countries）之间在经济、地缘政治、文化以及技术上的"力量关系"（power relationship），将城市规划建设思想的传播方式分为综合性借鉴、选择性借鉴、高度借鉴、协商性施加、争议性施加、独裁性施加六种类型。③在这一分类理论

---

① Baupolizeiordnung fur das Gebiet der Deutschen Niederlassung in Tientsin 1899 [A]. 德国联邦档案馆，R901-30907.
② 外务省亚细亚局第三课. 领事馆令集追录 [M]. （出版地不详）1924：313.
③ Stephen V. Ward, Re-examining the International Diffusion of Planning [M] // Robert Freestone（ed.）Urban Planing in a Changing Word: the Twentieth Century Experience. London: Spon, 2000: 40-60.

框架下，近代天津租界建设法规传播的情形并非其中一种类型可以概括，而是具有传播类型上的多重性特征（表7-1）。

近代天津较早设立的租界，如英、法租界，最初完全由领事或外国侨民组成的市政管理机构管理，甚至不允许中国人居住，租界建设法规的制定与实施亦完全按照领事或租界市政当局的意志进行。这一时期的天津租界首次出现了建设法规，在上述分类中属于"独裁性施加"这一类型。各租界建设法规的内容往往会参照母国的法规制定，甚至直接规定按照母国法律办理。

随着天津租界的建设发展，租界当局不再限制华人的居住，界内华人数量增加，部分租界开始允许华人参政，设立华人董事。虽然这些参政的华人未能掌握租界的管理实权，但华人群体逐渐受到租界当局的重视是不争的事实。这一时期的租界建设法规也更多地体现出对本土建筑的考虑，如部分租界针对中式建筑的构造及形式空间特点，制定有中式建筑区建筑条例。这时天津租界建设法规的制定已经不再是极端的"独裁性施加"，而转变为"争议性施加"，虽然西方的现代城市规划与建设理念占据绝对主导，但天津的本土因素也被考虑其中。

城市规划建设的传播类型　　　　表7-1

类型名称	本地人作用	外来者作用	传播级别	关键人物	区别性	特征案例
综合性借鉴	极高	极低	理论与实践	本地人	极高	美国与西欧的主要国家
选择性借鉴	高	低	实践与部分理论	本地人	高	西欧小国
高度借鉴	中等	中等	实践与极少、（或无）理论	外来者与部分本地人	较低	英联邦领土，日本，一些欧洲案例
协商性施加	低	高	实践	外来者与部分本地人	低	依赖援助的国家（如非洲）
争议性施加	极低	极高	实践	外来者	低	"启迪性的"殖民规划
独裁性施加	无	全部	实践	外来者	没有	新征服的领土

资料来源：笔者翻译绘制，参见Stephen V. Ward, "Re-examining the international diffusion of planning", in Robert Freestone (ed.) Urban Planing in a Changing Word: the Twentieth Century Experience, (London: Spon, 2000), 40–60.
附注：灰色区域为近代天津租界建设法规所具有的传播类型。

在近代天津各租界建设管理法制化的发展过程中，近代天津各租界间，以及天津与其他通商口岸城市属于同一国家的租界间的建设法规相互促进影响，这一类影响关系属于上述分类中的"选择性借鉴"。与这一类型相对应，各租界之间在经济、政治上属于相对平等、略有高低之分的关系，租界间建设法规的相互影响作用通常是有选择性的，并且多数情况下会结合租界自身的特点与需求进行适应性的调整。同样，晚清与北洋政府时期，天津华界当局参照租界所进行的建设管理法制化的初步探索亦属于"选择性借鉴"这一类型。

近代天津租界建设法规及规划建设理念传播类型的多重性与复杂性，是其作为近代拥有多个专管租界通商口岸城市的必然结果，也反映出近代天津作为西方现代城市建设管理与建筑控制模式、城市规划与建筑设计理念、建筑技术与建造工业体系传播与融合的重要中心，在中国城市建设的现代转型过程中所发挥的重要作用。

7.1.3 资本逐利与文化输出的产物

近代天津各租界城市建设管理机构实施建设管理及开展市政建设活动，离不开资本的支持。租界当局主要靠财政税收获得维持租界运营与发展的资金，而租界财政税收最重要的来源之一就是房地产捐税。为了提高租界财政收入，保障租界建设的资金来源，提高租界房地产捐税收入自然成为租界当局关注的重点。近代天津各租界历年的房地产捐税情况表明，为了提高房地产税收、促进土地业主的自发建设，租界当局采取的措施包括逐年提高房地产税率（如英、法、俄、意、日租界），以及设立各种形式的不足额地亩捐（如英、法、德、俄、意、奥、比租界），对开发程度不足的土地征收重税。

在租界开发初期，市政基础设施的建设完善可以有效提高土地价值，因而成为租界当局开展建设活动的重点。在这一时期，出现了大量与道路建设、排水设施建设等市政建设相关的法规条款。各租界当局一边靠提高房地产税收获得更多的城市建设资金，另一方面积极制定租界市政基础设施建设计划，将资本投入租界基础设施建设中，推动地价提升以获得更多的房地产税收，以此形成租界城市建设发展的良性循环。在这一过程中，也推动了天津租界房地产业的诞生与繁荣。

随着各租界开发建设的推进，租界的土地供给基本完成，市政建设也趋于完善。此时，聚集了租界大量资本的房地产业若要进一步提升价值，房地产税收若要进一步提升，需要提高房屋的建筑与设计品质以及居住者的身份认同感。在这一阶段，天津的部分租界制定了租界的分区计划法规及建筑控制条例。各租界的分区计划主要是将居住区与工业区分离设置，以及将居住区划分等级建设，巩固提升高级居住区的房地产价值，推动房地产业的发展，提高租界市政当局的房地产税收。①

除了满足资本逐利的需求，租界建设法规也体现了租界国家的文化输出意志。租

---

① 资本逐利是近代中国各口岸城市租界建设发展的基本驱动力。关于上海法租界建设法规驱动力的分析，参见吴俏瑶. 上海法租界建筑法规研究（以民用建筑为主）（1849—1943）[D]. 上海：同济大学，2013：251-254.

界的存在不单单是外国人在异国他乡贸易与生活的聚居地，同时也是一个展现其国家文化与实力的窗口。这在多个专管租界并存的近代天津尤为明显。如天津法租界通过租界内的法兰西本土风格建筑、具有法国特色的城市公共空间来强化法租界城市空间中的法国民族主义。①近代天津各租界的文化输出意志在租界建设法规中最重要的体现，就是对西式建筑风格的推崇。英租界、法租界、德租界、意租界与俄租界均制定了"西式建筑"与"中式建筑"的分区规划方案，甚至对"中式建筑区"与"西式建筑区"分别制定了特殊的建筑控制法规。在这些租界，西式建筑被规划在租界最重要的街道沿线、最舒适的居住区内，而中式建筑被限制于租界边缘或环境较为恶劣的工业区内。这种"抑中扬西"的建筑区域控制思路，一方面是因为中式建筑对于西方人而言在居住的舒适度及建筑安全性上有诸多不足，另一方面更出于西方人对自身民族的认同感与强烈的文化移植理想。

7.2 近代天津租界建设法规对天津城市建设的影响

7.2.1 规范了租界的开发建设活动

近代天津租界建设法规对租界建设活动的规范化控制，主要体现在土地开发、市政建设和建筑建设三个方面。

在土地开发方面，近代天津租界土地制度通过租界法规的确立，强化了租界权力机构对界内土地的控制管理，确保了租界内土地按照其各自要求的方式租于其限定的租地人。天津各租界在设立之时，中外政府通过签订租界条款明确租界边界及界内土地的"租"用方式；租界设立之后，各租界当局以法规的形式重新规定了租地人资格、土地的登记、交易、测量、地税等制度。各国领事馆统一制定的土地登记格式，以及由西方专业"测量员"测量绘制的租界地块图纸，使租界的土地管理更为系统、准确。在土地开发利用方面，天津大部分租界土地在租界设立之初为未开发的荒地，部分租界通过建设法规明确了土地填垫整理要求，对土地分期建设、用地功能分区进行了规划，从而确保了租界土地的前期整理工作以及后续建设发展方向。而租界建设法规对公共工程用地的规定，为私人土地开发与公共工程建设之间可能产生的冲突提出了解决方案，保障了租界土地开发顺利有序的进行。

在市政建设方面，西方现代城市市政设施建设成果被引入天津，各租界通过制定相应建设法规，对租界的道路、自来水、排水、电力照明等市政设施的建设活动进行规范管理。租界的市政设施大多是由各租界工部局负责建设，少数设施，如自来水、

---
① 李天. 天津法租界城市发展研究（1861—1943）[D]. 天津：天津大学，2015：185.

电力照明等，最早由外国私人企业投资办理，后部分由租界当局收购接管。无论是租界当局建设部门还是私人企业进行的市政设施建设活动，都受到租界建设法规的制约。这种制约在管理层面上确立了以各租界工部局董事会为核心的市政建设管理体制，在规划层面上提出了租界市政设施建设的整体规划目标，在建设实施层面上确立了租界各项市政设施建设的统一标准，由此强制性地推动了天津租界市政设施的现代化、规范化建设。

在建筑建设方面，近代天津各租界建设法规从建筑建设管理与建筑设计上对建筑建设活动进行控制。通过对建筑许可制度、建筑过程控制以及既有建筑管理进行规定，租界建设法规帮助确立了租界建筑从申请建造至落成后监管的一系列建设活动流程与制度。在建筑设计上，租界建设法规体现了西方现代建筑法规中重视建筑防火设计与卫生设计的特点，引入了新结构（钢筋混凝土结构、钢结构）与新材料（灰浆与混凝土搅合材料）的设计规定，对特殊建筑物（公共娱乐建筑、仓库货栈类建筑等）制定了专门的设计规范，并针对租界内的不同分区提出了相应的建筑设计要求。在建设法规的控制下，近代天津租界建筑实现了规范化的设计与建设流程，租界建筑工程质量、建筑安全与卫生、区域风貌控制等都得到了一定的保障。

7.2.2 推动了租界空间格局与建筑风貌的形成

天津租界建设法规中关于不同类型区域的划分、道路等级的划分的规定，体现了相应租界当局对其租界城市空间的规划思路，通过对土地利用的合理控制，追求城市活动的高效性。在此类建设法规的控制下，各租界逐渐呈现出区域分化明显、道路主次分明的特点，形成最终的租界区域空间格局。建设法规中的这种分区、分层次的规划控制思想是随着租界的扩张与发展，在法规的历次修订中逐渐显现和明确的，并且很多时候并非覆盖整个租界范围，而是有针对性地对部分区域进行功能与建设控制。例如意租界的工业区（仓库建筑区）、俄租界的公园居住区范围都曾随着租界发展有所调整，英租界扩界的分区规划亦随着扩张界的建设逐渐明确。总体来说，近代天津各租界的区域划分主要目的是实现居住、工业、商业等不同功能区域的隔离和不同等级居住区的分离，以立法的形式进行土地利用控制，实现租界良好的城市生活环境。租界的道路分级规划，便于各租界当局进行交通控制，在提升主要道路的商业价值的同时，也使租界土地区块划分更加明确，利于区域建设管理。

各租界在进行建筑控制时，除建筑防火安全、建筑卫生、建筑结构等实用性规范外，对建筑的面貌，尤其是面向主要街道建筑立面的美观性尤为注重。反映在租界建设法规中，大到对区域、主要街道沿线进行建筑风格控制，小到对建筑物的高度、沿街立面凸出物、栏杆、饰面材料等进行具体规定。各租界进行建筑风貌控制，其目的在于营造租界的美观环境，彰显租界国家的实力，树立文化形象。由于近代天津各租界往往都有工业区域与中国人聚居区域，有时难以对整个租界范围进行风貌控制，因而部分租界的建筑风貌控制主要针对租界内的重要区域，或主要街道沿线。例如英、法、德、意、俄等租界均划分有只允许建造"西式建筑"的区域，德、意、俄、奥等租界建设法规对其租界内重要道路沿线建筑设计风格、建筑形象或建筑功能提出了要求。各租界建设法规关于建筑风貌控制的规定不尽相同，使得近代天津最终建设形成了英租界五大道住宅区、法租界劝业场商业区、意租界花园别墅住宅区等各具特色的租界城市风貌区域。

7.2.3 带动了华界城市建设的现代化发展

在近代天津城市的发展过程中，虽租界与华界分治，但二者在地理空间上联系紧密，租界在城市生活与建设发展的各个方面均对华界影响深远。

近代天津城市的现代化建设始于租界，租界所采用的西方城市成熟的建设管理体制、系统规划的道路空间格局、先进的道路铺设与建筑技术，使天津华界地方政府与居民对现代城市建设文明有了最直观的认识。在租界的冲击与影响下，19世纪80年代，天津华界通过租界的建设管理模式与建设法规设立工程局，颁布《官道章程》，开始了对现代化城市建设的探索。都统衙门的设立直接将租界的建设管理体制移植到天津华界，袁世凯"新政"推动下的天津河北新区规划及《开发河北新区市场章程十三条》的制定，是天津华界对租界规划与建设法规的一次系统模仿，在建设成效上有效带动了天津华界城市发展，使之与租界区形成抗衡之势。

天津华界开始现代城市建设管理与法制探索的动力正是来源于对租界城市建设先进性的直观感受。这种感受一方面是本地居民对道路交通便捷、居住环境卫生的现代城市生活的希冀，另一方面是华界当局对振兴华界建设与文化、维护民族自尊的需求。此外，天津开辟为通商口岸后，经济、工业快速发展，使华界本身也面临着城市扩张、道路建设的需要，促进了华界当局向租界学习，以租界建设法规为蓝本制定华界建设法规，实现城市建设的法制化管理。

后记

本书是在2019年博士论文基础上，结合国家自然科学基金青年项目研究撰写而成的。

在本书得以出版之际，首先要感谢我的博士生导师宋昆教授，是导师手把手带领我走上学术研究的道路，支持我出国深造，多年来给予我始终如一的关怀与包容，我的每一步成长都离不开导师的付出。在博士研究的选题、开展直至成文过程中，在本书的撰写与修改过程中，导师都给予了悉心的指导，教导我对待历史研究要有科学严谨的态度，在勇于探讨的同时要进行细致入微的考证。今后唯有谨记导师的教诲，砥砺前行，以求不负导师的栽培与厚望。

还要感谢代尔夫特理工大学的Carola Hein教授。Hein教授在学术上给予我极大支持，拓展了我的学术视野，在本书写作过程中提出了诸多宝贵的建议。她对待工作与生活的热忱为我树立了女性科研工作者的榜样。

同时感谢在写作过程中给予我启发、教诲与鼓励的汪江华、冯琳、胡子楠、许剑峰等老师；感谢在档案查阅过程中帮助过我的周利成老师，以及Willem Possemiers、陈国栋、管世琳、丁替英等同学；感谢所有宋门的兄弟姐妹，以及天津大学和TUDelft BK的各位伙伴，你们让我感受到大家庭的温暖，一起度过的求学时光我会永远铭记；感谢北京建筑大学给予我优越的科研条件与宽松的学术氛围；感谢在本书撰写与出版过程中给予我真诚关怀与鼓励的李浩教授。

能顺利完成此书，还要深深感谢父母、家人一直以来对我无条件的支持，是你们无私的爱与包容让我这些年可以专心于学术研究，谨以此书献给最爱的你们。

限于个人水平，书中难免有不足与疏漏之处，希望得到大家的批评与指正。

孙艳晨

2023年11月于北京